权威 · 前沿 · 原创

皮书系列为
“十二五”“十三五”国家重点图书出版规划项目

北京国际城市发展研究院社会建设研究重点项目
北京市社会发展研究中心西城区街道发展研究重点项目
北京国际城市文化交流基金会智库工程出版基金资助项目

街道蓝皮书
BLUE BOOK OF SUB-DISTRICT OFFICE

北京街道发展报告 No.1 展览路篇

THE DEVELOPMENT OF BEIJING'S SUB-DISTRICT OFFICES No.1: ZHANLAN ROAD CHAPTER

主　　编／连玉明
执行主编／朱颖慧

社会科学文献出版社
SOCIAL SCIENCES ACADEMIC PRESS (CHINA)

图书在版编目（CIP）数据

北京街道发展报告．No.1. 展览路篇／连玉明主编
．--北京：社会科学文献出版社，2016.8
（街道蓝皮书）
ISBN 978-7-5097-9216-2

Ⅰ.①北… Ⅱ.①连… Ⅲ.①城市道路-城市建设-研究报告-西城区 Ⅳ.①D669.3

中国版本图书馆 CIP 数据核字（2016）第 119032 号

街道蓝皮书
北京街道发展报告 No.1 展览路篇

主 编／连玉明
执行主编／朱颖慧

出 版 人／谢寿光
项目统筹／邓泳红 郑庆寰
责任编辑／郑庆寰

出 版／社会科学文献出版社·皮书出版分社（010）59367127
地址：北京市北三环中路甲 29 号院华龙大厦 邮编：100029
网址：www.ssap.com.cn
发 行／市场营销中心（010）59367081 59367018
印 装／三河市东方印刷有限公司

规 格／开 本：787mm × 1092mm 1/16
印 张：17.5 字 数：266 千字
版 次／2016 年 8 月第 1 版 2016 年 8 月第 1 次印刷
书 号／ISBN 978-7-5097-9216-2
定 价／98.00 元

皮书序列号／B-2016-513

街道蓝皮书编委会

《北京街道发展报告 No. 1 展览路篇》
编　写　组

总　策　划　艾　丽　连玉明　朱颖慧

主　　　编　连玉明

执行主编　朱颖慧

副　主　编　焦　扬　孟芳芳　高继龙　李　帅

核心研究人员　连玉明　朱颖慧　焦　扬　高继龙　李　帅
张　涛　胡海荣　朱永明　孟芳芳　赵　昆
陈　慧　侯文佳　何　丹　姚宇峰　赵宝芹
吴　佳　姜思宇

主编简介

连玉明 著名城市专家，教授、博士，北京国际城市发展研究院院长，北京市人民政府专家咨询委员会委员，北京市社会科学界联合会副主席，北京市哲学社会科学京津冀协同发展研究基地理事长、首席专家，基于大数据的城市科学研究北京市重点实验室主任，大数据战略重点实验室主任，北京市社会发展研究中心理事长。

研究领域为城市学、决策学和社会学。近年来致力于大数据战略和生态文明理论及实践研究。主编《社会管理蓝皮书：中国社会管理创新报告》(2012/2013/2014)、《贵阳蓝皮书：贵阳城市创新发展报告》等专著60余部。主持编制了北京市西城区、朝阳区、门头沟区和贵州省贵阳市“十三五”社会治理专项规划。

摘　要

基层治则国家治。街道在城市和国家治理体系中处于基础性的地位。在北京市落实首都新定位、建设国际一流和谐宜居之都的历史进程中，西城区任务艰巨，使命光荣。近年来，西城区围绕做好“四个服务”，坚持“抓街道、街道抓”，深入推进区域发展转型和管理转型，不断深化街道社区管理体制改革，落实街道加强区域党建、统筹辖区治理、组织综合执法、指导社区建设等职能；15 个街道立足自身优势，融入发展大局，积极探索首都基层治理体系和治理能力现代化之路，其丰富实践为首都城市治理创新提供了鲜活的经验，具有重要的借鉴意义和理论价值。

《北京街道发展报告 No. 1 展览路篇》对展览路街道的研究是围绕“打造西外旅游商务功能街区品牌”这条主线而展开的。在对近年来展览路地区发展和治理成就进行全面客观分析的基础上，有针对性地对社区地下空间安全管理、动物园批发市场搬迁、街区产业升级、“三位一体”社会动员体系建设、社区矫正对象融入社会等方面进行了综合分析；总结了楼院自治、群租房整治、全科服务社区建设、“三位一体”的职业康复服务新模式、城市精细化管理的“三五三”模式等典型经验。

在此基础上，本书认为，作为商、旅、科、展、交、居“六位一体”的综合性街区，展览路地区治理要从创新体制机制、破解发展瓶颈、完善工作机制、建设法治文化、搭建创新平台等六个方面着手，真正打造“创新、创业、创意展览路，宜居、宜业新街区”。

Abstract

Well-governed localities give rise to a well-governed country. Sub-district holds a foundational position in a city and country's governance system. In the historical process of implementing Beijing's new positioning as the nation's capital and building a world-class harmonious and livable city, Xicheng District takes on monumental tasks and glorious mission. In recent years, Xicheng District centering on the principles of "Four Services" and "Governing street, self-governance" has pressed ahead with regional development and management transformation, deepened reform on sub-district community management system, implemented Party construction and coordinated governance at the sub-district level, organized comprehensive law enforcement, and provided guidance to community construction. 15 sub-districts based on their own advantages have integrated into the grand development framework, proactively exploring the path of achieving the modernization of grassroots governance system and governance capacity, as its rich practice has provided fresh experience in urban governance innovation for Beijing. These experiences carry great value of reference and theoretic significance.

The Development of Beijing's Sub-district offices No. 1: Zhanlan Road Chapter trains its research focus on forging tourism and business function street neighborhood brand for the outer Xicheng District area. On the basis of comprehensive and objective analysis on the achievement of development and governance of Zhanlan Road sub-district, it makes inclusive study targeting safety management of community underground space, relocation of Beijing Zoo wholesale market, and reintegration of former offenders into society; it also provides textbook experience in building complex self-governance, regulation on group renting, construction of service-oriented community, "Three-in-One" vocational recuperation service model and "353" refined urban management model.

On this basis, the report concludes that as a comprehensive sub-district that integrates functions of Business, Tourism, Science, Exhibition, Transportation and Residence, social governance of Zhanlan Road area should build on seeking innovation on system and mechanism, breaking development bottleneck, improving work mechanism, developing rule-of-law culture and forging innovation platform, to create a Zhanlan Road sub-district bubbling with innovative, entrepreneurial and creative zeal, and a new street neighborhood that is livable, friendly toward business activity.

目　录

Ⅰ　总报告

Ⅱ　数据报告

Ⅲ　理论报告

Ⅳ 调研报告

Ⅴ 案例报告

CONTENTS

I General Report

II Data Reports

Ⅲ Theory Reports

Ⅳ Survey Reports

V Case Reports

代前言 在地区治理的需求、权力与能力之间寻求平衡

马业珠*

一 “治理困境”解决落点在服务群众

中央提出的“社会治理”，可以说是对“社会管理”的升级，也可以说是对“社会管理”工作的全面创新。从“管理”到“治理”，一字之差，给目前的工作带来了更为丰富的内容。街道办事处所处的位置是最基层、最前沿和最末端的，街道工作的第一要务是面向群众、服务群众，而且出发点和落脚点还是服务群众。因此，2013～2014 年这两年里，展览路街道办事处在社会治理方面，主要是结合切实服务群众，开展了以下几个方面的工作。

一是整治街容街貌。我们以脏乱点整治为突破口倒逼环境优化升级，建立了 40 本城市管理基本要素台账。解决了占道经营、乱丢废弃垃圾和汽车乱停乱放问题；清除了抗震加固工程装修垃圾；解决了文兴街东段、西外南路、大钱市胡同、铁路巷小区、北营房西里环境脏乱差问题；彻底解决了南 1 号楼违建问题。共整治区级脏乱点 10 批 126 处，绿化补植 3000 平方米，铺装道路 1774.42 平方米，新增停车位 40 个，新创 6 个垃圾分类小区，为居民营造了整洁靓丽的环境。

二是维护辖区秩序。坚持平安建设，注重从源头抓起，搭建了“一个平台、三调联动、多位一体”的大调节工作体系，在全区率先成立地区劳

---

* 马业珠，时任中共北京市西城区委展览路街道工作委员会书记。

动争议调解委员会，建立矛盾纠纷排查调处工作月例会制度，实现“小事不出社区、大事不出街道”的目标。依法开展人民调解，解决榆树馆胡同整治扰民、地铁六号线噪声、建筑拆迁等可能出现的社会矛盾问题20余件，妥善处理8起民工讨要工资等群体性突发事件。查扣非法运营车辆、“黑摩的”、“黑三轮”92辆，规范无照经营2843起，黑存包、黑物流1132起，西外南路治安稳定、交通畅通的愿景基本实现。安全生产坚持防查同步的常态化管理，并荣获全国安全知识竞赛优秀组织奖。展览路民防宣教中心，面积700余平方米，充分利用现有民防工程设施，免费对单位和市民开展消防安全教育活动。截止到2014年底已接待各类参观人员61000余人次1400余场，同时，以该宣教基地为核心，辐射周边学校、市场及社区居民，极大地提高了全民防火减灾意识，收到了良好的社会效益。该宣教基地被评为“2013年西城区市民终身学习服务基地优秀特色项目一等奖和先进集体”。

三是保障民生良性发展。我们着力保障民生、强化民本、筑牢民基，认真落实各项惠民政策，完善了社会救助、社会福利、慈善事业救助体系，建立起覆盖辖区居民的社会保障网络；建成“一门受理、协同办理”的综合救助体系；实现信息传递及时、求职推荐即办、全程跟踪的就业服务；创建的“新希望家园”，成为辖区71户100名独生子女伤残死亡特扶家庭成员相互倾诉、交流互助的平台；率先完成142户残疾人家庭无障碍改造；助残品牌“慧馨园”日间照料中心在2012年被评为市级优秀职业康复站，成为全国职业康复机构示范单位、中残联首家挂牌“阳光家园”。

四是着力提升社会服务。全面推进协商式民主自治，实现“政社”优势互补，社会动员新机制成效显现。成立滨河社区居委会，完成60%社区的“六型社区、学习型社区”达标创建，朝阳庵社区被评选为首批区级学习型示范社区。在21个社区建立预约延时工作机制，完善全响应网格管理，针对空巢老人研发的“居家养老智能守望系统”为老服务智能化服务模式已在200户中正式运营。做实运用地区文化品牌影响力提升地区人文素质的功课：开展“中国梦”、道德讲堂、最美百姓巡讲、英雄文化教育等群众性精神文明主题活动，推动图书漂流共享活动，开通新浪微博账号“@ZW展望报”，使社会主义核心价值观深入人心；加强社区文化阵地建设，配置了读书架、图书，扩充了社区文艺演出队；开展科技周、首届北展风筝节等文化品牌活动，提升了地区文化影响力。2014 年，文兴街等社区被评为“全民健康生活方式行动示范社区”，同时，街道在国家级、市级媒体刊登新闻 25 篇，在中央电视台新闻频道、北京卫视等电视栏目播出相关新闻 10 条。

当然，街道还开展了拆违、人口疏解等工作，同样得到了西城区和北京市的高度肯定。但是，街道作为区级政府的派出机构，就是一个执行者，在工作中，特别是在现行的街道体制方面，暴露出一些问题，如职能边界模糊，自身性质与作用发挥不相称；管理内容激增，机构设置、工作手段相对滞后；条块关系错位，责任与权利不对等。因此，我个人也进行了思考，希望从以下三个方面进行转变和强化。一是街道主体地位要实现“两个转向”，要从行政主体转向社会管理主体、社会服务主体；要从责任主体转向监督主体、组织主体。二是进一步完善街道管理体制机制。第一，理清管理职能，明确责任主体。第二，转变运行机制，规范行政行为。第三，转变监督考核方式，健全街道与区职能部门的协调机制，理顺政府和社区关系。三是以法律的形式，进一步明确街道办事处在城市管理工作中的地位、作用和职责。

二　“权力”短板要由“能力”补齐

街道工作能否取得成绩，我认为“人”是关键，也就是说我们街道的干部队伍是关键。再好的制度，再先进的工作理念，没有人去落实，没有人去干，那也只是“白纸一张”。展览路街道的干部队伍，就是突出一个“干”字，实现工作高效运转。一是思想建设。通过加强班子中心组理论学习、科级干部理论学习、全体党员政治学习这三个层面的学习，使广大干部职工把思想和行动统一到干事创业的大方向上来。二是能力建设。通过与西城区区委党校和中国青年政治学院联合办学，对广大领导干部进行各类专项培训，开展干部轮岗交流，重点提高岗位任职能力，从而进一步增强干事创业的能力。三是制度建设。完善工作失职失误追究制度、奖惩制度、干部考核制度等；加大监督检查力度，狠抓各项制度的落实，定期不定期检查办公秩序、人员出勤情况，通过制度来约束人、激励人。

特别是通过开展群众路线教育实践活动，领导干部作风着实发生了转变。我们坚持以“书记抓书记”“清晨课堂”“日记传递”的方式，加强处级领导科级干部学习教育；建立“四个一”调研机制收集意见建议；借鉴领导班子民主生活会经验，开好基层党组织专题生活会；全面梳理现有制度，新建立10项制度、修订完善36项制度、拟废止9项制度，进一步确立了作风建设长效机制。将权力公开运行向社区延伸，形成了层层抓落实的主体责任体系和工作格局，制定下发了《展览路街道关于落实党风廉政建设党工委主体责任和纪工委责任的意见》，实现了街道和社区廉政教育全覆盖。

三　街道治理能力也是一种“合力”

机关工作人员能力素质的培养，这是增强街道治理能力的一个十分重要的方面，但从目前经济社会发展的情况来看，过去那种“强政府”可以说是“过时”了，政府“包打天下”的局面也已经“一去不复返”了，政府在社会治理中所扮演的角色正在逐步转变。可以说，社会治理已不仅仅是政府一家的事情。

党的十八届三中全会提出的创新社会治理体制，正是要切实改变以前那种政府单方作为的局面。因为从过去社会管理的工作来看，政府管得太多、太宽了，有很多不是也不应该由政府管的，政府也在管、在扛，这样慢慢形成了一种现象，就是不论什么事情，老百姓只找政府解决，最终缠访、闹访比比皆是，解决问题后，群众还不念政府的好。所以中央提出的社会治理，就是要形成多方共同参与治理，把政府、社会、市场和广大人民群众的多方力量融为一体，形成共治的“合力”。

要形成共治的“合力”，政府应当积极发挥主观能动性。因为市场是逐利的，而群众又存在“自扫门前雪”的观念，所以，展览路街道在地区社会治理方面，着力构建全员参与模式，在社会治理的需求、权力与能力之间寻求平衡。

一方面，充分发挥党组织的“带动”作用，统筹全局、协调各方、整合资源、调和利益，激发社会活力，团结和带领社会各方共同治理社会。着力加强基层服务型党组织建设，充分发挥街道党建协调委员会、社会领域党建协调委员会及社区分会的作用，进一步完善“社区大党委”工作平台建设，以商务楼宇党建为抓手，突出党群服务能力协同化运作，形成了“工作在单位、活动在社区、奉献在岗位”的驻区协同共建新模式。

另一方面，激发地区单位与居民参与的“能动”作用，积极转变职能、整合资源、发挥作用，激发更多的社会成员参与社会治理的热情和活力。一是拓宽动员参与渠道。以街道全响应指挥中心和街道168个网格为依托，由街道牵线，推动政府机关、社会单位、社会组织、企业、居民多方参与。将240支社会组织团队进行分类管理，分为社区服务、治安民调、医疗计生、文体科教、环境物业和共建发展6类，对党员先锋队、楼门（院）长队伍、环境保护协会、青少年教育协会、为老服务团队、爱犬自律协会等社会组织进行重点扶持，使之聚焦共同的目标，参与区域自理。二是健全“民意”形成机制。依托“阳光会商室”“畅谈舒心社”“居民议事厅”等平台，借鉴人大议案和政协提案的成熟经验，在各社区成立由社区党员代表、居民代表等组成的社区事务提案小组，形成社区党组织主导下的民意表达空间。三是畅通“民情”收集机制。我们组建了一支由2885名楼门（院）长组成的队伍，积极推行楼门（院）长报告制度，确定了“五无、三变、两清”的报告内容（“五无”：有无零就业家庭、有无城镇危房户、有无拖欠工资问题、有无重大重复上访户、有无社会救助盲点。“三变”：一是社区内常驻户数、人数的变化情况，二是社区内户籍与居住状态的变化情况，三是社区内流动人口和出租房屋的变化情况。“两清”：一是社区内重点人群的情况清，二是社区内其他临时、突发的情况清）。四是落实“民需”决策机制。我们以解决直接影响居民生活的难点问题为切入点，启动了老旧小区“楼院微自治”服务项目，通过培育楼院自我服务管理组织、推选培养楼院领袖、联合整治奠定基础、引入专业机构拓展服务等途径，带动17个老旧小区实行居民自治式管理，逐步实现了“自治组织建设好、自我管理机制好、自我服务效果好、驻区单位协同好、突出问题解决好”的老旧小区“五好”目标。

四 “合力”的来源是动员社会力量

形成共治的“合力”就要构建全员参与模式。构建全员参与模式的核心就是社会动员。展览路街道从基层工作的视角出发，从区域实际出发，积极整合行政、市场、社区三股力量（第一是以街道办事处、职能站队所、驻区各级单位为代表的行政动员力量，即社会动员体系的核心；第二是以社会组织、企业为代表的市场动员力量，即社会动员体系的中坚；第三是以广大居民为代表的社区力量，即社会动员体系的根基），构建“三位一体”社会动员体系，凝聚社会建设强大合力，推动社会建设向多元治理转变。

一是强协同，畅通行政动员机制。以统筹发展为纽带，建立“协同平台”；以区域化党建为龙头，搭建“协调平台”；以响应民需为导向，建立“惠民平台”；以驻区共建为基础，搭建“共享平台”。

二是助发展，拓宽市场动员渠道。实施项目化推动，引导社区公益服务规范；实施社会化运作，实现“政社”优势互补；实施规范化管理，引导市场自律发展。

三是重参与，营造社区动员共治氛围。以认同为归依，提升参与意识；以民智为依托，提升参与能力。

当前和今后一段时期，既是重要战略机遇期，又是深化改革的攻坚期，更是各种矛盾的凸显期。在严峻的挑战面前，我们展览路街道还将进一步谋划社会动员的持续、有序、健康发展。

总 报 告

General Report

B.1

展览路：探索创新、创业、创意的街区发展之路

摘　要：在落实首都新定位和京津冀协同发展的大背景下，作为首都功能核心区，一个集文化、旅游、商务、居住、科技和交通枢纽“六位一体”的综合性街区，展览路街道正处于重新定位发展方向、重新调整发展重点、重新梳理治理思路的关键时刻。本文在全面总结展览路街道近年来治理成果的基础上，运用SWOT工具系统分析了地区发展的优势、劣势、机遇和挑战，提出了建设“创新、创业、创意展览路，宜居、宜业新街区”的战略构想，并给出了相应的发展建议。

关键词：创新　创意　宜居　宜业　展览路街道

一 商、旅、科、展、交、居“六位一体”的综合性街区

今天的展览路地区位于北京西城区的西北部，主要由阜成门地区和西直门外地区构成。西直门外大街原为西直门外官道。辛亥革命后东段称关厢，西段因自然博物院在此称博物院路，新中国成立后两段合并改现名。西直门是北京内城的九大古城门之一，元代为大都城和义门所在地，是京畿的重要通行关口，明清时为京师内城九门之一，是除正阳门外规模最大的一个城门。清代的北京城分为中、东、西、南、北五城，都察院分派御史巡城，即“五城察院”。光绪三十一年十二月，北京设内外城巡警总厅，取消“五城察院”，始划内外城警政区，四郊仍由步军统领衙门管理，今展览路地区归步军统领衙门管理。1949 年 1 月 31 日，中国人民解放军从西直门入城接管防务，宣告北平和平解放。1949 年 2 月，中共北京市委接管旧政权，建立各区人民政府，重新调整了北平市市界和郊区行政区划，郊区调整为八个区。今展览路地区属新调整后的第十六区北礼士路街公所、博物院路街公所、阜外街公所、百万庄村公所、三里河村公所、南营房村公所辖地。

1954 年 12 月，阜外街政府改称为阜外街道办事处，博物馆路街政府改称西直门外关厢街道办事处，今展览路地区属于西单区阜外街道办事处和西四区西直门外街道办事处，以及海淀区三里河、南营房、百万庄乡。1956 年 3 月，南营房、三里河、百万庄乡与阜外街道办事处合并为南营房街道办事处。今展览路地区属于西单区南营房街道办事处，西四区西直门外街道办事处辖地。1958 年 5 月，国务院批准西单区和西四区合并为西城区，同年 7 月，南营房街道办事处辖区与西直门外街道办事处合并为展览路街道办事处。1960 年成立人民公社，政社合一。1962 年政社分开，办事处又分离出来，至 1966 年“文革”被破坏。1968 年成立街道革命委员会，它代行了原党委、办事处的职能，1978 年撤销街道革命委员会，恢复办事处至今。2004 年 10 月，根据中共西城区委、西城区人民政府《关于西城区行政区划

调整工作方案的实施意见》，原阜外街道与原展览路街道合并为展览路街道，调整后展览路街道面积为5.87平方公里，东以阜成门北、南大街为界与新街口街道相邻；西以三里河路、动物园西墙为界与海淀区接壤；南以月坛北街为界与月坛街道相邻；北以西海线为界与海淀区接壤，辖有文兴街社区、三塔社区、新华南社区等22个社区居委会（见表1），共43768户，常住人口128252人。地区有一、二类大街25条，中央、市、区属单位620余个，有大、中、小学21所，医院4所，大型商场及小商品批发市场12个。

展览路地区是一个集交通、旅游、商务、商品流通和科技会展等为一体的综合型街区。作为德胜科技园西区，展览路地区文化教育医疗事业发达，有北京动物园、北京海洋馆、北京展览馆、北京天文馆、中国古动物馆等会展、科技、旅游场所；有全国著名的人民医院、阜外心血管医院；有外交学院、北京建工学院等学府。其中北京展览馆和动物园更是远近闻名。北京展览馆建于1954年，是毛泽东主席亲笔题字、周恩来总理主持剪彩的北京第一座大型、综合性展览馆，在中国展示苏联经济、文化、科学技术、建筑艺术等成就，以学习、借鉴苏联社会主义建设的经验。北京动物园位于北京市西城区西直门外大街，是中国最大的动物园之一，也是一所世界知名的动物园。然而由于动物园地区便利的交通，衍生出了远近闻名的大型服装批发市场“动批”，因此它常常被写入北京的购物攻略，这里不仅有来自全国的批发商，而且还有一大群所谓的“动批族”。由于北京市首都疏解人口的需要，曾经的“动批”即将退出历史舞台。随着首都功能核心行政区划的调整，西城区有了明确的发展战略目标和发展路径，展览路地区也正随着北京市和西城区不断完善的城市蓝图发生着变化。

表1　2014年展览路地区各社区基本情况

社区名称	面积(平方公里)	常住人口(人)	常住外来人口(人)	低保家庭(户)	低保对象(人)	60岁以上老人(人)	残疾人(人)	少数民族(人)	外籍人口(人)
德宝	0.59	4756	2010	77	123	1543	181	108	6
朝阳庵	0.33	5122	1549	17	20	1353	110	235	8
文兴街	0.28	8558	1890	18	31	1467	76	245	1

续表

社区名称	面积(平方公里)	常住人口(人)	常住外来人口(人)	低保家庭(户)	低保对象(人)	60岁以上老人(人)	残疾人(人)	少数民族(人)	外籍人口(人)
团结	0.35	7989	2045	105	172	1772	177	305	0
榆树馆	0.24	4539	801	89	122	1332	152	326	3
新华东	0.25	5877	1250	32	45	1217	125	264	11
新华里	0.22	7445	1800	42	63	1181	121	207	0
车公庄	0.25	7300	1610	59	92	1463	160	179	23
百万庄西	0.23	4803	1078	48	71	1717	125	273	8
百万庄东	0.26	3506	1873	28	41	1723	88	12	21
三塔	0.24	5138	1496	25	33	1523	84	263	0
新华南	0.32	5537	1807	29	49	1630	107	124	1
黄瓜园	0.22	4524	1147	28	48	1766	115	377	4
露园	0.23	9465	2428	68	102	2138	195	582	12
北营房西里	0.18	6761	1701	44	79	1893	181	371	24
北营房东里	0.27	6665	2145	36	51	1748	136	226	10
阜外西	0.37	6159	1776	11	14	1703	76	151	0
洪茂沟	0.14	3911	1686	23	32	1259	84	112	0
阜外东	0.2	3174	1468	18	25	1847	131	284	0
南营房	0.22	7934	2492	48	85	1882	144	483	0
万明园	0.15	6530	2196	31	50	1641	151	319	12
滨河	0.33	2358	—	—	—	—	—	—	—

社区名称	社区服务用房面积(平方米)	社区社会组织总数(个)	备案的社区社会组织(个)	社区工作者(人)	助理社工师(人)	社工师(人)	注册志愿者(人)	商务楼宇(个)	社会服务管理网格(个)
德宝	320	13	13	13	3	1	912	5	11
朝阳庵	555	12	7	14	2	1	802	0	9
文兴街	350	20	20	14	4	2	1265	1	13
团结	430	13	7	13	2	2	794	3	9
榆树馆	288	23	14	13	4	0	750	1	5
新华东	315.1	12	11	14	1	2	775	0	5
新华里	408	9	9	13	3	2	720	0	5
车公庄	360	19	11	14	2	2	800	3	6

续表

社区名称	社区服务用房面积（平方米）	社区社会组织总数（个）	备案的社区社会组织（个）	社区工作者（人）	助理社工师（人）	社工师（人）	注册志愿者（人）	商务楼宇（个）	社会服务管理网格（个）
百万庄西	255	16	15	13	1	1	910	0	10
百万庄东	500	17	11	14	3	1	866	2	9
三塔	246	13	9	13	3	1	820	2	5
新华南	262	16	10	13	6	1	950	2	10
黄瓜园	718	9	9	13	5	1	1015	2	8
露园	327.5	18	12	15	6	0	1601	0	10
北营房西里	251.6	19	12	13	1	2	1110	2	6
北营房东里	394	15	15	13	5	0	1000	5	12
阜外西	425	10	9	13	0	0	924	1	4
洪茂沟	218	13	9	13	2	0	742	2	6
阜外东	386	14	8	13	2	1	993	2	9
南营房	251	19	19	14	3	0	1246	3	7
万明园	306	16	13	13	2	2	891	3	9
滨河	—	—	—	3	—	—	—	—	—

注：1. “人口情况”中，“常住人口”指实际经常居住在某地区半年以上的人员；“常住外来人口”指在本地区居住半年以上的外省市来京人员；“外籍人口”指居住在本地区半年以上的港澳台地区和外国国籍人员；低保对象、60岁以上老人、残疾人、少数民族、外籍人口均在常住人口范围内进行统计。

2. “社区工作者”指在社区党组织、社区居委会和社区服务站专职从事社区管理和服务，并与街道（乡镇）签订服务协议的工作人员。

二　“六抓六提高”展览路街道地区治理有章法

作为北京市西城区委、区政府的派出机构，近年来，展览路街道工委、办事处按照城市性质、服务功能，完善市、区街两级政府三级管理体制和建设国际化大都市的要求，紧紧围绕建设“活力、魅力、和谐”展览路的总体目标，围绕市区中心工作，创新服务手段，破解发展难题，完善民生保障，强化社会稳定，在发展创新中努力打造西外旅游商务功能街区品牌，实现地区社会经济新发展。

（一）抓改革、促发展，地区可持续发展能力明显提高

全力疏解非首都功能。展览路街道配合北展指挥部，编制北展地区发展规划，搭建政策宣传，信息对接，网络交易等平台，积极配合西城区相关部门做好“动批”、天意等批发市场的疏解工作，依法推动市场主体转型升级，实现摊位总数减少10%的目标。落实新增产业的禁止和限制目录，严格限制地区批发零售商业以及教育、医疗、餐饮、物流等业态准入。加大对群租房、地下室、家庭旅馆等的整治力度，强化人口调控工作，加大拆除违法建筑的力度，依法整治和规范市场，加强对七小业态生产安全的监管，实施标准化管理。

“金融”“科技”双轮驱动打造地区新名片。优化发展环境，成立北展地区社会发展协会，建立地区重点单位服务机制，搭建地区单位联系地区资源共享平台，积极协调做好政策落地，对辖区内33家重点企业兑现年度突出贡献奖。

深化街道社区治理体制改革。健全和完善“全响应”社会服务网格化管理，深化“访民情、听民意、解民难”制度化建设，持续开展智慧社区建设。继续推行“参与式”协商治理模式，以滨河社区为试点探索建立政府向社会组织购买公共服务的运行机制。推进社区托老服务站规范化建设，打造新型社区生活服务业特色街区生活服务圈，提升地区生活性服务业品质。实施分级分类的城市精细化管理，创新城市运行和管理模式。配合区域大管委体制改革，形成管理、作业、执法和监督四位一体的闭环体系和快速响应机制，建设和完善街道网格化全响应服务管理平台，深入推进三网融合，做到资源整合，无缝衔接，重心下移和力量下沉。按照城市分级分类管理标准化要求，分成示范街区、达标街区、重点街区和自管街区，实施三级四类的标准化管理，制定管理指标的考核体系，维护城市运行，保障安全运行和科学管理。

（二）抓管理、促长效，辖区环境治理水平明显提高

近年来，展览路街道一直以脏乱点整治为突破口倒逼环境优化升级，按照“严整治促宜居，优配套促改善，精管理促发展”的工作思路，建立城市管理基本要素台账，以城市精细化的城市管理推进宜居城市建设。

辖区生态环境得以优化。以城市精细化管理为抓手，以“城市病”治理为突破口，大力开展对各类环境秩序的整治工作。将40项城市精细化管理台账任务层层分解到相关部门，定期督办考核。建立区域环境脏乱点、老旧小区节能减排等城市管理基本要素台账。围绕“拆违、清障、治污、灭脏、治乱、撤市”六大战役，高压开展铁路巷小区、露园社区、西外南路、大钱市胡同和北营房西里环境治理。整治区级脏乱点10批，96处，处理区环境办、区拆违办、区环卫科等派发督办环境问题82件。开展僵尸车专项治理，清理25辆长期占道的废弃机动车；开展私装地桩地锁专项整治，拆除北营房西里、进步巷、车公庄断头路等地区650个私装地锁；清理无主大件垃圾渣土655车，清理非法张贴小广告45000张，全面完成地区337处4120.91平方米违法建设的拆违工作。办结有关环境问题的人大代表提案1件，城管分中心案件4200件，大信访830件，信访交办单、行风热线、电话记录单等共46件，使地区环境秩序问题得到极大改善。

基础设施建设持续完善。主动争取各方力量支持，着力打造百万庄南街西一巷等三个精品工程；扎实推进新华南等老旧小区老楼抗震加固工作，完成8栋楼房100%签约；探索小区停车自治长效管理机制，新增停车位40个；筹措资金400万元用于团结等14个社区的综合环境基础设施建设，新植树苗700余株，绿化补植3000平方米，铺装整修道路1774.42平方米，整体改造2个自行车棚，新装太阳能灯41盏。

城市运行保障体系健全有效。坚持属地管理和城市精细化管理相统一，完善应急体系，扎实做好地下空间综合整治和防火、防汛、防意外事故的工作，制定防汛、扫雪铲冰、空气重污染等应急预案。开展大型应急预案演

练、事故模拟演练、应急疏散演练、消防演练，加强应急救护培训，有效提高了应对突发公共事件、应急救援和抢险避灾的能力。

（三）抓规范、促建设，社区治理服务能力明显提高

在社区建设方面，展览路街道以加强和完善社会服务管理模式为目标，以深化社区管理体制改革为动力，狠抓社区规范化建设，在建立全科服务、延时预约工作机制以及探索老旧小区自我服务管理、推进社会动员工作等方面进行了有益的探索，进一步提升了社区服务管理水平，逐渐形成了“社会动员深化、社区服务优化、居民自治强化、队伍管理细化”的新局面。

社区规范化建设进一步加强。针对北京北站回迁房居民办事难、环境差等问题，街道根据西政函〔2014〕75号文件精神，在该地区新成立了滨河社区居委会，合理配置社工，确保居民需求有人管、有人办，为北站周边地区的稳定发展提供保障。全面推进协商式民主自治，实现“政社”优势互补，社会动员新机制成效显现。完成60%社区的“六型社区、学习型社区”达标创建，朝阳庵社区被评选为首批区级学习型示范社区。丰富全科服务内容，在22个社区建立预约延时工作机制，进一步优化社区服务能力。创新社工人才队伍培养方式，实施社工人员动态管理，牵手驻区高等院校，开展社工大练兵，显著提升社工能力。完善全响应网格管理，积极推进区街居三级综合服务信息系统应用建设，使楼门（院）长报告制度和楼门信息传递系统进一步有效运行，实现了主动、综合和高效的社区公共服务。

不断探讨养老服务新模式。实施新家庭计划，开展计划生育家庭养老照顾试点，提高家庭发展能力。深化全国养老服务业综合改革试点，加快养老照料中心建设，延伸“医养结合”服务，不断探索养老服务新模式，强化服务圈、老年餐桌、便民菜站等生活服务业建设，构建机构、社区、家庭紧密衔接的全覆盖的养老服务体系。截止到2014年底，针对空巢老人研发的“居家养老智能守望系统”为老服务智能化服务模式已在200户中正式运营。

文化品牌影响力明显增强。扎实推进文明城区创建活动，大力弘扬社会

主义核心价值观，利用《展望》报等宣传载体，采取推荐文明单位、文明社区，手拉手城乡共建等形式，使之外化于形；通过深入开展道德讲堂、英雄文化教育、夏日文化广场、最美百姓宣讲巡讲、挖掘身边好人好事等群众性精神文明主题活动，使之内化于心。配置阅读架和图书，充实文化阵地；开展科技周、首届北展风筝节、健康行等文化品牌活动，提升地区文化影响力。2014 年，文兴街等社区被评为“全民健康生活方式行动示范社区”。同时，街道在国家级、市级媒体刊登新闻 25 篇，在中央电视台新闻频道、北京卫视等电视栏目播出相关新闻 10 条。

社会动员新模式成效初显。在体制机制建设方面，通过倡导“社会协同、公众参与”的理念，建立起街道统筹、各部门分工负责、社会单位和公众广泛参与的工作体制；在搭建多样平台方面，以资源共享为切入点，发动社会单位通过结对共建、对外开放内部设施等资源共享形式，共同参与地区建设。引导发动驻区企业通过支持社会公益事业、参与志愿服务等方式参与地区建设，积极履行社会责任。以街道民间组织服务中心为载体，加强街道“枢纽型”社会组织和其他组织社会动员能力建设，完善街道与社会组织之间的良性互动；在强化协商式民主自治方面，以居民参与为支撑点，总结推广社区居民代表常务会等基层自治经验做法，指导、鼓励社会单位、居民参与社区事务决策、管理和咨询等工作。同时借助专业社工力量，实施“爱心暖阳”“微自治”等综合服务，以助推社会组织成长为着力点，引导推进“1+1”助推项目，实现“政社”优势互补，丰富社会动员服务内容。

（四）抓服务、惠民生，区域公共服务水平明显提高

展览路街道坚持以居民需求为导向，从群众最关心、最直接、最现实的基本利益入手，认真落实各项惠民政策，完善社会救助、社会福利、慈善事业等民生服务体系，着力保障民生、强化民本、筑牢民基。

做好重大项目服务保障。一是全力支持配合居民住房改善项目。抽调多名街道骨干力量参与拆迁，成立拆迁区联合党支部，发挥社区党组织、楼门（院）长的作用，加大宣传力度，排查化解矛盾。街道、社区带头搬迁，

2014 年共腾退办公用房、车棚等 17 处房产。二是全力保障产业升级项目。积极落实属地责任，将专项整治固化为常态整治，明确市场门前三包责任，配套增设隔离护栏等硬件设施，使街面秩序大为改观；重点针对群租房、人货混居、黑食品加工以及违法经营等问题，开展综合整治工作。2014 年共查处和清理人货混居 20 户、库房 11 户、黑食品加工 6 户，共拆除违章建筑 4120.91 平方米，取得了良好的整治效果。

全面落实基本公共服务。落实一老一小、最低生活保障、住房保障等政策性制度，关注弱势群体，建立“一门受理、协同办理”的综合救助体系。打造无障碍示范街道，独创“美术干预法”，将对残疾人的关爱融入文化生活。推进计划生育家园个性化服务，提升计生家庭的发展能力和幸福指数。2014 年向地区低保、残疾、特困等弱势群体特殊人群发放价值 433.6 万元的慰问金及慰问品，报销药费 280 万余元。低保救助 882 户 183.45 万元，医疗救助 527 人 72.42 万元，残疾人保障金救助 11067 人 15.7 万元，临时救助 31.4 万元。

努力搭建就业保障平台。扩展“充分就业街道”品牌外延，推进公益性就业服务，“量身定制”就业培训，搭建现实岗位供需平台，实现信息传递及时、求职推荐即办、全程跟踪的就业服务。2014 年向地区失业人员提供就业岗位 3335 个，培训失业人员 190 人，安置就业困难人员 564 人，使 56 名残疾人实现再就业。同时，实现创业 10 人，带动就业 237 人。开设“人力资源在线”微课堂，开展劳动用工管理规范一条街工作，和谐劳动关系进一步形成。

优化民生服务站点布局。采取项目购买、项目补贴等方式，逐步构建完整的政府服务购买体系。依托“便民集市”活动，打造专业化便民服务平台，2014 年登记在册的便民服务商 1500 余家，较 2013 年增长 10%。完善一刻钟服务圈功能，规范管理提升全地区便民菜店，新增德宝、北营房西里 2 辆流动菜车。

建立新型为老服务体系。着力构建为老服务“全响应链”，在 200 户运行“居家养老智能守望系统”，推进“邻里互助守望幸福”综合包户志愿者服务行动，拓展“星光园”为老服务项目，健全“家庭－社区－街道－服务队伍”四位一体的新型养老服务体系，顺利实施养老“券变卡”，基本建成街道级养老日间照料中心。2014 年举办各类文艺演出、公益活动 10 场，为老人送餐 6000 人次，基本覆盖社区困难、空巢独居、重度残疾和“三无”老人等人群。

（五）抓体系、建网络，地区安全治理水平明显提高

面对展览路地区复杂的社会治安形势，展览路街道积极创新社会治理方式，充分发挥街道统筹辖区发展的职能，整合社会力量构建立体化治安防控体系，为地区经济社会和谐发展提供保障。

建管并举，综合治理能力不断提高。健全网格运行机制，加强专群结合情报信息预警能力建设，发挥联合执法小分队、民兵、“红袖标”志愿者服务队、实名制应急处置预备队等群防群治联动力量，圆满完成了国庆 65 周年、十八届四中全会、APEC 会议等重大时点的安保任务。深化平安建设，强化网格化治安秩序管理，地区创安水平实现新提高；将反恐防爆体系纳入综治维稳工作，重点加强专群结合的情报信息预警能力建设，全年无重大暴力恐怖事件发生。重拳打击西外南路地区“三黑”和堆货占道非法经营，全年查扣非法运营车辆、黑摩的、黑三轮 92 辆，规范无照经营 1918 起，查扣黑存包黑物流 1132 起，动物园地区治安稳定、交通畅通的愿景基本实现。

疏堵结合，流动人口疏解深入推进。坚持“以房管人、以业控人、以证管人”的流动人口管理模式，加强流动人口居住登记，适时摸清流动人口底数；专项治理房屋违法出租，合力排查西外南路沿线、北露园 2 号楼、北京北站危改小区群租房等房屋安全隐患，彻底解决南 1 号楼违建问题。杜绝违法群租房，人口无序聚集有效减少。持续推进百万庄棚改项目，以重点工程定向安置、产业和功能转移带动，最大限度减少人户分离。全年清除群租房 628 户，疏解人口 6773 人。

调排联动，矛盾纠纷化解更加有效。展览路街道平安建设注重从源头抓起，搭建了“一个平台、三调联动、多位一体”的大调节工作体系，在全

区率先成立地区劳动争议调解委员会，建立矛盾纠纷排查调处工作月例会制度，落实处级领导信访接待日制度，形成了重点人重要事件资料库，主动掌控信访动态、刑释重点人情况，协调化解地铁6号线震动扰民新诉求，率先启动街道劳动争议委员会调解机制。全年共调解各类民间纠纷3679件，达成书面协议117件，妥善处理8起民工讨要工资群体性突发事件，处理人大代表提案、各类来信来访及派发案15707件，法律服务450人次，实现“小事不出社区、大事不出街道”的目标。

防查同步，安全生产规范有序。完善安全应急工作体系，建立街道、社区、经营单位安全生产三级监管工作网络；加强“七小”等重点场所、重点单位安全生产检查和在施工地、商市场等人员密集场所的安全隐患排查；加大劳动用工培训、监管和检查，2014年，共执法检查2390次，普查地下空间328家，城乡接合部地区26处隐患全部整改完毕，超额完成小微企业安全生产岗位达标任务。

“三防”结合，深入推进平安创建活动。以创建平安社区为契机，按照齐抓共管、树立一盘棋、同守底线的工作总体思路，强化社区人防、物防、技防建设，大力加强社区社会治安综合治理，警民共建“平安社区”和零发案社区，完善“网格化”治安巡逻机制，强化治安秩序管理。发动志愿者加大在社区内的巡逻排查力度，排查陌生人，不给犯罪分子留有可乘之机。同时街道聘请80名专职保安力量，协助民警、社区做好安全巡逻工作。在加强人防工作的同时，加大社区技防设施建设力度，努力推进楼宇对讲系统的安装进度，增强社区预防和控制犯罪的能力。

（六）抓活动、促党建，基层党组织服务能力明显提高

近年来，展览路街道深入开展群众路线教育实践活动，进一步确立了作风建设长效机制，基层党组织服务群众的能力大幅度提高。

扎实开展党的群众路线教育实践活动。2014年，展览路街道抓住党的群众路线教育实践活动的有利契机，狠抓作风建设，着力改进基层党建工作方法，转变基层组织服务方式，变“被动服务”为“主动服务”，充分激发

区域党建新活力。在专项整治上动真碰硬，建立“四个一”调研联系机制，通过群众提、自己找、上级点、互相帮、集体议，共收集意见建议 3800 余条，立行立改得到解决的问题 158 个。在开展批评与自我批评上抓好落实，领导干部自己动手撰写对照检查材料，班子民主生活会开得有“辣味”，相互批评意见累计达到 264 条；借鉴运用领导班子民主生活会经验，开好基层党组织专题组织生活会，据统计，参加民主生活会和组织生活会的党员共计 6477 人。在建章立制上从严从实，全面梳理现有制度，新建立 10 项制度、修订完善 36 项制度、拟废止 9 项制度，进一步确立了作风建设长效机制。

全面建设基层服务型党组织。以区域化党建为抓手，建立非公企业党建数据库和党员联动机制，突出党群服务能力协同化运作，初步形成“工作在单位、活动在社区、奉献在岗位”的党员教育管理新模式，111 个单位党组织，7500 名在职无职党员进社区、亮身份、认岗位，开展服务 4358 次。

加强领导班子和干部队伍建设。坚持民主集中制，健全议事决策机制，梳理完成工委、办事处职权 162 项，提高了领导班子和领导干部科学决策、民主决策的能力；推进学习型党组织建设，修订完善中心组理论学习制度，街道中心组全年集中学习 40 余次，汇编成《展览路街道处级领导调研报告》。健全党员干部学习培训机制，抓好各类人员的分类培训，严格录用考核程序，拓宽干部培养渠道。

党风廉政建设深入推进。抓责任制“龙头”，将权利公开运行向社区延伸，签订办事处、科室、社区三级党风廉政责任书 132 份，形成了层层抓落实的主体责任体系和工作格局。抓廉政教育，实现了街道和社区廉政教育全覆盖。抓制度建设，制定下发《展览路街道关于落实党风廉政建设党工委主体责任和纪工委监督责任的意见》，用制度推动街道作风建设常态化、长效化。抓监督，强化对落实中央八项规定、“三重一大”、权力公开等关节点的监督，受理纪内信访投诉 56 件，同比增加 65%，执纪效果明显。

健全党群工作联动机制。充分发挥人大、政协、统战、群团工作中的人才资源优势和辖区群众组织、社会组织、企事业单位的协同作用，实现区域党群工作目标、机制和行动的协调统一。畅通人大、政协代表参政议政的渠道，定期组织人大代表、政协委员围绕地区发展开展各类调研视察活动；规范社区统战组织架构、构建较为完整的街道统战工作体系，街道统战工作在全区重点推进工作中走在了前列，2014 年获得了北京市侨联先进集体的荣誉；推进工会组织建设，全年新建工会企业 205 家，发展新会员 726 人；加强团的运行机制、拓展青年汇项目；发挥妇联组织开展家庭工作优势，大力创建“五好文明家庭”等特色家庭；楼宇党建工作蓬勃发展。在全区建立并运营首家集会议、学习、阅览、咨询、健身、娱乐于一体并具有开放性、多功能、专业化特点的五栋大楼商务楼宇品牌工作站，西城区区委领导多次为此专程调研。

三　把握新形势，谋求“两宜三创”新街区新发展

在习近平总书记 2014 年 2 月 26 日视察北京讲话以后，北京的发展进入了一个新的历史时期。西城区是首都功能核心区，是首都“四个中心”功能及“四个服务”最主要的载体。作为西城区一个集商务、旅游、科技和交通枢纽于一身的综合性街区，多年来，展览路坚持融合发展、率先发展、创新发展、开放发展、绿色发展、共享发展，在首都功能得到有效加强的同时，其他非首都功能也得到快速发展，经济社会发展质量和水平迈上新台阶。当前，面对北京及西城区围绕落实“四个中心”定位、谋划转型发展、提升核心功能的新形势，如何认清形势，抓住机遇，找准地区发展定位，强化首都功能，疏解非首都功能，提高地区发展质量，打造展览路发展的“升级版”，已经成为刻不容缓的战略任务。

（一）定好坐标把握展览路地区发展新常态

1. 准确把握首都功能的概念内涵，落实好“疏非”新理念

2014 年 2 月，习近平同志在视察北京时明确指出，北京市要坚持和强化全国政治中心、文化中心、国际交往中心、科技创新中心的首都功能，建设成为国际一流的和谐宜居之都。2015 年 2 月，习近平同志在中央财经小

组第九次会议上，进一步要求疏解北京非首都功能。党中央对北京首都功能的强化提出明确要求。作为首都功能核心区的重要功能街区，研究展览路的发展，首先必须深刻理解首都功能的内涵，进一步优化、强化首都功能，疏解、弱化非首都功能。

首都是指一个国家中央政府所在地，是国家主权的象征城市，是国家的政治、经济、文化活动中心，通常也是各类国家级机关集中驻扎地。首都功能是指首都这个具有一定特殊性的城市在国家政治、经济和文化生活中所担负的任务和作用。首都是一座城市，更是一座特殊的城市。有研究表明，在首都城市的各种功能中，那些体现首都城市特点的、独一无二的功能，以及为了更好地优化首都功能所必不可少的功能，即为“首都功能”；那些不体现首都特点，而是其他城市大都具备的功能，以及对于优化首都功能并无实质性帮助的功能，即为“非首都功能”①（见图 1）。

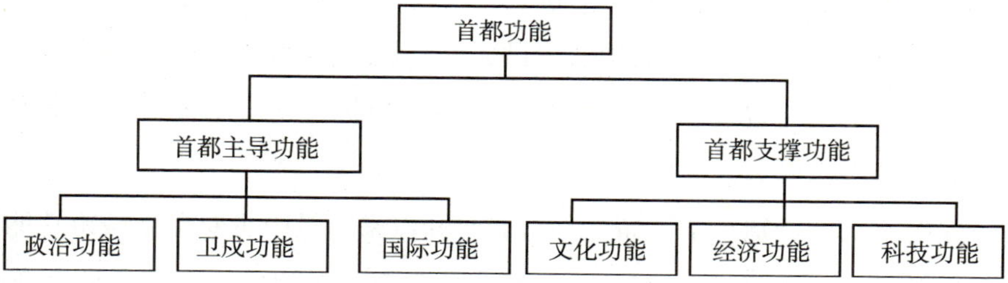

图 1　首都功能系统

资料来源：北京富达尔城市发展研究院、中国社会科学院工业经济研究所课题组、国家发展改革委经济体制与管理研究所课题组：《“十三五”时期西城区发展定位和发展战略研究》，2015。

首都主导功能是指首都城市集中体现国家主权，承担政治中心、公共管理中心等国家功能，在国家政治生活中发挥独一无二、其他城市无法替代的主导作用的功能。首都支撑功能是指首都城市在长期的历史发展过程中，基于不同国家历史文化传统特点，在主导功能之外逐步叠加（或附加）上去

① 北京富达尔城市发展研究院、中国社会科学院工业经济研究所课题组、国家发展改革委经济体制与管理研究所课题组：《“十三五”时期西城区发展定位和发展战略研究》，2015。

的具有首都特色的文化功能、经济功能等。首都支撑功能服务于主导功能，对主导功能形成有力支撑；首都主导功能的增强又反过来有力地助推支撑功能的提升，两者相互作用、缺一不可，形成首都功能这个有机的整体。

新中国成立以来，北京作为国家首都，其城市功能发展演变经历了多个阶段。新中国成立初期至20世纪80年代：20世纪50年代初，《改建与扩建北京市规划草案的要点》中提出，“首都应该成为全国的政治、经济、文化的中心，特别是要成为我国强大的工业基地和科学技术中心”。20世纪80年代至90年代中期：1982年的《北京城市建设总体规划方案》强调，北京城市功能定位是“全国政治中心和文化中心”，“经济中心”的定位逐步弱化，产业体系从以工业为主导向以服务业为主导转型。20世纪90年代中期至21世纪初：《北京市城市总体规划（1991～2010年）》提出，北京城市功能是“全国的政治中心和文化中心，是世界著名的古都和现代国际城市”，提出“首都经济”发展战略。21世纪初至2013年底：《北京城市总体规划（2004～2020年）》提出要把北京建设成为“国家首都、世界城市、文化名城、宜居城市”，首次提出“宜居城市”发展目标，初步形成了以服务经济为主导的经济格局。

党的十八大特别是十八届三中全会召开以来，党中央对北京城市功能定位提出了新的更高要求。2014年2月，习近平总书记在北京考察时明确指出，北京要坚持和强化首都作为全国政治中心、文化中心、国际交往中心、科技创新中心的核心功能，深入实施人文北京、科技北京、绿色北京战略，努力把北京建设成为国际一流的和谐宜居之都。2014年2月习近平总书记在听取京津冀协同发展工作汇报时进一步要求，京津冀三地要加快推进产业对接协作，理顺三地产业发展链条，形成区域间产业合理分布和上下游联动机制。这是北京发展进入深度调整期以来，党中央根据北京市经济、政治、文化、社会发展实际情况，审时度势，对北京的功能定位、产业发展提出的更高要求，为首都北京今后的调整发展指明了方向。

2. 准确把握西城区功能提升的战略导向，完善好功能新布局

首都“四个中心”功能定位，决定了首都北京在国家发展整体布局中

的地位和作用，也指引着西城区的未来发展。城市发展战略和发展模式必须与功能定位相适应、相一致、相协调。作为首都功能核心区，西城区地域空间有限，资源有限，不可能什么都搞，一定要有所取舍，有所为、有所不为。要根据新的功能定位调整完善城市规划、产业规划和经济社会发展总体规划，推进“三规”融合，在科学规划的基础上调整完善城市功能。

一方面要下决心“优”，坚持和强化首都功能。强化政府服务，推进现代治理。完善公共服务体系，健全城市管理体制，提高城市管理水平，完善城市功能，尤其要加大大气污染治理力度。大力发展“高精尖”产业，推动金融、科技与经济深度融合，形成高端引领、创新驱动、绿色低碳的产业发展模式，提高产业能级。

另一方面要下决心“舍”，调整疏解非首都功能。坚决舍弃不符合首都功能区发展方向的产业。把一般性产业特别是高消耗、高污染产业清理出去。合理确定公共服务机构的功能定位与布局，“强化高端、疏解一般”，而不是像过去那样过度追求规模和服务量，要在提高质量上下功夫。立足于完善交通网络及配套设施，实现快速换乘，减少人车拥堵，疏解交通枢纽中心的压力。动物园、西直门等区域的交通枢纽功能应逐渐疏解到周边区域，便于城市功能疏解和城市治理。优化人口结构，控制人口规模。人口既要“疏”，通过产业结构优化，遵循以市场为主导的方式疏散人口；又要“解”，切实解决人口流动中的实际问题，让人口无后顾之忧地自愿流动到周边区域。同时还要充分利用京津冀一体化发展机遇，帮助周边城市群完善城市功能，扩大人口疏散渠道，从根本上解决人口规模问题。重视体制机制创新的潜在作用，以更宽广的视野，创新的体制机制手段，实现疏解非首都功能的更好社会效果。

3. 准确把握展览路地区发展面对的新要求，审视好发展新方向

国际国内形势发生深刻变化的当下，给展览路地区发展提出了新的要求。展览路地区必须与时俱进，立足首都发展大环境，站在全球治理的更高层次，重新审视新形势下的区域发展方向。

（1）坐标：全球治理背景下建设国际一流首都功能区的要求。2010 年，

中国经济总量已经超过日本，成为世界第二大经济体。伴随中国经济实力的壮大，中国的国际影响力明显提高，在全球战略格局调整中的主动权日益增强。特别是“一带一路”重大战略的制定和实施，进一步增强了中国在国际经济中的发言权，有力地支撑着中国由区域大国向具有全球影响力的世界大国和平崛起的战略转化。作为世界大国的首都，北京不仅要体现独特的政治功能，而且要向世界展示中国特有的文化感召力、经济辐射力、科技引导力。作为首都功能核心区的重要街区，展览路在谋划地区发展时，必须始终将“国际一流”作为地区发展的基准和坐标，以全球视野审视地区发展与治理。

（2）价值：在京津冀协同发展框架下引领区域发展的要求。经过多年发展建设，京津冀地区已基本形成以北京为主中心（陆路及空路）、天津为副中心（水陆联运）的经济网络、文化网络、陆海空综合交通运输网络，并呈现为以首都北京为中心的放射式组织形态。作为京津冀的主中心，北京在对周边地区优质资源“虹吸”集聚的同时，也产生强大的经济、文化辐射力，引领和带动周边地区的发展。北京必将借势京津冀协同发展带来的巨大活力，进一步突出强化在京津冀区域的“全国政治中心、文化中心、国际交往中心、科技创新中心”的首都功能。作为首都功能核心区的重要街区，展览路地区在谋划地区产业发展的时候，必须站在京津冀一体化的高度，“打破自家‘一亩三分地’的思维定式”，充分发挥自身优势，突出高端化、服务化、集聚化、融合化、低碳化，强化首都功能，调整疏解非首都功能，进一步优化产业结构，提高产业能级，增强对整个区域的辐射带动作用，打造展览路社会经济发展升级版。

（3）示范：在治理现代化的目标下体现率先突破的要求。从“管理”到“治理”是政府治道的升华，是全球政府管理体制改革的普遍趋势，治理是更高层次的管理，是管理的升华。党的十八届三中全会《中共中央关于全面深化改革若干重大问题的决定》明确把“完善和发展中国特色社会主义制度，推进国家治理体系和治理能力现代化”作为全面深化改革的总目标。首都在国家治理体系中处于十分特殊的地位，既是国家治理的重要组成部分，也是千万人口以上特大城市创新探索科学治理路径，解决空气污染、交通拥堵等“城市病”的重要窗口，对全国乃至世界都具有示范和借鉴作用。作为首都功能核心区的重要街区，展览路地区有责任以中国首善的标准，完善社会治理体系，创新社会治理方式，提高社会治理能力，夯实现代治理基础，调动社会各个层面的力量共同参与，形成政府、市场、社会等多元主体合作的治理机制，形成法治完备、行政高效、自治发达、科学智能的城市治理格局，成为首都现代治理的典范。

（二）SWOT 分析认清展览路地区发展新形势

1. 优势（Strength）

（1）交通条件优良。作为全市重要的交通枢纽，展览路地区拥有西直门、动物园两大交通枢纽，交通便捷。展览路地区共有四条地铁线路经过，仅西直门地区就汇集了地铁 4 号线、2 号线、13 号线三条地铁。紧邻西直门地铁的北京北站在经过大规模改造后，日发送旅客由原来的 91 万人增加到 450 万人。作为客运交通枢纽之一的动物园交通枢纽中心，设计为地下 2 层，地上 8 层，集公交运输、商务办公、商品批发零售、餐饮休闲娱乐于一体，采用智能化公交运营调度，并与地铁车站连通，设计日运载量为 26 万人次。而 2007 年动物园路的建成通车，则使西二环与西北三环之间，形成了一条贯通南北的主干道，改善了路网结构，缓解了西直门地区和西二环的交通压力。地铁、轻轨、公交三条交通网络的逐步完善，有效连接了中央商务区、西部政务区、老城商业区和南城新区，实现了京城东西南北的大跨越。便捷的交通为展览路街区的产业转型与升级提供了便利。

（2）各类资源云集。展览路街区有以北京展览馆为代表、博物馆群聚集的北展街区以及“新华 1949”文化创意产业园；有北京建筑大学、外交学院等高校；有北京动物园、北京海洋馆、北京天文馆、北京古脊椎动物馆等知名旅游资源。展览路地区目前共有科普基地 10 家，其中国家级的两处——北京动物园、中国古脊椎动物馆；市级的一处——北京天文馆；还有北京市第一座大型综合展览馆。优良的资源聚集了一大批高素质的人才，使地区人口结构水平、社会文明程度相对较高。

（3）楼宇经济发达。主要的楼宇有北京文化创新工场、中坤大厦、中仪大厦、经贸大厦、首创国际会议中心、五栋大楼、富成大厦、天恒置业大厦、外经贸大厦、万通新世界等。根据第三次经济普查数据，尽管展览路地区批发和零售业在西城区经济中仍然占有重要地位（主营业务占全区41.73%），但租赁和商务服务业资产总量占到了西城区的54.17%，主营业务收入占24.59%，科学研究和技术服务业对地区经济发展贡献也较大，从业人员有24086人，主营业务收入超过100亿元，占西城区的7.27%（见表2），为包括文化创意产业、高科技和金融在内的高端服务业发展提供了肥沃的土壤。

（4）治理基础扎实。长期以来，展览路街道工委、办事处坚持围绕市区重点工作，从地区实际出发，以问题为导向扎实开展工作，在党的建设、社区建设、公共安全、城市管理、民生保障等各方面取得了重要成就，是西城区街道系统的“老先进”，连续多年荣获“优秀街道”称号，2010年荣升世界卫生组织“国际安全社区”行列，同期获得亚洲“安全社区”网络成员资格，被授予“全国安全社区建设先进单位”“首都文明街道”“首都国家安全工作先进集体”等多项集体荣誉。特别是展览路街道针对西外地区人流混杂、交通拥堵的特殊情况，分别成立了西直门综合交通枢纽地区管理委员会和综合整治办公室，专门治理治安环境和市场秩序，使整个地区的发展环境得到明显优化。

表2 展览路街道法人单位情况一览

行业	单位数(个)	占全区(%)	从业人员期末人数(人)	占全区(%)
合计	6461	14.99	199624	17.07
采矿业	0	0.00	0	0.00
制造业	29	0.45	2291	1.15
电力、热力、燃气及水生产和供应业	1	0.02	3142	1.57
建筑业	74	1.15	6228	3.12

续表

行业	单位数(个)	占全区(%)	从业人员期末人数(人)	占全区(%)
批发和零售业	1469	22.74	34404	17.23
交通运输、仓储和邮政业	91	1.41	33101	16.58
住宿和餐饮业	217	3.36	6138	3.07
信息传输、软件和信息技术服务业	366	5.66	4299	2.15
金融业	74	1.15	3199	1.60
房地产业	258	3.99	7384	3.70
租赁和商务服务业	2294	35.51	24852	12.45
科学研究和技术服务业	755	11.69	24086	12.07
水利、环境和公共设施管理业	25	0.39	1955	0.98
居民服务、修理和其他服务业	155	2.40	1477	0.74
教育	155	2.40	8285	4.15
卫生和社会工作	27	0.42	7988	4.00
文化、体育和娱乐业	224	3.47	6321	3.17
公共管理、社会保障和社会组织	247	3.82	24474	12.26
行业	资产总量(万元)	占全区(%)	主营业务收入(万元)	占全区(%)
合计	76843630	1.04	13756801	6.66
采矿业	0	0.00	0	0.00
制造业	217972	0.28	120814	0.88
电力、热力、燃气及水生产和供应业	2749284	3.58	186229	1.35
建筑业	1521521	1.98	1225890	8.91
批发和零售业	4214179	5.48	5740243	41.73
交通运输、仓储和邮政业	1900809	2.47	565352	4.11
住宿和餐饮业	167091	0.22	120405	0.88
信息传输、软件和信息技术服务业	477954	0.62	99798	0.73
金融业	11245793	14.63	677722	4.93
房地产业	7083631	9.22	311612	2.27
租赁和商务服务业	41623311	54.17	3383461	24.59
科学研究和技术服务业	2256332	2.94	1000187	7.27
水利、环境和公共设施管理业	256423	0.33	74034	0.54
居民服务、修理和其他服务业	28171	0.04	24186	0.18
教育	473555	0.62	38040	0.28
卫生和社会工作	672729	0.88	5352	0.04
文化、体育和娱乐业	658980	0.86	183476	1.33
公共管理、社会保障和社会组织	1295895	1.69	0	0.00

资料来源：西城区展览路街道办事处，第三次全国经济普查数据，截至2013年12月31日。

2. 劣势（Weakness）

（1）区域功能过于集中。人口资源环境矛盾非常突出。展览路街道5.78平方公里的辖区集聚了13.3万常住人口，人口密度为2.3万人/平方公里，是东京和伦敦城区人口的3倍多，是北京城市功能拓展区人口密度的2.5倍左右。特别是展览路地区商务功能以批发零售为主，交通功能是公交、地铁、公路、铁路枢纽，再加上具有会展和旅游功能，瞬时流动人口、车辆大进大出、交通拥堵、环境污染、生态破坏、垃圾污水处理等难题日趋凸显，城市安全及应急管理压力越来越大，为加强社会治理、维护和谐稳定提出了新的挑战，影响到居民生活质量和城市品质的提升。

（2）产业结构需要优化。展览路地区产业结构有两个突出的特点，一是规模小，层次低，带动力弱。如表2所示，2013年展览路地区所有法人主营业务占全区6.66%，但单位数占全区14.99%，从业人员占到全区的17.07%，其产业形态以较低端的人员密集型服务业为主。二是对传统商业依赖度过高。展览路地区的批发和零售业为区域整体发展做出了突出的贡献，著名的“动批”等批发市场集群和天意、官园等一批全国著名的小商品市场汇集于此，促成了展览路地区批发和零售业繁荣的现状，2013年其主营业务能够占到西城区的41.73%，以批发零售为主集聚了一批不适应首都功能核心区发展的产业形态和业态，为城市带来了流动人口多、环境秩序乱、安全生产隐患多等一系列问题，严重影响了城市形象和居民生活，迫切需要产业改造提升。

（3）基础设施需要配套。近年来，展览路地区在加强城市建设与城市管理的同时，在事关群众切身利益的住房、教育、医疗、就业和养老等方面做了大量工作，城市功能、城市环境有了较大改善，但与国际一流的标准相比，还存在着明显的差距。区域基础设施和环境建设亟待加强，群众居住条件亟待改善，一些影响群众生活的突出社会问题亟待解决，还有相当一部分群众生活较为困难。特别是由于体制原因，楼宇不断加高，营业面积不断增大，但交通、餐饮、绿化、公共服务等配套设施被严重忽视，尤其缺少现代化道路网和停车场，这造成物流与交通效率低下，地区整体形象落后。

（4）社会治理难度较大。一方面，当前社会面临转型期，社会结构变化复杂，多元利益诉求差异较大，协调难度加大，教育、医疗、住房、收入分配和人口老龄化等问题日益成为社会关注的焦点，居民对城市宜居程度的期待不断提高，对政府施政水平提出了更高要求。另一方面，展览路地区存在大量外来流动人口，且多数是低收入人群，群租房、黑车、无照商贩等现象严重，出租房屋“人货混居”现象比较普遍，存在安全隐患。这进一步加大了社会治理的难度。外来人口不断增加，当地人与外地人的需求和矛盾需要统筹考虑，维护社会和谐稳定压力较大。

3. 机遇（Opportunity）

（1）落实首都战略定位为优化地区功能结构带来机遇。落实首都“四个中心”功能定位，一方面要下决心“优”，坚持和强化首都功能；另一方面要下决心“舍”，调整疏解非首都功能，坚决舍弃不符合首都功能发展方向的功能性设施和产业。这就为解决长期困扰展览路地区发展的若干功能性问题提供了千载难逢的机遇。比如，动物园、西直门等区域的交通枢纽功能可以逐渐疏解到周边区域，动物园批发市场等一批商品批发企业可以疏解到河北或天津，动物园部分或局部也可以疏解到郊区，腾出大块公共绿地，如此等等大手笔的功能疏解将从根本上改变展览路地区的面貌。

（2）“四个全面”为从根本上提升地区治理水平提供了机遇。“四个全面”分别从目标（建成小康）、路径（深化改革）、主体（从严治党）、方式（依法治国）四个方面为实现中华民族伟大复兴做出了战略安排。展览路地区目前正处在功能重塑、价值再造的关键时刻，需要充分利用“四个全面”的良好机遇，靠全面深化改革理顺地区治理的体制机制，整合条块资源，集成社会力量，科学构架地区治理体系，提升治理能力；靠全面依法治国厘清政府管理与社会治理的职责边界，落实政府责任，充分发挥政府作用，同时努力激发社会活力，培育社会组织，提高社会的组织化程度；靠全面从严治党重塑理想信念、重拾党的公信力、合法性，把各级党组织建设成为社会整合的坚强核心。

（3）大数据技术的普遍应用为全面提升地区治理效率提供重大机遇。

随着大数据时代的到来，分散在不同部门的地区治理数据有望实现完全共享，将有助于推动各治理主体之间的协同与合作，有助于促进治理决策的科学化与治理过程的城市精细化，逐步建立上下互动、主体多元的利益矛盾化解机制，促进社会治理方式的科学化。

（4）西城区功能化发展战略的实施为展览路产业升级提供了机遇。在落实首都新定位以及京津冀协同发展的大背景下，在功能疏解、产业转移、人口调控的同时，西城区功能化发展的目标将更加明确，“7+2”特色功能区建设的力度将进一步加大。随着德胜科技园西区和金融街的拓展，展览路地区绝大部分处于德胜科技园和金融街的政策覆盖之下，两大区域的交汇叠加使展览路地区能同时获得文化、创意、科技、金融产业发展的优惠政策，为展览路地区文化、科技、金融等产业的发展提供了新的机遇。

4. 挑战（Threat）

（1）发展方向不明。在落实首都新定位的背景下，展览路地区过去引以为豪的重点功能、重点产业成了疏解对象，西外地区到底承担什么功能、靠什么产业支撑、向什么方向发展，目前尚无定论。这种发展方向上的不确定性对地区的建设、管理带来的影响是严重的，甚至是致命的。

（2）政策法规滞后。在可预期的近几年内，配合做好功能疏解、产业转移和人口调控将是展览路地区的核心工作。政府主导下的功能疏解，大量涉及群众切身利益的深层次矛盾将由政府着手处理，许多矛盾和问题是在改革、转型中新生的，没有政策法规可依，没有成例可循，在当前全面依法治国的背景下，如何妥善处理类似问题将是工委、办事处面临的一个严峻挑战。

（3）产业竞争激烈。在新形势下，原来展览路地区的四大支柱产业中，批发和零售业将逐步淡出，特色旅游也将随着交通枢纽功能的转移及动物园去留而面临更多的不确定性，充分发挥展览路地区科技和信息资源丰富的优势，发展科技服务和文化创意产业将是地区经济发展的一个重要方向，但目前尚未形成有效的要素及产业集聚，加之各区县、地区竞争激烈，资源优势如何转化为产业优势仍然是一个重大问题。

（4）治理标准提升。面对区域内社会关系“复杂化”、社会需求“层次化”、社会价值“多元化”和社会互动“网络化”的多重压力，群众对地区社会治理的要求进一步提升，展览路地区社会治理任务十分艰巨。特别是在产业转移、功能疏解、人口调控过程中，既有新矛盾产生，也会激发和诱发一些历史遗留的矛盾及潜在的问题，对地区的社会治理体系与能力形成新的挑战。

（三）优势突破开创展览路地区治理新局面

伴随中国大国崛起的新步伐、国内“三期叠加”的新态势、国家治理现代化的新要求，近年来区域内外形势发生深刻变化，党中央高度关注北京发展，对首都发展提出新的、更高的要求。作为首都功能核心区的重要街区，展览路必须在承载功能、发展方向上与时俱进，在更高水平上打造地区社会经济发展升级版。

1. 战略目标设计

对展览路地区发展的优势、劣势、机遇、挑战的上述研究表明，展览路街道发展优势明显，劣势也很明显，机遇与挑战并存，但挑战先于机遇。如何明确目标、把握机会、利用优势、消除劣势、破解挑战，是展览路街道制定地区发展战略的核心命题。运用 SWOT 分析技术，展览路地区治理的战略目标设计可以有如下组合（见表3）。

表3　展览路地区治理的战略目标组合

内部能力 外部环境	优势(S) 1. 交通条件优良 2. 各类资源云集 3. 楼宇经济发达 4. 治理基础扎实	劣势(W) 1. 区域功能过于集中 2. 产业结构需要优化 3. 基础设施需要配套 4. 社会治理难度较大
机遇(O) a. 落实首都战略定位 b. “四个全面”实施 c. 大数据技术应用 d. 功能化发展	SO 组合 三创空间： 创新、创业、创意	WO 组合 功能疏解 人口调控

续表

内部能力 外部环境	优势(S) 1. 交通条件优良 2. 各类资源云集 3. 楼宇经济发达 4. 治理基础扎实	劣势(W) 1. 区域功能过于集中 2. 产业结构需要优化 3. 基础设施需要配套 4. 社会治理难度较大
挑战(T) a. 发展方向不明 b. 政策法规滞后 c. 产业竞争激烈 d. 治理标准提升	ST 组合 两宜街区： 宜居、宜业	WT 组合 民生改善 社会和谐

（1）杠杆效应（SO 组合）：打造最富活力的创新、创业、创意“三创”空间。SO 战略的核心是发挥优势，利用机会。在全面深化改革和落实首都战略定位的背景下，充分利用和放大展览路地区交通可达性强、教育科研文化等创新创意资源丰富、批发市场疏解后空置商务办公楼宇资源多以及街道治理能力强的优势，抓住大数据时代方兴未艾的良好机遇，搭建众筹、众创、众包等新型平台，立足北京，面向全国，放眼全球，着力打造京津冀地区最富活力的创新、创业、创意“三创”空间，使展览路地区成为首都科技创新中心职能的重要承载地之一。

（2）支持性战略之一（WO 组合）：功能疏解、人口调控。WO 组合的特点是克服劣势，利用机会。围绕承载科技创新中心职能、建设最富活力的创新、创业、创意“三创”空间的目标，充分利用国家“四个全面”和北京市落实首都新定位的政策机遇，充分利用京津冀协同发展的发展机遇，坚决清理疏解不适合首都功能核心区的功能和产业，采取有力措施加强人口调控，优化地区的城市环境和社会服务环境，保障“三创”空间的有序建设。

（3）优势突破（ST 组合）：建设国际一流宜居、宜业的首都“两宜”街区。ST 战略的特点是利用优势，破解挑战。坚持把环境建设作为集聚发展资源、提升地区竞争力的基础，以国际一流、国内首善的标准，切实把环境建设抓紧抓实。深化街道社区管理体制改革，营造更加公开、透明、高效、廉洁的政务环境；创新社会治理，落实政府责任，激发社会活力，营造更加诚实、守信、安全、文明的营商环境；深化城市精细化管理，强化长效机制建设，营造更加干净、整洁、有序、美丽的城市环境；创新发展公共文化事业，构建地区文化共同体，营造更加开放、包容、厚德、进取的人文环境；做好“一刻钟服务圈”，做优生活性服务业，营造方便、快捷、健康、放心的生活环境。通过一系列的环境营造，切实提升地区环境品质，将展览路地区建设成为首都宜居、宜业的新型功能街区。凭借金融街西区和中关村西城园的区位优势，融合北京“设计之都”核心区建设，推动创意设计、智慧城市等新兴产业，努力把展览路建设成创业孵化集聚区；落实文商旅融合发展三年行动计划，把展览路打造成时尚前沿、文化休闲、旅游消费等功能集聚区，形成知识产权和服务集聚、设计和发明集聚、时尚和休闲文化旅游集聚的“三位一体”的新型功能街区。

（4）支持性战略之二（WT 组合）：民生改善、社会和谐。WT 战略的特点是努力将劣势的影响降到最低，将挑战的压力降到最低。在展览路地区的实践中就是要坚持底线思维，着力改善民生，着力化解矛盾，着力构建和谐，为建设国际一流宜居、宜业的首都“两宜”街区提供保障。具体措施包括结合人口疏解、棚户区改造等政策机会，大力改善居住区软硬件环境，实现老旧小区的升级改造，提升居住品质；加强社会治理，保障弱势群体的基本生活，最大限度地减少不和谐因素，最大限度地增加和谐因素，等等。

2. 战略发展思路

从上述对展览路地区发展目标的研究中可以看出，在当前落实首都新定位和京津冀协同发展的大背景下，作为首都功能核心区的一个重要街区，应该是首都“四个中心”职能，特别是全国科技创新中心职能的主要承载地之一，应该在做好“四个服务”、建设国际一流和谐宜居之都中做出重要贡献。因此，在“十三五”乃至更长一段时间内，展览路地区治理的总体思路如下。

贯彻落实党的十八大及十八届三中、四中全会精神，以习近平总书记“2·26”讲话为指导，紧紧围绕建设国际一流宜居、宜业新街区的战略目标，着力疏解非首都功能，着力强化科技创新功能，着力营造良好的发展环境，着力保障好居民生活，将展览路地区打造成京津冀协同发展中最富活力的创新、创业、创意空间，使其成为引领大数据时代首都创新城市建设的一面旗帜。

3. 战略发展路径

（1）整体策划、系统推进。围绕建设“三创两宜”展览路的目标，引入专业机构进行系统、整体的顶层设计，全面梳理辖区资源，找准存在的问题，找准“三创两宜”建设的关键点，率先突破。

（2）创新机制，引入市场。创新对辖区内交通、商业和居住环境秩序的综合治理机制。特别重视发挥市场机制在治理中的基础作用，着力创新社会公共服务投融资体制，注重发挥市场在建设众创、众筹、众包、众联平台中的作用。

（3）统筹协调，资源共享。创造条件统筹单位资源，推动单位资源向社会有效开放，将辖区的资源和居民及其他单位的需求对接起来。街道办事处要搭建线上和线下的信息交流平台，制定规范资源提供方和资源消费方之间权利义务关系的制度平台，积极发挥衔接作用。

（4）改革创新，增强活力。尊重社区居民和社区社会工作者的创新精神，勇于和善于抓住机会，积极推进基层管理体制机制和管理方式方法的创新，积极探索符合展览路街道功能定位、街情和民情的治理体制，不断增强街道、社区、社会组织及辖区单位服务能力。

四　新理念、新模式推动展览路功能升级

围绕建设“三创两宜”新街区，需要展览路街道工委、办事处进一步发挥属地主体作用，创新工作思路，创新治理方式，创新体制机制，以全新的理念、全新的产业和全新的功能打造地区发展升级版。

（一）创新体制机制，落实政策保障

1. 建立重大专项问题协调解决机制

成立重大专项问题领导小组，把街道及相关片区内的国家部委、市级机

构及重点企业纳入其中，针对重点区域如动物园批发市场的转型升级、西外地区的综合治理等事项成立专门领导小组，统筹负责和协调相关工作的开展，解决重点、难点问题。

2. 建立区域部门组织协调沟通机制

加强区域内部门之间的组织协调和沟通合作，以联席会议等形式统筹解决关系地区发展的重大争议问题，以推进各项事业的高效发展。在解决关系地区发展的重大问题上，不断进取、转变思路、实现创新发展。

3. 理顺政策体系，优化政策服务环境

积极争取北京市和西城区相关政策，尤其是在新华文化创意产业园建设、“动批”等市场疏解等重大项目的建设上积极争取相关政策支持。落实现有政策。做好对德胜科技园扩区、中国出版创意产业园建设等政策的解读和落实，充分挖掘政策内涵，结合本区情况，用好、用足、用实、用活上级政策。

4. 做好政策服务，推进各项事业发展

积极争取上级政策和资金支持。对于动物园地区环境改造和产业升级、西外大街治理和建设及金融街国际区的建设等情况，积极争取市内资金、政策、管理等方面的支持，以推动展览路地区重点区域的发展，进而带动全区的发展和建设。在人才引进、产业发展、功能区建设、民生改善等领域加强政策扶持，推进产业结构调整，做好产业和项目准入，引进产业发展急需的专业性高级人才。对创新型企业、拥有自主知识产权的企业和项目加大扶持力度。

（二）破解发展瓶颈，提升地区品质

1. 深入推进流动人口有序疏解

坚持“以房管人、以业控人、以证管人”的人口有效管理模式，按照“部门联动、总量控制、优化模式、有序疏解”的原则，持续推进人口调控，有效遏制辖区人口无序过快增长，努力实现街道人口调控总体目标。

2. 持续破解城市发展痼疾顽症

立足街道实际，不断完善城市精细化管理台账内容，强化对“动批”市场、天意、官园等重点场所的环境秩序监控，规范废品收购点，依法整治私搭乱建、占道经营、乱停乱放、乱贴乱画等突出问题，加快地区剩余违法建设拆除力度。对阜外东社区、车公庄甲 5 号院等老旧小区实施综合性改造，积极创建垃圾分类小区。巩固治理成果，强化常态管理，使居民生活环境能进一步改善。

3. 全力做好重大项目服务保障

全力支持配合百万庄北里居民住房改善项目，积极排查和化解矛盾纠纷，尽快落实百西社区、黄瓜园社区办公及活动服务性用房还建工作，实现百万庄北里整体环境的达标升级。全力配合北展地区建设指挥部，固化西外地区执法机构设置及运行机制，加大监管与整治力度，整体提升“动批”地区的环境品质，积极探索该区域新的业态定位，降低服装市场热度，促进城区产业升级。

（三）创新工作机制，提升保障水平

1. 创新基层党建机制

准确把握党要管党、从严治党的新要求，巩固拓展党的群众路线教育实践活动成果，持之以恒地推动党的作风建设，全面落实党工委对党风廉政建设责任制的主体责任和纪工委的监督责任，班子成员履行好“一岗双责”，加强监督执纪问责，严肃查处违法违纪案件。依托街道党群服务中心，推进服务型基层党组织建设；完善区域化党建规划，开展区域“党群共建”，完善非公企业党组织设置模式，实现党的组织和党的服务有效覆盖。

2. 创新社会治理机制

以提高选任质量、强化竞争择优、扩大群众参与为重点，大力做好社区党组织和社区居委会选举换届工作。健全和完善“全响应”社会服务网格化管理，深化“访民情、听民意、解民难”制度化建设，持续开展智慧社区建设。继续推行“参与式”协商治理模式，以滨河社区为试点探索建立

政府向社会组织购买公共服务的运行机制。推进社区托老服务站规范化建设，打造一至两处新型社区生活服务业特色街区生活服务圈，提升地区生活性服务业品质。

3. 创新民生服务机制

落实低保人员、低收入人员、残疾人等困难群体在生活、医疗、住房、就业等方面一系列的保障政策和优惠政策，深化民生社会保障公共服务。创建为残服务示范基地。完善“托底线、救急难、可持续”的社会救助制度。加强公益性组织管理，推进劳动保障监察两网建设，加大就业、创业指导服务和就业困难家庭、城镇“零就业家庭”的援助力度，创建充分就业街道。深化新希望家园，引入社会组织参与特殊人群服务，通过形式多样的帮助、自助、互助活动，实现计生服务的优质化、常态化和长态化。

4. 创新安全防控机制

推进地区安全委员会组织建设，建立“一个平台、三条联动、多位一体”的大调解工作体系，完善“网格化布控，城市精细化防控，信息化支撑，社会化参与”的社会面防控工作新机制。加强重点人员管理，强化流动人口服务，全面推进重大事项社会稳定风险评估。健全新型安全监管体系，建立西城区安全生产协会展览路分会，建设一支过硬的安全员队伍。完善防汛、空气重污染等城市管理突发事件应急抢险机制，使展览路地区的社会治安综合治理和城市公共安全管理水平得到进一步提升。

（四）建设法治文化，强化依法治街

1. 倡导契约精神

把依法治街作为贯穿街道发展的主线，积极推进法治街道建设。弘扬社会主义法治精神，建设社会主义法治文化，推动居民树立法治意识。深入开展法治宣传教育，引导居民自觉守法、遇事找法、解决问题靠法。开展群众性法治文化活动，倡导契约精神。推进多层次多领域依法治理。坚持系统治理、依法治理、综合治理、源头治理，提高地区社会治理法治化水平。

2. 强化文化认同

深入开展道德模范等群众性精神文明创建引领示范活动，全方位提升未成年人和青少年思想道德素质；抓好图书馆、文化活动中心等综合文化室的建设，优化公共文化设施网络布局；衍生设计街道卡通吉祥形象；深化全民健康卫生教育理念，提升市民科学的健康理念；借助《展望》报刊等舆论宣传载体，借助道德讲堂、理论家走进基层等小型化、分众化的社区宣传思想文化活动，带动辖区群众对社会主义核心价值观的广泛认同。

3. 坚持依法治街

积极探索建立新型的覆盖辖区居民的公共法律服务体系，完成“六五”普法验收；开展规范化调委会建设，借助多方力量化解疑难纠纷；加强法制宣传队伍建设，组建普法讲师团，充分发挥社区公益法律服务室律师和法律工作者的法律参谋助手顾问作用，努力满足居民群众的多元化法律需求。建设法制型政府，推进权力公开透明运行。

（五）搭建创新平台，拓展众创空间

1. 优化政府服务

转变政府职能，持续建设服务型街区，积极主动服务企业和市场主体，简化审批程序，建立良好的办事环境；加强政务信息系统建设，扩大政府网上办公的覆盖面，促进政务信息在政府内部、居民、企业间的流通，提高办事效率。

2. 鼓励全民创新

借势德胜科技园西区建设，依托良好的政策、服务和硬件环境，建立科技企业孵化器。对通过认证的创意设计企业进行专业化管理，加强资金、土地和人才政策支持。完善科技企业孵化器的民间促进机制，鼓励中介机构提供财务、管理、融资等各方面的服务，辅以相应的激励机制，促进企业的快速发展和成长。

3. 搭建众创平台

促进创业与创新、创业与就业、线上与线下相结合，降低创业门槛和成

本。通过产业置换、建筑置换等方式，加大楼宇资源整合力度，充分利用空置楼宇推进众创平台建设。发展“互联网＋”创业网络体系，建设一批小微企业创业创新基地。大力发展创新工场、车库咖啡等新型孵化器，做大做强众创空间。

参考文献

北京市西城区展览路街道：2010～2014 年工委、办事处工作总结；2010～2014 年工委、办事处各科室工作总结；第三次经济普查数据资料。

北京市西城区统计局：2010、2012、2013、2014 年《西城区统计年鉴》。

北京富达尔城市发展研究院、中国社会科学院工业经济研究所课题组、国家发展改革委经济体制与管理研究所课题组：《“十三五”时期西城区发展定位和发展战略研究》，2015。

大数据战略重点实验室：《DT 时代》，中信出版社，2015。

国务院：《关于大力推进大众创业万众创新若干政策措施的意见》。

数据报告

Data Reports

B.2

展览路街道基于工作人口的地区公共服务问卷调查报告

摘　要：为进一步推进街道公共服务工作，展览路街道针对不同的驻区单位工作人员随机进行了街道公共服务需求问卷调查，主要从社区服务机构认知度、社区服务参与度、地区生活便利度、社区公共服务满意度和社区公共服务需求度五方面着手展开调查，了解工作中难以听到、不易看到、意想不到的新情况新问题，加强沟通联系，问计问策，精准地进行公共服务规划，更好地服务驻区单位工作人员。

关键词：展览路街道　公共服务　工作人口　需求满意度

本报告所涉及的调查对象是北京市西城区展览路街道所辖22个社区的驻区单位工作人员。除滨河社区因新成立各项职能尚未完善没有参与本次调查外，其余21个社区，每个社区随机选择不同类型的20位驻区单位工作人员作为调查对象。调查时间为2015年1月。共发放问卷420份，回收414份，其中有效问卷409份，有效回收率为97.4%。

一　调查样本情况

调查对象中，男女比例约为0.94∶1。年龄在26～35岁和36～45岁所占比重最大，分别占到总调研人数的28.4%和36.3%。职业分布情况以机关事业单位职工为主，占比34.9%。户籍以本市户籍为主，有18.5%的人是本区户籍，有18.0%的人为办理暂住证的外来人口。教育程度为大专或本科的人群所占比例最高，占调查对象总数的63.2%。家庭组成结构方面，56.9%的家庭是三口之家，所占比例最高。从家庭收入上看，25户家庭人均月收入低于1560元，占调查居民总数的6.2%，家庭人均月收入在1560～5000元的被调查居民数量最多，比例为66.9%（见表1）。

表1　调查样本基本情况统计

单位：人

性别	男			女		
	194			207		
年龄	25岁以下	26～35岁	36～45岁	46～55岁	56～65岁	65岁以上
	28	114	146	82	25	7
户籍	本市户籍	本区户籍	居住证	暂住证	居住半年以上但未办理居住证	外籍
	238	75	14	73	6	0
职业	公司白领	机关事业单位职工	公务员	其他		
	72	137	24	160		

续表

学历	硕士及以上		大专或本科		高中或中专以下	
	31		246		112	
家庭人数	四口以上	四口	三口	二口	一口	
	45	57	219	49	15	
家庭人均月收入	1560 元以下	1560 ~ 3400 元	3400 ~ 5000 元	5000 ~ 10000 元	10000 ~ 20000 元	20000 元以上
	25	129	140	71	30	7
本社区居住时间	3 年以上		1 ~3 年		1 年以下	
	254		86		27	

注：回收问卷中，全部题目漏答率在 15% 及以下，判定为有效问卷。由于题目漏答，表中对各属性的汇总统计存在不一致并且小于有效问卷数的情况。

二　社区服务机构认知度

（一）街道办事处认知度：79.3% 的人表示“知道办事处地址”

对于展览路街道办事处，被调查者认知度还比较高，79.3% 的受访者表示“知道办事处地址”，16.7% 的受访者表示“知道大体位置，但没去过”，只有 4.0% 的受访者表示“不知道”（见图 1）。

（二）社区居委会认知度：87.9% 的人表示“知道办公地点”

对于社区居委会的认知度要高于街道办事处，表示“知道办公地点”的受访者达 87.9% 。但是对于居委会更加详细内容的了解情况有所下降，其中，表示“了解服务项目”的受访者为 61.0% ，表示“知道领导姓名”的受访者为 47.7% ，表示“参加过活动”的受访者为 43.7% （见图 2）。

（三）社区认同度：79.2% 的人表示会以社区为荣

调查问卷以“您会以您单位所在的这个社区为荣并经常向朋友或亲人

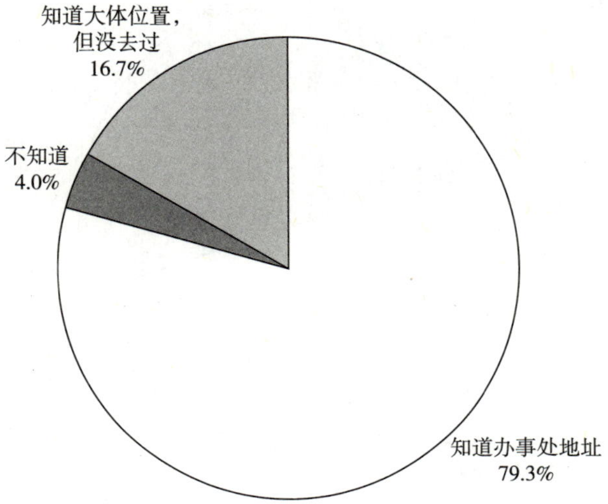

图1　展览路街道办事处认知度

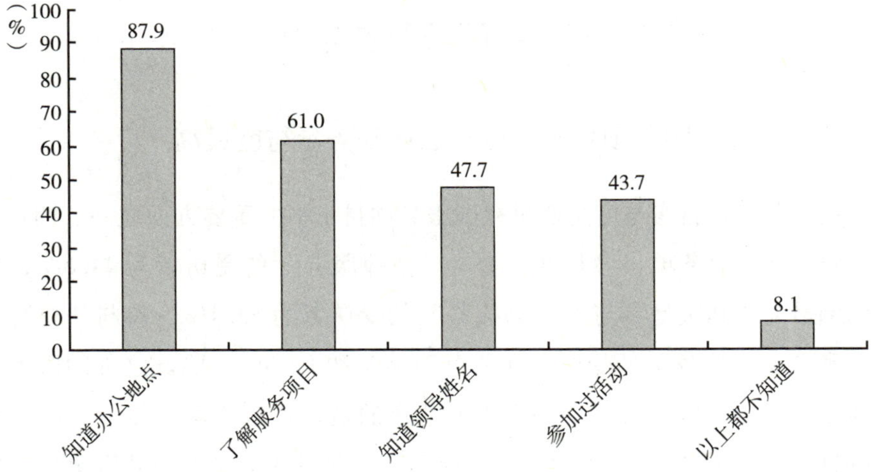

图2　展览路街道社区居委会认知度

提起和夸耀吗?”这一问题来了解被访者对于社区认同度。结果显示30.0%的受访者表示“会”，49.2%的受访者表示“有时候会”，20.8%的受访者表示“不会”（见图3）。

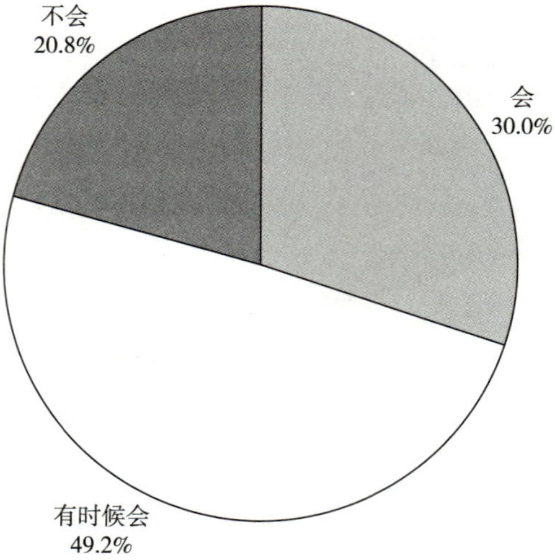

图3　展览路街道社区认同度

三　社区服务参与度

（一）社区服务项目参与度：法律服务参与度最高

社区服务项目参与度是衡量社区服务项目水平的重要方面之一。调查显示，对于社区服务项目参与度，参与“法律服务”的受访者为44.6%，所占比例最高，其次是参与“图书阅览”的受访者为33.4%，参与“棋牌娱乐”和“家政服务”的受访者分别为21.4%和19.5%。除此之外的服务项目的参与度均不足15%。另一个需要注意的是，表示“都未参与”的受访者占20.9%（见图4），由此可见，社区服务项目的提供者与驻区单位工作人员之间的接触仍显不足。

（二）社区文体活动参与度：74.8%的人曾参与

对于展览路街道社区文体活动参与度，24.0%的受访者表示“经常参加”，50.8%的受访者表示“偶尔参加”，25.2%的受访者表示“从来没有”（见图5）。

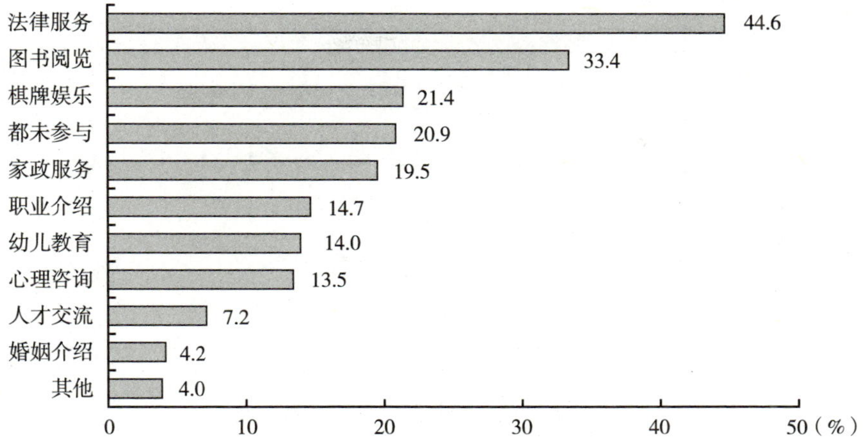

图4　展览路街道社区服务项目参与度

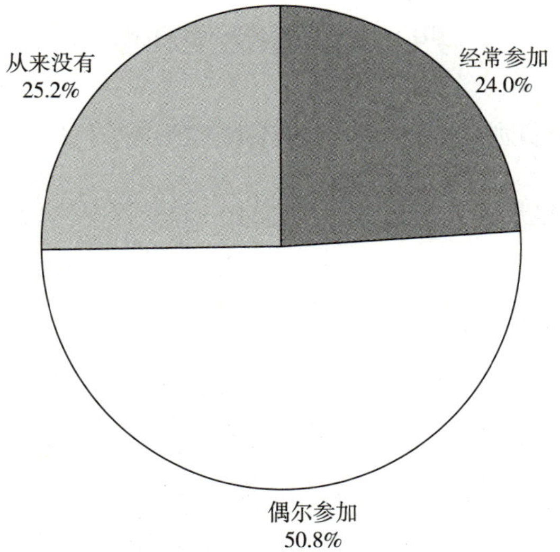

图5　展览路街道社区文体活动参与度

（三）社区公益事业参与度：治安、公益培训、绿化居前3位

对于社区公益事业参与度，参与“治安”的受访者达43.8%，所占比例最高，其次参与“公益培训”和“绿化”的比例相当，受访者人数分别达35.4%和35.1%（见图6）。驻区单位本应成为社会公益事业的重要参与方，然而平均33.3%的参与水平说明，成效尚不理想。

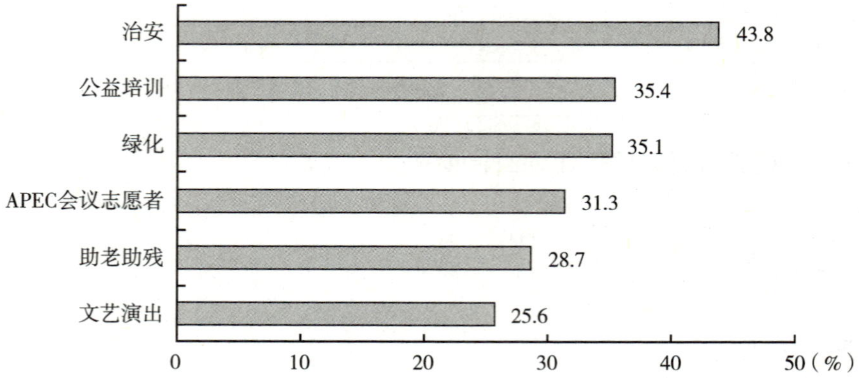

图 6　展览路街道社区公益事业参与度

四　地区生活便利度

（一）停车资源情况：条件不好成为85%的受访者共识

停车难问题是展览路街道的一个难题。对于停车资源的调查结果显示，只有 15.0% 的受访者表示“很好，没有影响”，而有 23.6% 的受访者表示“很不好，严重影响工作”（见图 7）。

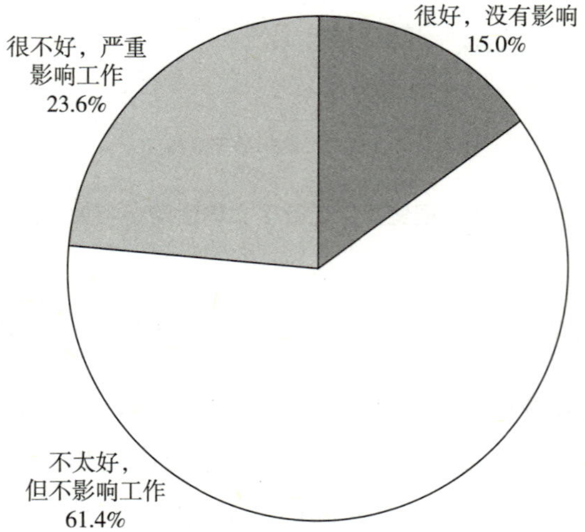

图 7　展览路街道的周围停车条件

（二）交通便利度：超半数受访者步行上班少于10分钟

总体来看，西城区作为北京市城市中心区，地铁、公交等公共交通系统发达，应该成为驻区单位通勤的首要选择。调查问卷对“最后一公里”换乘情况做了了解，各调查选项分布较为均衡。其中，21.9%的受访者表示可以在步行“5分钟以下”到达，只有24.4%的受访者表示需要步行“15分钟以上”才能到达单位（见图8）。

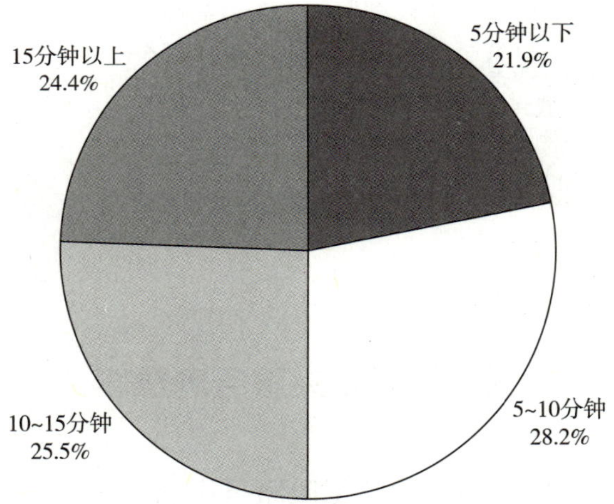

图8　展览路街道的交通便利度

（三）早餐便利度：54.0%的受访者能较方便找到正规早餐点

调查显示，对于展览路街道早餐便利度，54.0%的受访者表示“稍有不便，多走几步能找到”，33.0%的受访者表示“有流动的摊点，卫生难以保障”，表示“很不方便”“基本没有”相对正规早餐点的受访者均占6.5%（见图9）。

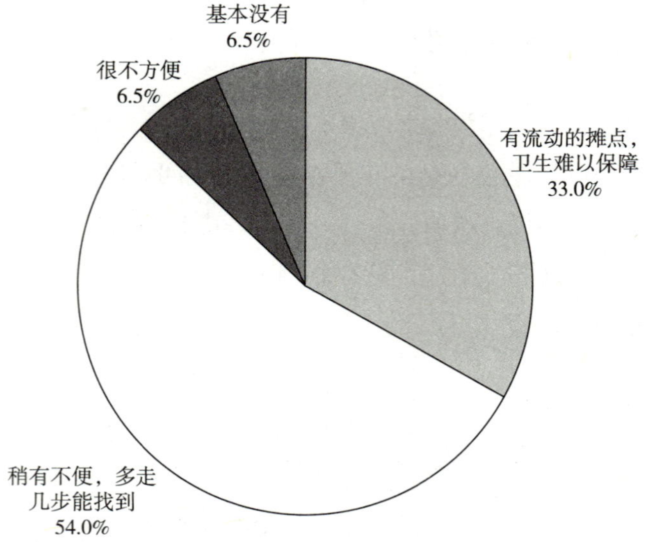

图9　展览路街道的早餐便利度

五　社区公共服务满意度

（一）社会保障服务：医疗保险服务满意度最高

对于社会保障服务项目，医疗保险和养老服务的满意度较高。调查显示，47.7%的人对医疗保险社会保障服务较为满意，39.1%的人对养老服务社会保障服务较为满意。此外有9.1%的受访者选择了“都不满意”（见图10）。

（二）医疗卫生服务：64.6%的人表示“就医方便”

就医方便、价格合理获得居民认可。调查显示，64.6%的人认为展览路街道的医疗卫生服务优势是就医方便，其次是价格合理，选择比例为38.2%，6.4%的人表示都不满意（见图11）。

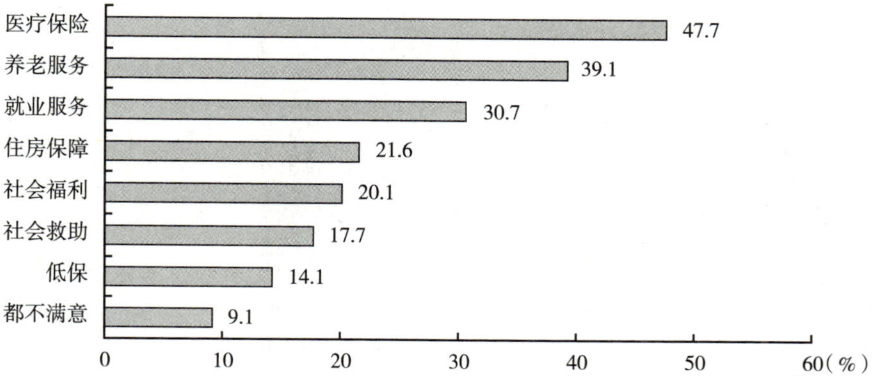

图 10　展览路街道社会保障服务情况

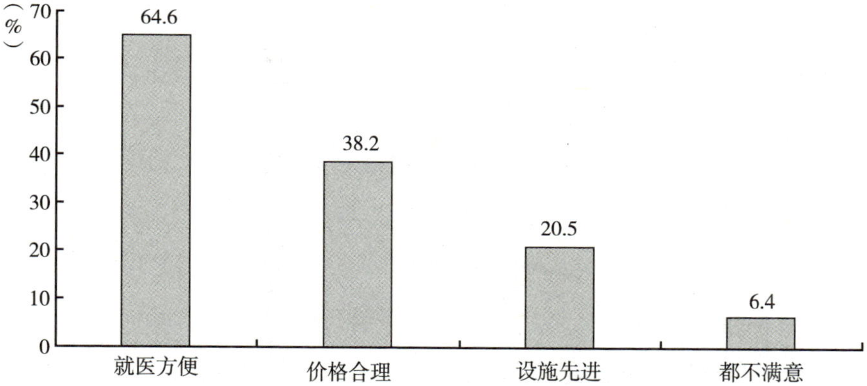

图 11　展览路街道医疗卫生服务满意度

（三）公共安全：74.4%的人对社会治安表示满意

在公共安全方面，结果较为突出的是，74.4%的人表示对社会治安服务情况比较满意。而除此之外，42.0%的人表示对流动人口管理服务满意，38.7%的人表示对突发事件处理满意（见图12）。

（四）城市管理：违章停车成为61.9%的受访者最不满的城市管理问题

在城市管理方面，调查显示，61.9%的人认为城市管理存在的主要问题是违章停车，45.2%的人认为是绿化不够，43.1%的人认为是私搭乱建（见图13）。

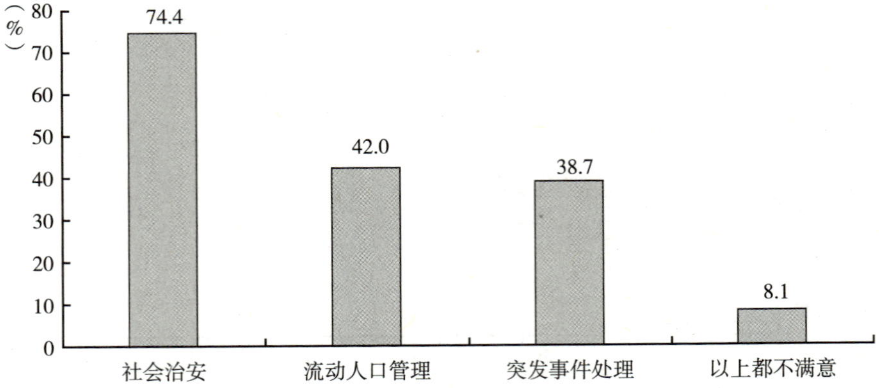

图 12　展览路街道公共安全情况满意度

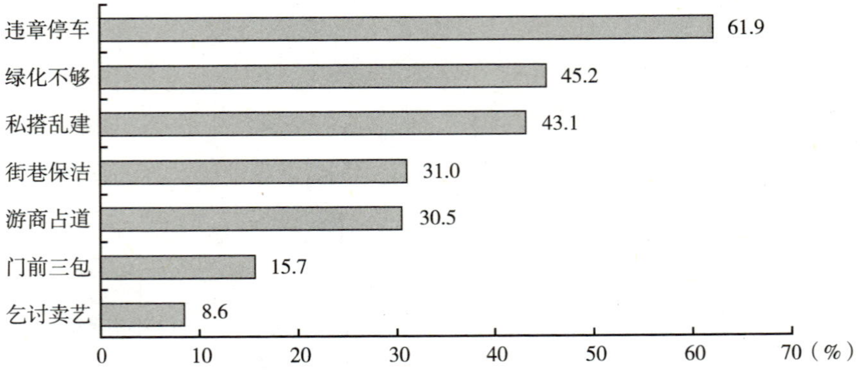

图 13　展览路街道城市管理情况

（五）市政公用事业：超3/4的受访者不满城市规划布局

在市政公用事业方面，受访者对于供电、供水等项目的满意度较高。而与此相对应的是，满意度低于 30% 的 3 项分别是：有 29.8% 的人表示对市容市貌满意，均有 24.6% 的受访者对城市规划布局和信息化水平表示满意。另外还有 3.0% 的人表示都不满意（见图 4）。

（六）消防安全情况：58.8% 的受访者对消防设施有信心

在消防安全方面，调查显示，58.8% 的人表示“防火设施很好，会安

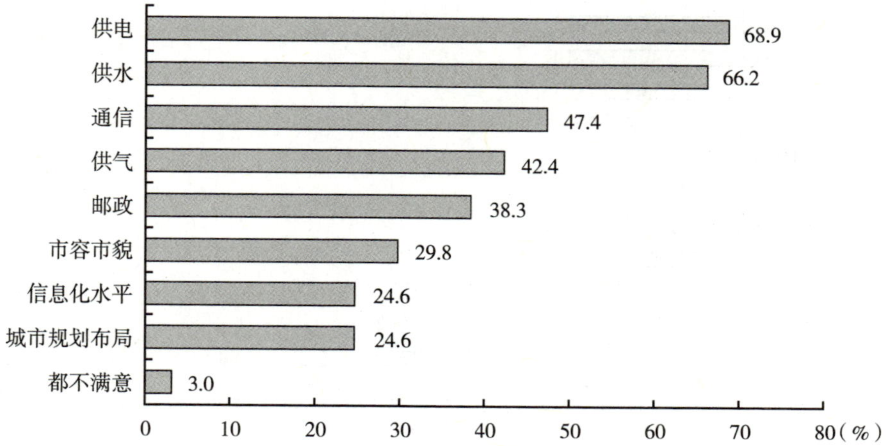

图 14　展览路街道市政公用事业情况满意度

全逃生”，36.6% 的人表示“防火设施一般，火势不太大的情况下可以逃生”。另外 4.6% 的人对所在的写字楼突发火灾逃生时，表示“防火设施不好，逃生机会不多”（见图 15）。进一步从社区分布来看，涉及 12 个社区，其中新华南社区和南营房社区反映出来的问题最突出，北营房东里社区和阜外西社区的比例也较高（见图 16）。

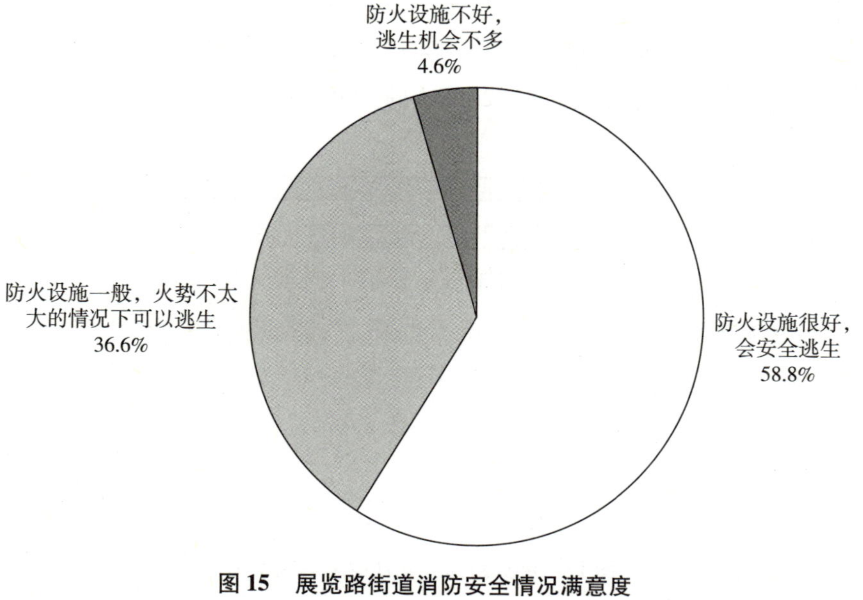

图 15　展览路街道消防安全情况满意度

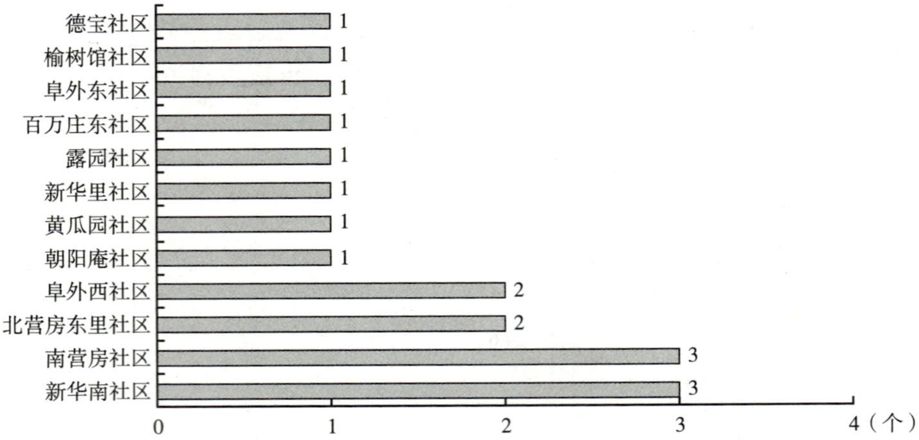

图 16　反映防火设施不好的样本社区分布情况

六　社区公共服务需求度

（一）硬件设施需求：61.6%的人需要体育健身点

随着生活水平的提高，人们对于健康的关注日益上升。反映到社区硬件设施需求方面，61.6%的人表示社区最缺乏的是体育健身点，45.7%的人表示社区最缺乏的是文化活动室，26.1%的人表示缺乏图书室（见图 17）。

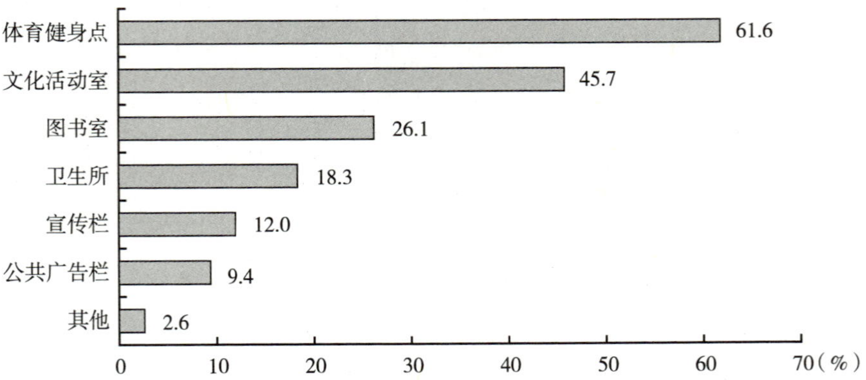

图 17　展览路街道硬件设施需求情况

（二）服务项目需求：文化娱乐、便民利民服务和法律援助位列前三

在服务项目需求方面，调查显示，41.5%的受访者表示最需要的是文化娱乐，其次是便民利民服务和法律援助，分别有38.7%和37.4%的受访者表示有此需求（见图18）。

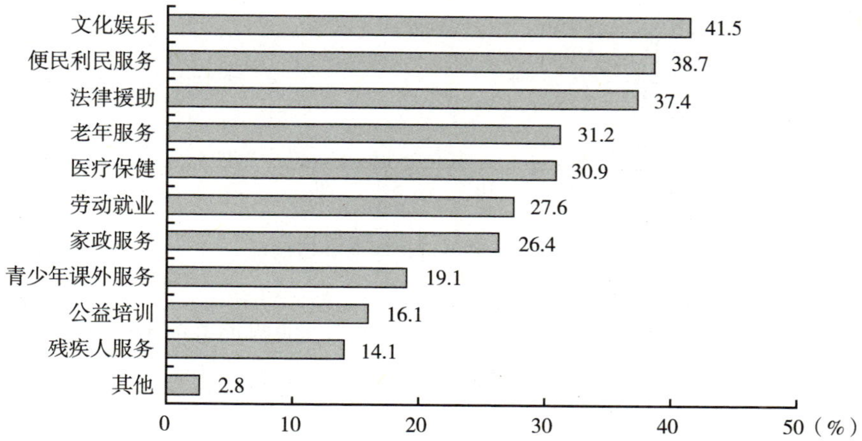

图18　展览路街道服务项目需求情况

（三）服务缺口情况：停车紧张是存在的最大问题

展览路街道居民在服务项目需求方面，除了上文的社区服务项目需求之外，还有很多突出反映。根据受访者意见，街道公共服务中存在的最大问题依然是停车紧张，其次反映靠前的是社区便民服务项目、活动场地缺少和流动人口管理等问题（见图19）。

七　基本数据结论

有效数据是作出科学决策的基础，在本次调查过程中，由于在表达能力

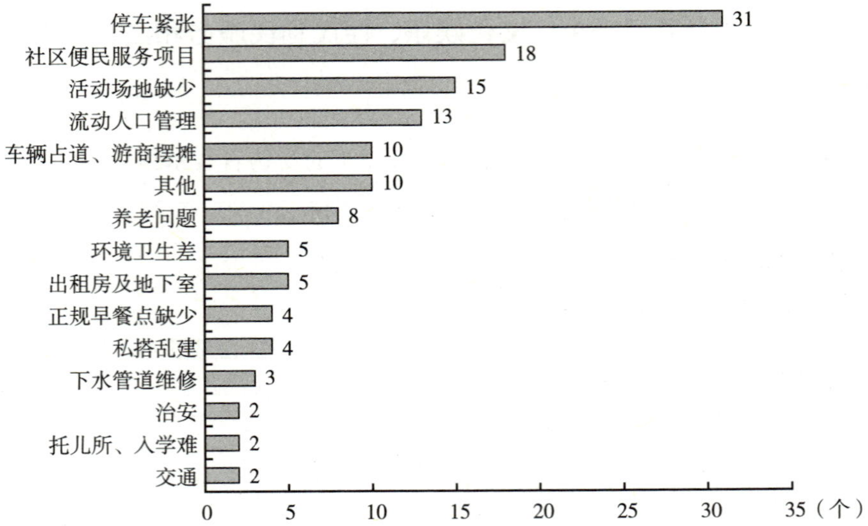

图 19　展览路街道的服务缺口情况

和表达意愿上因人而异，尽管个别受访者对于个别调查事项未能及时勾选反馈，填写过程中出现极少的数据缺失情况，但绝大多数调查问卷反映的情况还是较为全面、真实、客观、公正的。基于对展览路街道驻区单位工作人员的调查分析，得出以下数据结论。

第一，驻区单位 79.3% 的受访者表示“知道办事处地址”；87.9% 的人知道居委会在哪。

第二，社区服务项目中，参与“法律服务”的受访者人数占 44.6%，所占比例最高；20.9% 的受访者表示“都未参与”社区服务项目；25.2% 的受访者表示“从来没有”参加过社区文体活动。

第三，驻区单位对于社区公益事业的平均参与率在 33.3% 左右，仅占 1/3，比例不高。

第四，停车难问题突出，有 23.6% 的驻区单位受访者表示已经严重影响工作；与停车难问题相对应，61.9% 的受访者认为城市管理存在的最突出问题是违章停车。

第五，公共交通系统发达并且布局较为合理，约一半（50.1%）的人

"最后一公里"换乘步行时间不超过 10 分钟能到达单位。但是，对于城市市政公用事业的调查显示，仅有近 1/4（24.6%）的受访者对城市规划布局表示满意。

第六，正规早餐点设置不足，54.0% 的受访者表示"稍有不便，多走几步能找到"。

第七，对于社会保障服务项目，医疗保险和养老服务的满意度较高。

第八，驻区医疗资源丰富，64.6% 的人认为展览路街道的医疗卫生服务优势是就医方便；公共安全满意度高，74.4% 人表示对社会治安服务情况比较满意。

第九，有 4.6% 的受访者对所在的写字楼突发火灾逃生时，表示"防火设施不好，逃生机会不多"。调查共涉及 12 个社区，其中新华南社区和南营房社区反映出来的问题较突出，北营房东里社区和阜外西社区的比例也较高。

第十，硬件设施需求方面，受访者对体育健身设施需求较高，61.6% 的人表示社区最缺乏的是体育健身点。服务项目需求方面最需要的是文化娱乐。

八　政策建议

（一）加强指导，推进公共服务信息平台建设

街道作为公共服务政策的领导者、决策者、规划者，更多的是要起到服务者、公共资源的管家、驻区单位参与的助推器的作用，挖掘社会发展根本价值，在提高街道社区工作人员整体素质、发挥街道为民服务宗旨的基础上，通过全响应网格化社会服务管理体系、移动互联网、QQ、微信等先进的网络平台，加强完善与驻区单位的沟通联系，为其提供方便可及的社区服务项目，满足驻区单位工作人员的公共服务需求。

（二）发挥优势，提高驻区单位公益事业参与度

在为驻区单位提供更多便利措施的同时，引导驻区单位发挥优势，有效

引导和鼓励驻区机关、企事业单位、社会组织等提供专业的公共服务，如教育、医疗、就业、培训等，与驻区单位畅通合作、共驻共建，形成互惠共赢、长效合作机制，实现资源共享，提高资源配置效率，带动整个地区的公共服务发展，比如共建图书室、文体活动场所等。

（三）创新机制，推动公共服务体系良性运作

创新公共财政制度，增加制度供给和资金投入，放开市场准入，探索创新符合实际的供给机制和模式，比如共建民营、委托管理、购买服务等多种方式，平衡本地区的公共服务水平，提高政府公共服务供给能力，激活公共服务领域的竞争，实施多元主体治理模式，改善环境条件滞后的局面，尤其是在发展公共交通、体育健身、文化娱乐、停车等缺口较大的公共服务需求和基础设施建设上投入更多精力，特别是在停车紧张问题上力求实现率先突破，如将一些多余地面、库房及不景气的产业加入停车业，街道还可设立“潮汐式”停车项目领导小组，由社区具体负责管理工作，物业服务作为第三方社会组织，小区与附近单位签订停车协议，盘活停车位等。进一步改善展览路街道工作和生活环境，促进本地区的公共服务长期发展。

B.3

展览路街道基于社区居民的地区公共服务问卷调查报告

摘　要：　调查研究是了解情况、科学决策的最好方法和手段。为进一步推进街道社区公共服务工作，让居民公平享有均等的基本公共服务，展览路街道社区针对不同的辖区居民随机进行了街道社区公共服务需求问卷调查，主要从社区服务满意度、社区存在问题、受访者家庭问题、社区服务匹配度分析、社区养老五方面着手展开调查，以期坚持深入基层、深入群众，及时掌握第一手资料，了解百姓的真实想法、实际需求，更好地服务于民、为民办事。

关键词：　展览路街道　公共服务　社区居民　需求满意度

做好驻区单位和辖区居民的服务工作是街道的一项重要任务，为进一步加强街道社区工作，推进社区规范化管理，努力打造为民便民利民的社区模式，让街道社区干部把主要精力集中到服务居民、了解社情、解决问题之上，把社区建设成为管理有序、服务完善、和谐文明的社会生活共同体，针对本街道公共服务现状、趋势及居民诉求，特开展了此次问卷调查。

本报告所涉及的调查对象是北京市西城区展览路街道所辖22个社区的辖区居民。除滨河社区因新成立各项职能尚未完善没有参与本次调查外，其余21个社区，每个社区随机选择不同类型的20位辖区居民作为调查对象。共发放问卷420份，回收402份，其中有效问卷397份，有效回收率为94.5%。

一　调查样本情况

（一）调查样本基本情况

调查对象中，男女比例约为0.97∶1。年龄在46～55岁、56～65岁和65岁以上所占比重最大，分别占到总调研人数的22.7%、22.2%和22.7%。职业分布情况以在职职工和离退休人员为主，其中在职职工占33.8%，离退休人员占46.7%。户籍以本市户籍为主，有39.0%的人是本区户籍。教育程度为大专或本科的人数所占比例最高，为48.8%。家庭组成结构方面，45.2%的家庭是三口之家，所占比例最高。从家庭收入上看，45户家庭人均月收入低于或与北京市最低工资标准持平，占调查居民总数的11.7%，家庭人均月收入在1560～5000元的被调查居民数量最多，比例为69.3%。受调查对象居住在展览路街道辖区的时间超过三年比例为90.8%（见表1）。

表1　调查样本基本情况

单位：人

<table>
<tr><td rowspan="2">性别</td><td colspan="3">男</td><td colspan="3">女</td></tr>
<tr><td colspan="3">195</td><td colspan="3">201</td></tr>
<tr><td rowspan="2">年龄</td><td>25岁以下</td><td>26～35岁</td><td>36～45岁</td><td>46～55岁</td><td>56～65岁</td><td>65岁以上</td></tr>
<tr><td>10</td><td>51</td><td>66</td><td>89</td><td>87</td><td>89</td></tr>
<tr><td rowspan="2">户籍</td><td>本市户籍</td><td>本区户籍</td><td>居住证</td><td>暂住证</td><td>居住半年以上但未办理居住证</td><td>外籍</td></tr>
<tr><td>227</td><td>153</td><td>4</td><td>7</td><td>1</td><td>0</td></tr>
<tr><td rowspan="4">职业</td><td>在职职工</td><td>个体工商户</td><td>私营企业主</td><td>专业技术员</td><td>商业服务员</td><td>自由业者</td></tr>
<tr><td>132</td><td>13</td><td>4</td><td>4</td><td>6</td><td>15</td></tr>
<tr><td>公司白领</td><td>机关事业单位职工</td><td>公务员</td><td>离退休人员</td><td>下岗失业人员</td><td>其他</td></tr>
<tr><td>1</td><td>14</td><td>2</td><td>182</td><td>11</td><td>6</td></tr>
<tr><td rowspan="2">学历</td><td>硕士及以上</td><td>大专或本科</td><td>高中或中专</td><td>初中</td><td colspan="2">小学及以下</td></tr>
<tr><td>8</td><td>190</td><td>126</td><td>58</td><td colspan="2">7</td></tr>
</table>

续表

<table>
<tr><td rowspan="2">家庭人数</td><td>四口以上</td><td>四口</td><td>三口</td><td>两口</td><td>一口</td></tr>
<tr><td>80</td><td>63</td><td>176</td><td>61</td><td>9</td></tr>
<tr><td rowspan="2">家庭人均月收入</td><td>650 元以下</td><td>650～1560 元</td><td>1560～3400 元</td><td>3400～5000 元</td><td>5000～10000 元</td><td>10000 元以上</td></tr>
<tr><td>16</td><td>29</td><td>175</td><td>91</td><td>63</td><td>10</td></tr>
<tr><td rowspan="2">本社区居住时间</td><td colspan="2">3 年以上</td><td colspan="2">1～3 年</td><td colspan="2">1 年以下</td></tr>
<tr><td colspan="2">326</td><td colspan="2">24</td><td colspan="2">9</td></tr>
</table>

（二）特定群体分析

1. 空巢或独居老人：人均收入在650元以下的占比较少

空巢老人是指无子女或子女不在身边、独自生活的老年人，对社区提供服务需求度更高，需要重点关注。我们将受访者年龄大于 55 岁并且家庭人口数小于等于 2 的人群单独抽离出来，共计 42 人（户），其基本特征如下。

性别构成中，女性所占比例为 57.1%，男性所占比例为 42.9%。95.2% 的人为北京市户籍，其中本区户籍占比 61.9%。39.0% 的人教育程度是高中或中专。100% 的人在本社区的居住时间在 3 年以上。需要注意的是，在家庭人均月收入方面，45.2% 的空巢或独居老人家庭人均月收入为 1560～3400 元，该比例明显低于全部受访人群，其中 650 元以下有 2 人，占比 4.8%（见图 1）。

2. 流动人口群体的构成特征：教育程度偏低

流动人口管理是街道日常工作中的一个重点与难点，我们也试图在此次调查中对这一部分人群进行描述，但是由于问卷下发对象选取的困难，所涉及的样本数量与实际人群分布存在一定差异。在进行样本选择时，我们将户籍选项中标明“暂住证”和“居住半年以上但未办理居住证”的两类人群作为研究对象。共涉及调查对象 8 人，其基本特征如下。

在居住时间方面，选择“1 年以下”和“1～3 年”的人数相当，均为 28.6%，低于全体样本水平。职业构成中，分布较为均匀，在职职工、个体工商户、自由职业者、离退休人员中各占 25%，均为全部样本水平的 1/4。

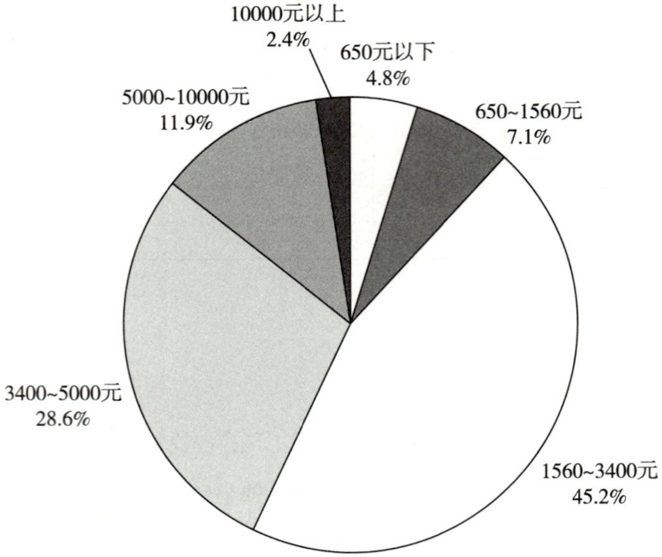

图1　空巢或独居老人家庭人均月收入

教育程度偏低，初中文化占比达到42.9%，大专或本科、高中或中专所占比例相当，均为28.6%。

二　社区服务满意度：认同社区服务的受访者超九成

（一）社区服务的总体满意度：62.3%的社区居民表示满意

对于社区公共服务的总体满意度，62.3%的调查对象选择“满意”，31.7%的人认为“基本满意”，4.4%的人认为“不满意”，1.3%人认为“不清楚”，0.3%的人认为与自己无关（见图2）。

（二）分社区服务满意度：德宝、阜外西、新华里三社区居首位

在展览路街道参与调查的21个社区中，满意度比例位居前五的是德宝社区、阜外西社区、新华里社区、车公庄社区和百万庄西社区，其居民认为

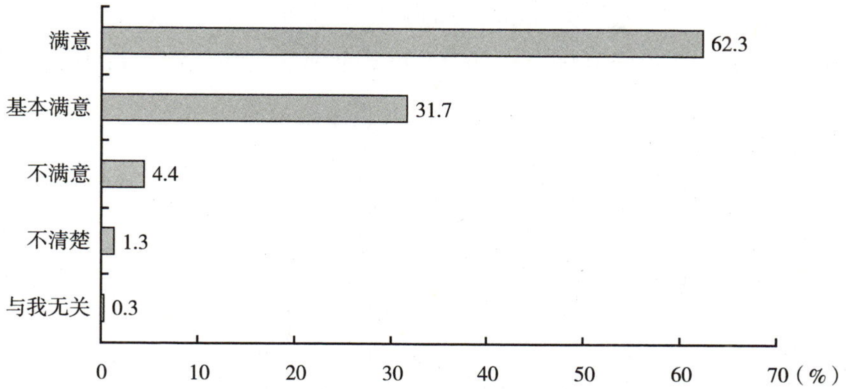

图2　展览路街道社区公共服务需求人员总体满意度构成

社区服务好的比例分别占95.0%、95.0%、95.0%、92.9%和86.7%（见图3）。

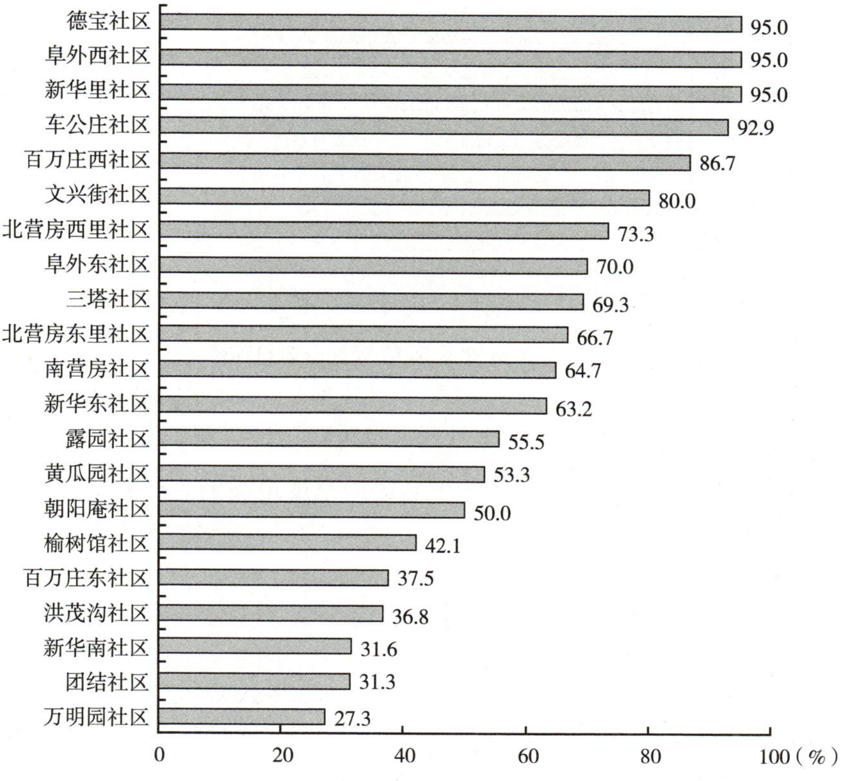

图3　展览路街道21个社区的公共服务满意度排名

进一步分析13项细分服务内容的满意度评价，加权汇总之后的社区排序：排名前五的为德宝社区、阜外西社区、北营房西里社区、新华里社区和车公庄社区，得分均大于等于过4.40（见图4）。

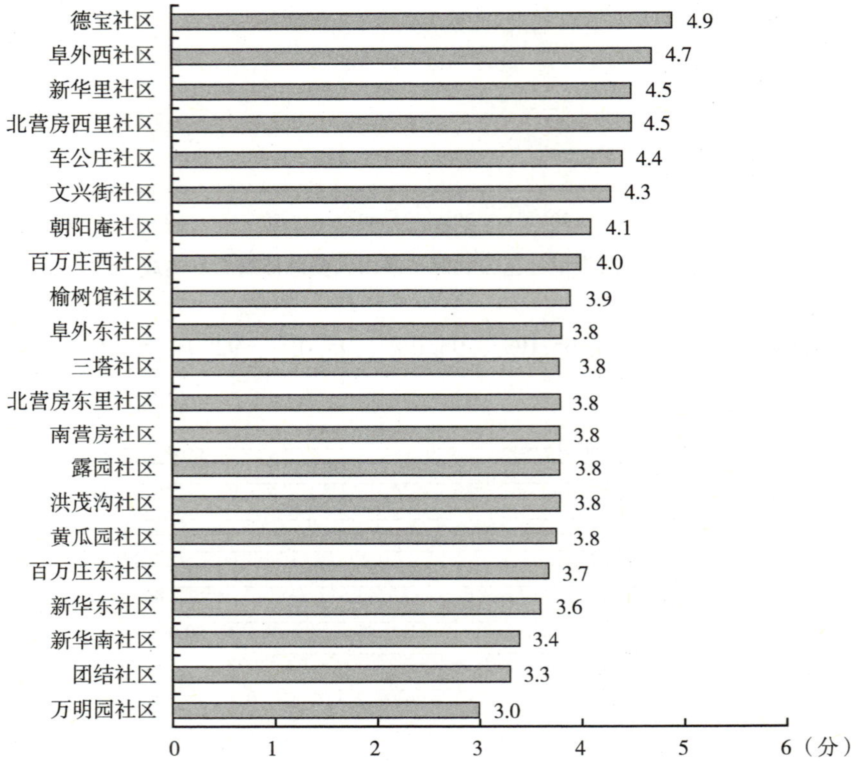

图4 展览路街道21个社区13项细分项目评价得分

汇总以上两项可以看出，德宝社区、阜外西社区、新华里社区和车公庄社区同时进入前五位，是21个社区中居民满意度最高的。而万明园社区在两项排位中均居最后一位。

（三）社区居民对居委会服务最满意

调查显示，在展览路街道参与调查的21个社区公共服务13项内容评价中，调查对象对社区的停车条件最不满意，均值为3.0。对居委会服务评价最高，均值为4.6（见图5）。

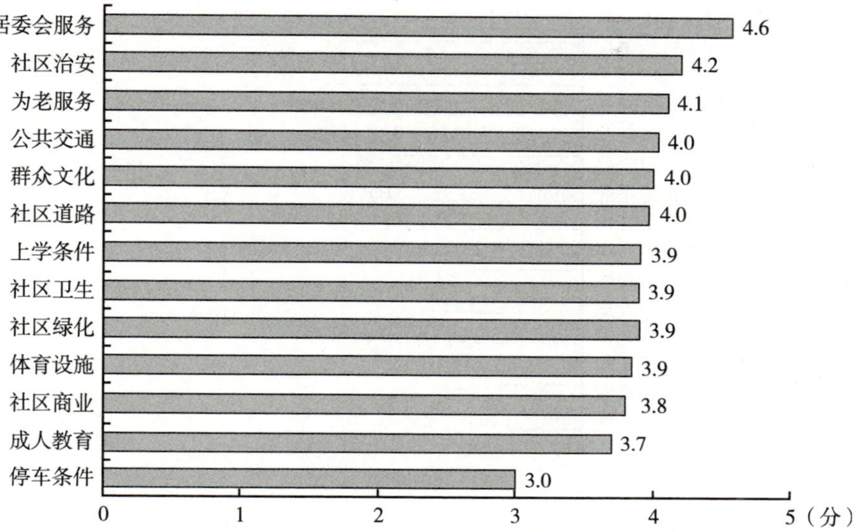

图 5　展览路街道社区公共服务内容评价情况

三　社区存在问题：停车不方便最为突出和普遍

（一）停车不方便、健身活动场所和设施不足、公共文化场所缺乏位列前三

居民停车不方便是社区居民反映最强烈的问题。在社区存在的问题的 20 个选项中，90.3% 的居民认为展览路街道的社区应在“居民停车不方便”的问题上加强工作力度，其次是“健身活动场所和设施不足”“公共文化场所缺乏”，所占比例分别为 50.4% 和 47.0%。其他选择比例超过 20% 的问题依次是：“托儿所、入学难”（44.7%），“社区环境脏乱差”（41.0%），“小巷保洁没人负责、卫生差”（36.7%），“居住条件差、下水道不通”（31.5%），“吃早点地方少”（30.4%），“有被入室盗窃”（26.1%），“老人无人照料”（21.8%），“买菜不方便”（21.2%），“小病需要走超过 15 分钟”（20.3%）（见图 6）。

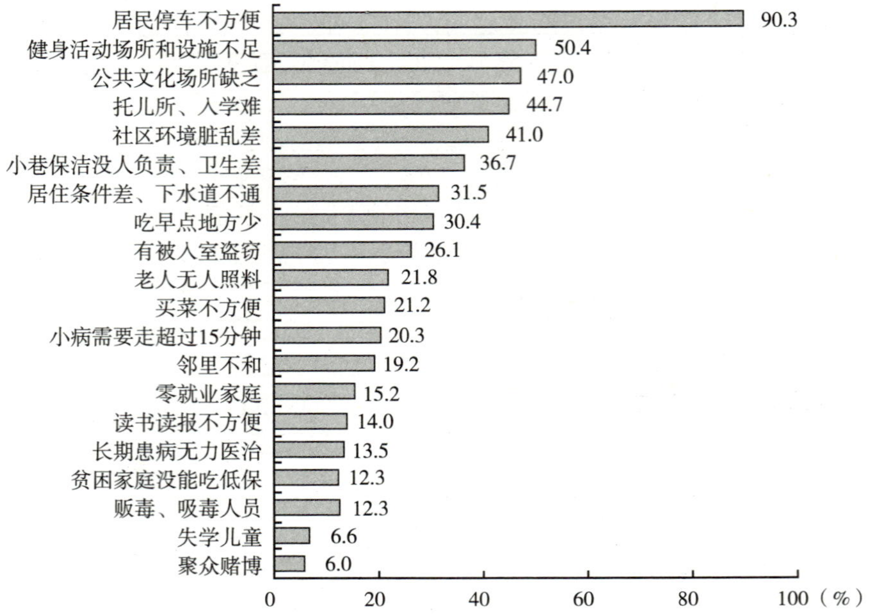

图 6　展览路街道社区居民反映的主要问题

（二）21个社区中“居民停车不方便”的问题排在首位

统计每个社区排名前三的问题分布，较为一致的结论是，在展览路街道参与调查的 21 个社区中，20 个社区将“居民停车不方便”列为社区问题的首位；18 个社区认为“健身活动场所和设施不足”需要改善。

而除此之外的社区较为个性化的突出问题分别是：团结社区、百万庄东社区存在“托儿所、入学难”，百万庄西社区、黄瓜园社区存在“吃早点地方少”，阜外东社区存在“公共文化场所缺乏”，洪茂沟社区、露园社区存在“社区环境脏乱差”，新华东社区存在“有被入室盗窃”的问题，等等。

四　受访者家庭问题：“住房紧张”问题最为严重

对于受访者家庭自身而言，“住房紧张”是最为突出的问题。51.6% 的人认为“住房紧张”希望改善住房条件，所占比例最高。其他排进前五位的问题分别是“缺乏公共活动场所”（27.1%）、“养老不便”（25.4%）、“缺少健身锻炼”（24.2%）和“就学不便”（20.6%）（见图7）。

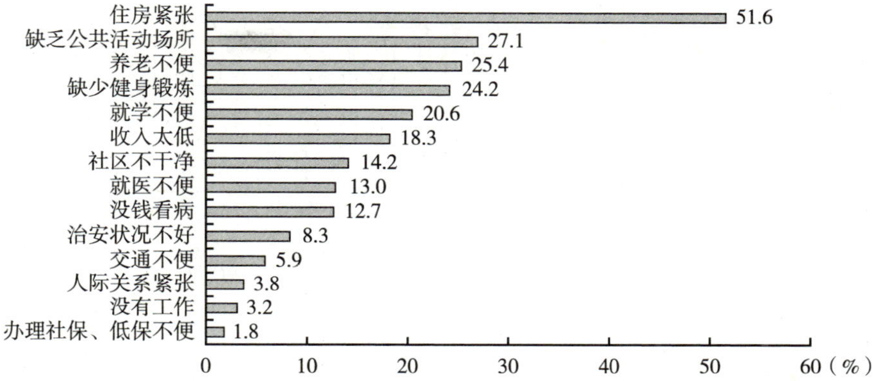

图7　展览路街道社区受访者家庭问题调查情况

五　社区服务匹配度分析：社区物业服务缺口最大

在问及被调查者最为重要的社区服务需求时，物业、养老服务、社区医疗、法律咨询和幼儿园5项是获选数量最多的项目。调查显示，受访者对物业服务的需要达到55.5%，其次是养老服务和社区医疗，分别占到53.9%和40.3%（见图8）。

在社区可以提供的服务项目中，选择比例最高的是“法律咨询”，被选比例是67.7%。其他排在前五位的分别是“养老服务”（58.8%）、“就业指导”（52.1%）、“社区医疗”（49.8%）、“物业服务”（36.6%）。

而从服务项目的供需配比方面看，除了“就业指导”和“法律咨询”两项供给数量大于需求之外，其余全部呈现供需缺口的状态。进一步从供需缺口的比重看，社区物业服务成为缺口最大的领域，其次是家庭医生和病人看护。

此外，除了前面列出的标准选项外，调查问卷还设置了让被调查者可以

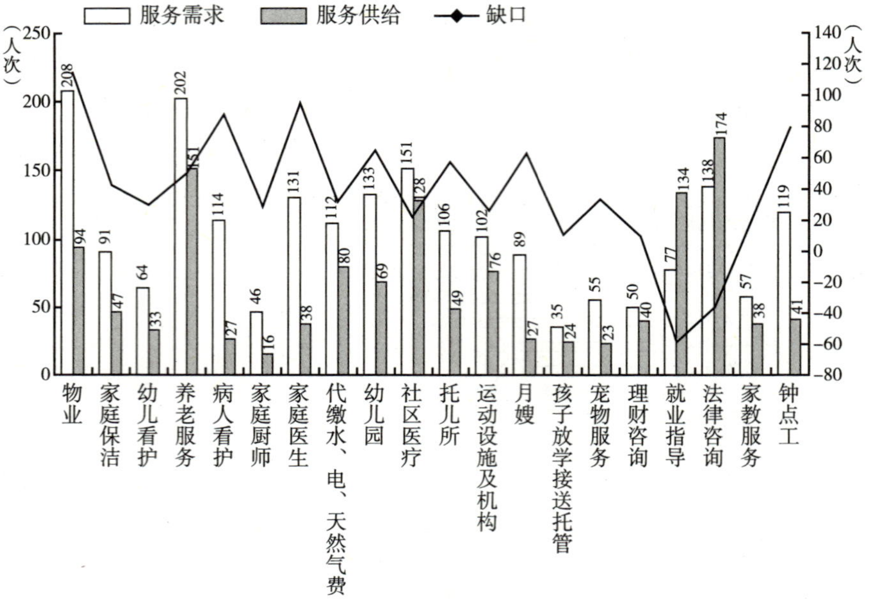

图8　社区公共服务项目供需对比

自主填写的重点问题，经过关键词归并之后，老年餐桌和社区环境卫生问题也被多次提及。

六　社区养老：紧急救护呼叫系统需求高

（一）居家养老仍是社区养老模式的主导

中国人强调家庭这个聚集单位，长期以来一直都是以居家养老模式为主导。调查结果显示，受访者选择居家养老的比例是62.8%，其次是老年公寓，比例为34.3%，敬老院最低为12.9%（见图9）。

（二）养老服务项目需求最多的是紧急救助呼叫系统

调查显示，展览路街道社区受访者对养老项目需求最多的是紧急救助呼叫系统，需求比例为62.3%，其次是老年食堂和家庭医生，需求比例分别

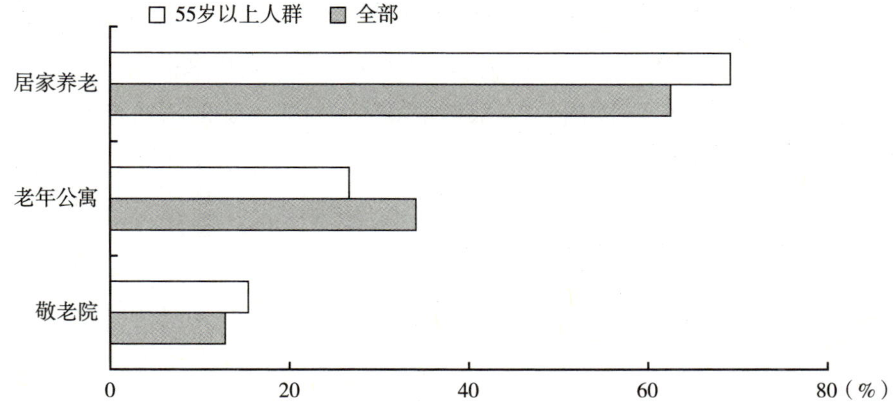

图 9　重点群体养老模式需求情况

是 59. 7% 和 58. 1% 。此外，其他的依次是基本体检（45. 0%）、专人指导（42. 1%）和家庭保姆（30. 7%）（见图 10）。

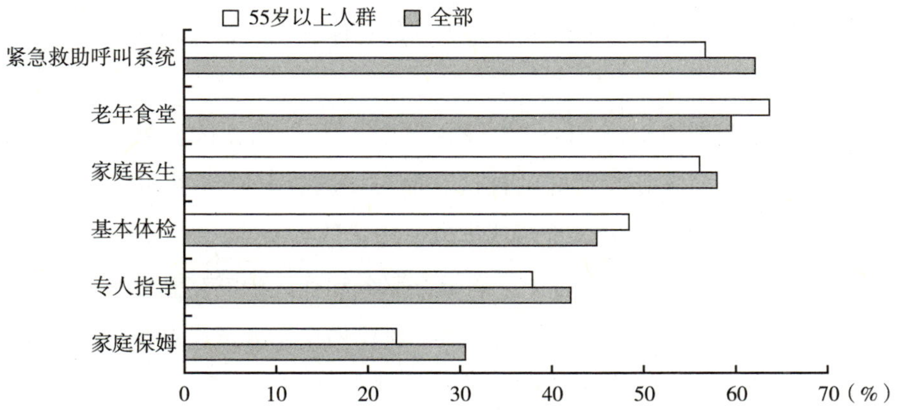

图 10　重点群体养老项目需求分布

（三）重点群体养老项目需求分布

社区养老直接对象是年龄大于 55 岁的人群，其对养老项目具有较高的关注度。以下对这部分群体的养老项目模式和养老项目需求进行分析。

通过调查显示，这个年龄段的重点群体对养老模式的需求依然是居家养老，比例占到 69.6% 。与全体样本相比较排序基本一致，选择居家养老的更高一些，其次是老年公寓占 26.8% ，对于敬老院的认可度低，占 15.5% 。

重点群体对养老项目需求与全部样本群体的排序，除前两项老年食堂和紧急救助呼叫系统先后排名互换外，其余项目顺序一致，从差异上看，居民对老年食堂的关注程度更高。

七　基本数据结论

有效数据是做出科学决策的基础，在本次调查过程中，由于在表达能力和表达意愿上因人而异，尽管个别受访者对于个别调查事项未能及时勾选反馈，填写过程中出现极少的数据缺失情况，但绝大多数调查问卷反映的情况还是较为全面、真实、客观、公正的。基于对展览路街道社区辖区居民的调查分析，得出以下数据结论。

第一，对于展览路街道社区公共服务的总体满意度，62.3% 的调查对象认为满意。

第二，在调查的 21 个社区中，德宝社区、阜外西社区、新华里社区和车公庄社区是居民满意度最好的社区。而万明园社区在公共服务满意度和 13 项细分服务内容满意度评价两项排位中均居最后一位。

第三，分方面满意度调查中，居委会服务和社区治安满意度最高。

第四，在社区存在的主要问题方面，居民停车不方便、健身活动场所和设施不足、公共文化场所缺乏位列前三，其中 90.3% 的居民关注停车不便的问题。在展览路街道调查的 21 个社区中，20 个社区将“居民停车不方便”列为社区问题的首位；18 个社区认为需要改善的是“健身活动场所和设施不足”。

第五，对于受访者家庭自身而言，“住房紧张”是最为突出的问题。51.6% 的人认为“住房紧张”，希望改善住房条件，所占比例最高。

第六，从服务项目的供需配比方面看，除了“就业指导”和“法律咨询”两项供给数量大于需求之外，其余全部呈现供需缺口的状态。进一步从供需缺口的比重看，社区物业服务成为缺口最大的领域。

第七，居家养老仍是社区养老模式的主导，受访者对养老项目需求最多的前两项是紧急救助呼叫系统和老年食堂。

八　政策建议

（一）健全决策机制，完善为民服务的公共服务体系

要建立公共服务需求与公共服务供给的信息联动和反馈机制。通过建立社情民意反映机制、社会重大事项公示制度和社会听证制度，同时加大政务公开力度，提高街道社区工作人员的行政素养和为人民服务的意识，畅通与社区居民信息交流的渠道。以打造服务型政府为目标，街道社区干部要把工作的重心放在切实解决辖区居民的需求问题上。建立和健全基本公共服务体系，把关系居民切身利益的公共服务工作做好做实，重视居住人群的需求差异，提高公共设施的使用效率。

（二）解决民生需求，提高履行公共服务责任的意识和能力

深入开展“访民情、听民意、解民难”工作，及时了解、掌握、解决与民众生活最为紧密的公共服务需求问题。通过创新管理方式，利用全响应网格化社会服务管理体系、移动互联网、QQ、微信等先进的网络平台，畅通民意诉求表达渠道，贴近群众，重视居民诉求。街道作为公共利益的引导者、服务者、勤务员，要提高履行公共服务责任的意识和能力，重视和关注社区居民的衣食住用行，让辖区居民在感到温馨幸福的同时，积极主动参与到街道社区公共服务创新发展中，为社区发展献计献策，为创建智慧社区、幸福家园而努力。

（三）加大资金投入，提高公共服务水平

随着人们对公共服务环境设施需求的不断提高，在加大政府财政投入的同时，还要引进市场、公众和社会组织的有效参与，完善公共服务购买的制

度设计，创新公共财政制度，保证公共服务设施的有效供给，重视辖区居民的实际需求，特别是住房、养老、文化场所、停车等问题，注重文化教育养老事业和基础设施建设，提高本地区的公共服务水平，为辖区居民创造服务完善、祥和文明的宜居环境。

（四）运用大数据，创新公共服务管理

借力大数据，将多部门建立的信息数据库加以归集、整合、转化，并进行挖掘、处理和分析，将居民健康指数、流动人员管理、社会治安隐患等城市基层治理中凸显的社会问题，梳理成一项项综合数据，进而为决策服务，准确把握服务对象的公共服务需求，以便政府优化公共服务资源配置，提升公共服务质量和社会管理服务能力。对此，街道可以设立或指定部门专门负责大数据的技术处理，当需要使用数据时即可“按需下单”，省时省力、效率倍增。这一点既利于公共服务资源配置顶层设计，又利于基层末梢“最后一公里”公共服务。

理论报告

Theory Reports

B.4
产业转移与展览路地区发展战略研究

摘　要：在北京市贯彻习近平总书记"2·26"讲话精神、落实首都新定位和京津冀协同发展的背景下，展览路地区批发零售产业转移已是大势所趋。本文在分析展览路地区产业发展现状、存在问题、发展诉求的基础上，提出地区转型升级的对策，进而为未来展览路地区的发展战略指明方向。

关键词：产业转移　产业升级　创客　展览路街道

一　产业转移推动区域间资源环境合理配置

产业转移是指企业将产品生产的全部或部分由原生产地转移到其他地区的一种现象。产品生命周期理论认为，工业各部门及各种工业产品，都要经历创新、发展、成熟、衰退等生命周期的四个阶段。这一理论被区域经济学家引入区域经济学中后，便产生了区域经济发展梯度转移理论。

（一）产业转移要具备一定的转移动因

产业转移需要具备一定的转移原因，具体来看，造成转移的原因主要有区域间存在产业级差、区域之间生产要素的流动、区域间存在产业利益差以及产业竞争（见表1）。

表1　产业转移的主要动因

转移动因	具体原因
区域间存在产业级差	要素禀赋及制度环境的差异，导致区域间经济发展不平衡，形成明显的产业级差，使得产业转移成为可能
区域间存在生产要素流动	各类生产要素的跨地区流动，能重新组合形成新的生产力和产业规模。生产要素在不同地区流动的自由程度大小，决定产业转移阻力的大小
区域间存在产业利益差	不同区域由于要素禀赋、市场结构、技术水平等不同，产业成长的利益格局才会不一致，产业利益差诱发并引导产业转移，以获取比较利益
区域间存在产业竞争	垄断产业不会发生产业转移，只有产业在不同地区之间存在竞争，企业为了追求利润时才会积极寻求跨地区投资和跨地区贸易，使得产业转移成为可能

从表1可以看出，区域间的产业级差、地区间的生产要素流动、区域间的产业利益差以及产业相互竞争是发生产业转移的基础条件和动因，但是，即便这些条件和动因都得以满足产业转移也并不必然会发生，推动产业转移的发生还需要有动力系统的支撑。

（二）产业转移还需要相应的动力推动

产业转移是具有转移动力的经济主体的一种经济行为，在具备了产业转移基本条件和转移动因的基础上，必不可少的是动力系统。推动产业转移的动力主要包括六个方面的内容（见表2），展览路的产业转移主要是受政策的影响。

表 2　产业转移的动力机制

动力机制	具体原因
企业对利润最大化的追求	随着产业的集聚,在经济发达的产业转出区,生产成本逐渐增加,而在产业承接地,由于存在成本的比较优势,出现潜在的产业利差。企业对利润的追求,致使产业向存在着比较收益的欠发达地区转移
区域经济结构的变迁	区域经济结构的变迁,导致随着产业生命历程中兴起、发展、成熟和衰退周期性的变化,产业所获取的利润呈倒"U"字形变化
生产要素供给结构的变迁	随着经济的发展,特定区域在生产要素供给方面的相对优势会不断发生改变。虽然区域间要素的流动对其具有延缓作用,但市场的不完善性、社会制度约束及交易成本增加等因素,决定了生产要素供给比较优势的转变难以得到根本扭转
产品市场需求结构的变迁	对于某一特定区域,伴随着经济的快速发展,生产要素成本将会不断提高,该区域对产品的市场需求结构也会由低到高逐渐发生演化
政府政策影响	产业转移中,不同地区政府的不同法律法规、政策、配套服务及区域的基础设施等条件对产业转移的速度、方式及方向都会产生重要影响
地域文化	对产业顺利转移也起着至关重要作用的还包括区域的人文环境和风俗习惯等非正式制度。与产业转出地相近或相同的人文环境和风俗习惯能够加速产业转移的进程,反之则会减缓或无法转移

从表 2 可以看出，当存在产业转移的基本条件时，产业动力系统会推动产业或相关企业调整自身的行为，寻求合理的转移方式，最终实现产业转移行为。

（三）产业转移对转出地和承接地影响巨大

产业转移对产业转出地和产业承接地的影响巨大。对转出地来说，有利于推动经济转型升级，在全国或者一个区域范围内优化产业分工格局；对承接地来说，可以发挥资源丰富、要素成本低、市场潜力大的优势。积极承接区域内外产业转移，将有利于加速中西部地区的新型工业化和城镇化进程，提高经济社会发展水平，促进区域协调发展。

二　展览路地区产业转移升级是大势所趋

（一）落实首都新定位的根本要求

全球经济重心东移是大势所趋，中国将在相当长的时期内充当全球经济的重要引擎。2014 年 2 月，国家主席习近平在北京调研时，明确提出北京的城市战略定位："坚持和强化首都全国政治中心、文化中心、国际交往中心、科技创新中心的核心功能，深入实施人文北京、科技北京、绿色北京战略，努力把北京建设成为国际一流的和谐宜居之都。"① 2015 年 1 月，北京市西城区委第十一届八次全会提出，西城区要立足特殊区位，更加突出首都核心功能，努力"健体"。始终把金融、科技、文化的高端要素摆在构建"高精尖"经济结构的核心位置，以功能区建设为依托，通过"腾笼换鸟"、项目建设等方式，为符合首都定位要求的要素资源腾出空间；同时针对核心区特点，西城区应将落实首都发展要求的重心放在调整疏解非首都核心功能上，自觉"瘦身"。作为全球最有经济活力的首都的街区，不仅要落实政治中心、文化中心、国际交往中心、国家创新示范区的功能定位，认真贯彻"四个服务""五个坚持""五个注重"，同时要在新一轮经济重心转移和产业格局重构中，不断提升其在全球产业链和价值链上的位置，尤其要在金融、科技研发、文化创意等生产性服务业发展方面发挥更大的作用，以支撑北京的战略发展。

（二）把握经济"新常态"下的必然选择

经过 30 多年的高速发展，我国经济度过了享受人口红利、粗放式发展的时期，进入了重在提高经济质量的"三期叠加"时期。在"新常态"背景下，经济结构将发生全面、深刻的变化，产业优化升级成为必然。随着京津冀一体化进程的加快，北京的发展也进入新的历史时期，不适合在首都和核心功能区发展的一些城市功能和产业也需要逐步转移出去。面对这一深刻的变化，展览路街道需要把握未来发展方向，明确今后产业发展基调，充分结合区域实际，进行产业定位与规划。

（三）打造一流世界城市的现实需求

产业升级是建设世界城市的内在要求。从世界城市发展的基本规律来

① 《习近平在北京考察　就建设首善之区提五点要求》，新华网，2014 年 2 月 26 日。

看，所有世界城市都以金融业、文化创意产业、高科技和高端商贸服务业为产业支撑。当前，金融、高科技、文化创意、高端商贸已经成为首都经济最重要的产业。北京为打造世界城市，提出推动国际商贸中心建设，这对于展览路地区而言，是难得的机遇，商贸服务业是展览路地区的传统优势产业，在发展经验、产业基础、需求条件与交通等诸多方面，都有着难以替代的优势，但其发展模式相对滞后。因此，只有加快转型升级，才能与国际商贸中心建设的要求相一致。

（四）治理首都“城市病”的内在需要

目前北京“城市病”[①] 表现得日益突出。日益严重的雾霾、人口膨胀、交通拥堵、高房价，已经成为制约北京发展和影响首都功能发挥的严重障碍。展览路地区动物园附近的十多个批发市场规模庞大、人流拥挤、环境较差且外来人口较多、人口流动性高，使得展览路地区的规划治理成本不断提高，既不符合中央对北京市的发展定位，也不符合首都功能核心区发展要求，同时与居民的期待有较大差距。如何在重新进行产业定位与规划的前提下，通过产业结构调整，破解日益严重的“城市病”，是展览路地区必须直面的重大课题。

三　产业结构失衡，转型转移较迫切

（一）低端业态占据主导地位，对传统商业的依赖程度偏高

在展览路街道 5.87 平方公里的辖区内，驻区单位有 7029 家，其中中央、市、区属单位 1020 余个，商务楼宇 48 栋，大、中、小型商（市）场有 60 余家，是西城区面积最大、法人单位最多、市场最密集，并且集交通、

① “城市病”发源于工业革命后期的英国，当时英国的经济史学家哈孟德夫妇把英国工业革命之后由于城市过快扩张而产生的一系列问题称为“迈达斯灾祸”。典型的“城市病”表现为人口膨胀、交通拥堵、环境恶化、住房紧张、就业困难等问题。

旅游、商务、文化、商品流通和科技会展于一体的综合型街区。

展览路地区的批发和零售业为区域整体发展做出了突出的贡献，第三次经济普查（简称“三经普”）数据显示，批发和零售业的主营业务收入占展览路地区主营业务收入的比例高达41.73%，著名的“动批”等批发市场集群和天意、官园等一批全国著名的小商品市场汇集于此，促成了展览路地区批发零售繁荣的现状，但是这也从一个侧面反映了展览路地区的发展过于依赖批发和零售业，其他产业所起的作用较批发和零售业要小得多，在“动批”即将搬迁①以及日益发展的电子商务冲击的大背景下，单是依靠批发和零售业来支撑区域经济发展的时代已经过去，因此展览路地区必须将发展批发和零售业的替代产业提到事关全局的战略性高度。

1. 批发和零售业在总量上占据主导地位

展览路地区有以动物园批发市场为代表的批发零售市场20多家，其中动物园批发市场以服装批发经营为主，天意小商品批发市场以各种小商品的批发、零售为主，官园批发市场是集服装鞋帽、家居用品及小商品为一体的综合性批发市场。这些批发市场的个体经营户达到1.7万余家，占到全区总量的1/3，其集中程度和规模在全国居领先水平。

在展览路的各行业主营业务收入排名中，批发和零售业以绝对优势占据第一的位置，总量达到了574.03亿元，占比达到了41.73%。而就单独的批发业与零售业而言，批发业主营业务收入达到421.93亿元，占展览路地区总主营业务收入的30.67%，在所有单独行业中排名居首；零售业主营业务收入达到了152.11亿元，占比也达到了11.06%（见表3、图1）。这些数据充分展示了批发和零售业在展览路地区经济中绝对的优势地位，也直接验证了该地区批发和零售业发达这一显著特征。而这一现状对于想要获得充足发展的其他行业的产业升级或新进入的行业的发展而言，都是一个严峻的考验。

① 2015年1月11日，北京“动批”天皓成批发市场摘牌，成为从“动批”撤离的第一个市场。

表 3　展览路地区各行业主营业务收入排名

单位：亿元，%

展览路街道		主营业务收入	占比	
行业总计		1375.68	100	
批发和零售业	批发业	421.92	30.67	41.73
	零售业	152.11	11.06	
租赁和商务服务业	商务服务业	338.02	24.57	24.59
	租赁业	0.33	0.02	
建筑业		122.59	8.91	

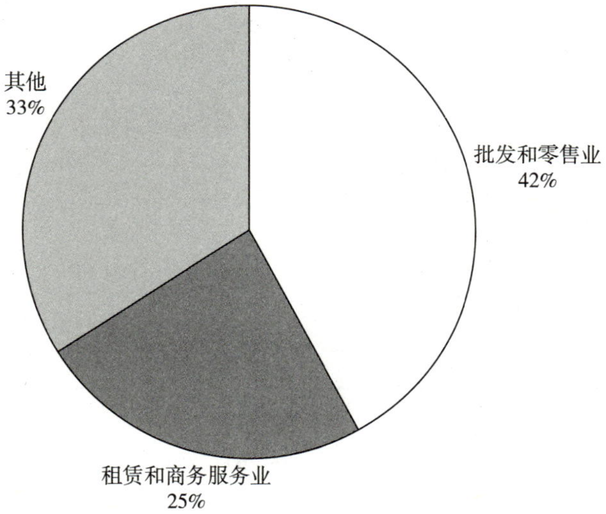

图 1　展览路地区各行业主营业务收入排名占比

在展览路地区除了批发和零售业和商务租赁业外，其他任何一个行业的发展都面临发展基础薄弱、在既定产业结构下升级困难的挑战。展览路地区的批发零售优势建立在对资源的利用之上，而且批发零售行业长期发展形成一定规模后会产生强大的聚集效应，如果新进入的行业无法获得长足发展而又占用大量资源，这对于展览路地区是十分危险的。基于展览路地区现在的高比例的批发零售行业产值占比，其他任何行业的进入都要承担巨大的机会成本，这对于政府相关部门产业升级政策的制定以及新型行业引入都提出了更高的要求。

在展览路地区的批发业中传统的矿产品、建材及化工产品批发居于首位，其主营业务收入为213.62亿元，占批发行业总主营业务收入的51%（见表4、图2）。传统行业、传统产业的批发收入依然高居总量首位，而其他的一些批发行业在数量和比例上都有待进一步的提升，这需要展览路地区政府积极思考，在保证传统领域、行业批发量的同时，进一步挖掘其他行业及产业的潜力，使批发行业获得更进一步的发展。

表4　展览路地区各批发行业分布

单位：亿元

排名	批发行业	主营业务收入
1	矿产品、建材及化工产品批发	213.62
2	贸易经纪与代理	111.85
3	文化、体育用品及器材批发	31.10
4	食品、饮料及烟草制品批发	27.15
5	机械设备、五金产品及电子产品批发	19.90
6	纺织、服装及家庭用品批发	11.15
7	医药及医疗器材批发	5.21
8	其他批发业	1.68
9	农、林、牧产品批发	0.26
总　计		421.92

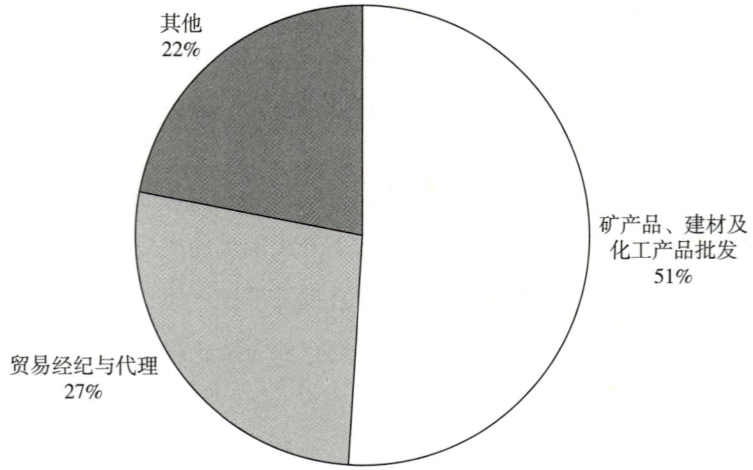

图2　展览路地区各批发行业主营业务收入占比

从展览路地区的零售业主营业务收入数据中可以发现，在所有零售门类中综合零售以97.43亿元的主营业务收入额，64%的占比高居首位（见表5、图3），有绝对的优势。展览路地区的零售业虽然零售门类较多但是还是比较集中于综合零售，其他零售门类占比相对较小。

表5　展览路地区零售行业分布

单位：亿元

排名	零售行业	主营业务收入
1	综合零售	97.43
2	纺织、服装及日用品专门零售	34.87
3	医药及医疗器材专门零售	6.39
4	家用电器及电子产品专门零售	5.51
5	文化、体育用品及器材专门零售	3.05
6	货摊、无店铺及其他零售业	2.67
7	食品、饮料及烟草制品专门零售	1.29
8	五金、家具及室内装饰材料专门零售	0.84
9	汽车、摩托车、燃料及零配件专门零售	0.06
总　计		152.11

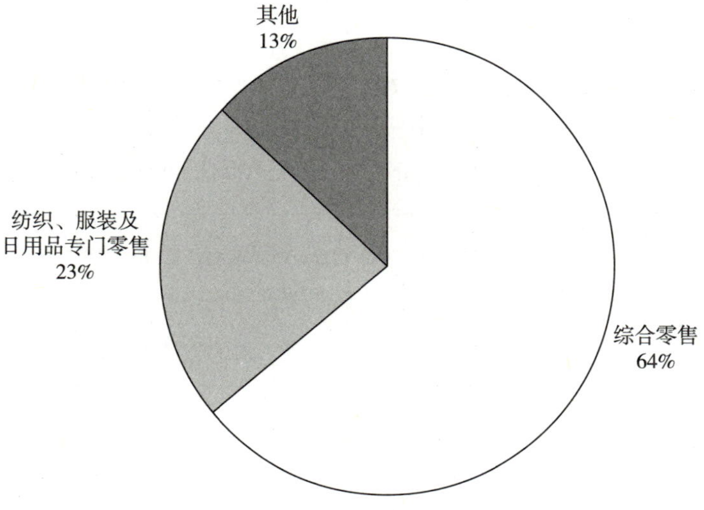

图3　展览路地区各零售行业主营业务收入占比

“三经普”数据显示（见表6），展览路地区批发业中法人单位数为670家，整个西城区批发业单位数为5985家，展览路占比为11.2%；展览路地区批发业从业人员期末人数6702人，西城区批发业从业人员期末人数为59958人，展览路占比为11.2%；展览路地区批发业资产总计为281.91亿元，整个西城区批发业资产总计为6060.40亿元，展览路占比仅为4.65%；展览路地区批发业主营业务收入为421.92亿元，西城区批发业主营业务收入为6034.55亿元，展览路占比为6.99%；展览路地区批发业实收资本57.13亿元，整个西城区批发业实收资本1004.69亿元，展览路占比为5.7%。

表6　展览路地区批发业基本情况

行业	法人单位数（家）		法人从业人员期末人数（人）		资产总计（亿元）		主营业务收入（亿元）		实收资本（亿元）	
	展览路	西城区	展览路	西城区	展览路	西城区	展览路	西城区	展览路	西城区
矿产品、建材及化工产品批发	101	821	877	11620	79.25	3126.21	213.62	3389.09	13.36	564.14
贸易经纪与代理	33	137	1140	2161	103.23	358.94	111.82	259.23	15.04	93.99
文化、体育用品及器材批发	80	618	848	5362	19.03	151.90	32.00	199.60	4.32	34.56
食品、饮料及烟草制品批发	74	1083	607	7159	44.27	608.32	27.15	362.95	14.38	61.05
机械设备、五金产品及电子产品批发	176	1838	1025	16681	16.59	766.82	19.90	1093.31	5.27	126.59
纺织、服装及家庭用品批发	146	776	1690	7639	13.79	68.82	11.15	70.23	3.17	16.43
医药及医疗器材批发	37	498	358	5867	4.38	54.57	5.21	90.98	0.89	11.83
其他批发业	21	160	131	2672	0.98	633.09	0.81	286.56	0.34	38.44
农、林、牧产品批发	2	54	26	797	0.39	291.73	0.26	282.60	0.36	57.66
批发业总计	670	5985	6702	59958	281.91	6060.40	421.92	6034.55	57.13	1004.69

这其中，展览路地区批发业法人单位数最多的机械设备、五金产品及电子产品批发为176家，西城区批发业机械设备、五金产品及电子产品批发法人单位为1838家；展览路地区纺织、服装及家庭用品批发为146家，西城区纺织、服装及家庭用品批发法人单位数为776家。展览路地区批发业主营业务收入最高的矿产品、建材及化工产品批发为213.62亿元，占到了展览路批发业主营业务收入的半壁江山，整个西城区矿产品、建材及化工产品批发主营业务收入是3389.09亿元，相比展览路的比重要大一些；展览路地区贸易经纪与代理为111.82亿元，而西城区批发业贸易经纪与代理总的主营业务收入仅有259.23亿元，展览路地区的这一行业在西城区有很大的优势。展览路地区批发业资产总计最多的贸易经纪与代理为103.23亿元，西城区同类批发资产总计为358.94亿元；其矿产品、建材及化工产品批发为79.25亿元，反观西城区，矿产品、建材及化工产品批发资产总计为3126.21亿元，展览路仅占西城区的2.5%。展览路地区批发业从业人员期末人数最多的纺织、服装及家庭用品批发为1690人，西城区该项人数为7639人；其贸易经纪与代理为1140人，西城区批发业贸易经纪与代理从业人员期末人数为2161人，展览路占到了西城区的一半以上。展览路地区批发业实收资本最多的贸易经纪与代理为15.04亿元，西城区贸易经纪与代理实收资本为93.99亿元；其食品、饮料及烟草制品批发为14.38亿元，西城区同项目为61.05亿元。

从“三经普”统计数据来看（见表7），展览路地区零售业单位总数为799家，西城区全区零售业单位数为6590家，展览路占到12.1%。展览路地区零售业各子行业单位数最多的为纺织、服装及日用品专门零售，为179家，天意等小商品市场聚集是展览路地区拥有较多纺织、服装及日用品专门零售单位数的主要原因，文化、体育用品及器材专门零售为141家，在子行业中单位数居第二位。西城区中零售业各子行业单位数最多的也是纺织、服装及日用品专门零售，为1214家，居第二位的也是文化、体育用品及器材专门零售，为1195家，展览路地区这两个子行业占全区的比重均超过了10%，分别为14.7%和11.8%，地位颇为重要。

表7　展览路地区零售业基本情况

行业	法人单位数(家)		法人从业人员期末人数(人)		资产总计(亿元)		主营业务收入(亿元)		实收资本(亿元)	
	展览路	西城区	展览路	西城区	展览路	西城区	展览路	西城区	展览路	西城区
零售业总计	799	6590	27702	75172	139.50	586.74	152.11	666.68	16.52	122.47
综合零售	51	426	20736	31263	106.11	293.54	97.43	346.68	6.97	34.30
食品、饮料及烟草制品专门零售	93	918	673	7079	1.38	26.14	1.29	22.87	0.81	8.96
纺织、服装及日用品专门零售	179	1214	3710	13169	13.79	68.08	34.87	77.20	2.81	17.55
文化、体育用品及器材专门零售	141	1195	576	7436	2.33	67.52	3.05	45.01	1.16	15.14
医药及医疗器材专门零售	78	546	606	6250	5.47	45.99	6.39	64.82	0.88	7.85
汽车、摩托车、燃料及零配件专门零售	10	99	22	991	0.14	15.67	0.06	41.48	0.07	6.94
家用电器及电子产品专门零售	118	956	714	4333	4.87	37.52	5.51	50.17	1.84	16.13
五金、家具及室内装饰材料专门零售	68	741	194	2117	2.80	16.76	0.84	7.06	1.19	9.48
货摊、无店铺及其他零售业	61	495	471	2534	2.61	15.52	2.67	11.39	0.79	6.12

展览路地区零售业从业人员期末人数排名第一的是综合零售，总计20736人，其他子行业从业人员期末人数共6966人，全区法人从业人员期末人数为75172人，最多的综合零售为31263人，展览路地区综合零售从业人员期末人数占全区零售业从业人员期末人数比重也较高，达到27.6%，展览路综合零售业吸纳了西城区综合零售业中较多的就业人员，贡献突出。

资产总计方面，展览路地区零售业资产总计为139.50亿元，其中最多的综合零售达到106.11亿元，纺织、服装及日用品专门零售只有13.79亿元。西城区全区资产总计为586.74亿元，其中最多的也是综合零售，为

293.54 亿元，纺织、服装及日用品专门零售为 68.08 亿元，展览路地区零售业尤其是其中的综合零售业在资产总计方面处于西城区重要地位。

从主营业务收入来看，展览路地区零售业主营业务收入排名首位的综合零售，为 97.43 亿元，其次是纺织、服装及日用品专门零售，为 34.87 亿元，排名与西城区情况基本一致，西城区全区主营业务收入为 666.68 亿元，其中最多的综合零售，为 346.68 亿元，其次是纺织、服装及日用品专门零售，为 77.20 亿元。

实收资本方面，展览路地区零售业实收资本最多的是综合零售业，共 6.97 亿元，其次是纺织、服装及日用品专门零售，共 2.81 亿元，西城区全区实收资本为 122.47 亿元，其中最多的也是综合零售，为 34.30 亿元，其次是纺织、服装及日用品专门零售，为 17.55 亿元。综合来看，在展览路地区零售业中，综合零售业在各项指标中均占有重要地位，此外，展览路地区综合零售业在整个西城区零售业中也有着不可替代的作用。

2. 租赁和商务服务业发展基础较好

展览路地区的租赁和商务服务业，尤其是商务服务业在展览路地区的整个产业体系中有着极为重要的作用，由表 3 数据可知，租赁和商务服务业的主营业务收入占整个展览路地区主营业务收入的 24.59%，略低于排名第一的批发和零售业，但远高于其他产业。

"三经普"数据显示（见表 8），展览路地区租赁和商务服务业发展状况良好，在西城区占有一定地位。展览路地区租赁和商务服务业法人单位数为 2293 家，占整个西城区的 19.8%；展览路地区租赁和商务服务业法人从业人员期末人数有 24852 人，占西城区的 16.8%；资产总计方面，展览路地区租赁和商务服务业资产总计为 4114.97 亿元，占西城区的 12.7%；主营业务收入方面，展览路地区为 338.23 亿元，约占西城区的 1/3；展览路地区租赁和商务服务业实收资本为 1164.53 亿元，占西城区的 8.9%。

展览路地区租赁业中，有机械设备租赁和文化及日用品出租两大类，机械设备租赁在租赁业中占比较大，文化及日用品出租各项指标在展览路地区租赁业中占比均较小。

表 8 展览路地区租赁和商务服务业基本情况

		法人单位数(家)		法人从业人员期末人数(人)		资产总计(亿元)		主营业务收入(亿元)		实收资本(亿元)	
		展览路	西城区	展览路	西城区	展览路	西城区	展览路	西城区	展览路	西城区
	租赁和商务服务业	2293	11606	24852	147721	4114.97	32529	338.23	1087	1164.53	13051
租赁业	租赁业总计	28	173	272	1611	1.47	46	0.327	7	0.63	10
	机械设备租赁	24		263		1.42		0.324		0.61	
	文化及日用品出租	4		9		0.05		0.003		0.02	
商务服务业	商务服务业总计	2265	11433	24580	146110	4113.5	32483	337.9	1080	1163.9	13041
	企业管理服务	250		6682		3917.0		277.4		1085.4	
	法律服务	48		562		3.7		1.1		0.3	
	咨询与调查	1135		8582		170.2		25.1		63.1	
	广告业	251		1388		7.5		7.6		2.9	
	知识产权服务	91		924		2.7		1.9		0.3	
	人力资源服务	50		1194		5.2		1.6		1.9	
	旅行社及相关服务	40		575		1.8		8.5		0.4	
	安全保护服务	6		1391		0.2		0.1		0.2	
	其他商务服务业	394		3282		5.2		14.6		9.4	

展览路地区商务服务业在区域经济中有较为重要的作用。展览路地区商务服务业中法人单位数最多的咨询与调查一项共1135家，为展览路地区商务服务业法人单位总数的一半，其余八个子行业的法人单位总数总共占了一半；商务服务业法人从业人员期末人数中，展览路居首位的也是咨询与调查子行业，为8582人，之后是企业管理服务，有6682人，这两个子行业的从业人员期末人数占展览路租赁服务业的61%之多；展览路地区商务服务业中资产总计最多的企业管理服务为3917.0亿元，而展览路地区商务服务业资产总计共4113.5亿元，资产总计一项几乎全为企业管理服务；主营业务收入中，展览路地区商务服务业中排名第一的也是企业管理服务，总计277.4亿元，占到展览路地区商务服务业主营业务收入的82.1%，占西城区商务服务业主营业务收入的25.7%，地位十分重要；展览路地区商务服务业实收资本排名第一的同样还是企业管理服务，整个展览路地区商务服务业实收资本总计为1163.9亿元，企业管理服务为1085.4亿元，占比高达93.3%。

3. 文化创意产业具有一定的潜力

根据北京市文化创意产业分类标准，文化创意主要包括：文化艺术、新闻出版、广播、电视、电影、软件、网络及计算机服务、广告会展、艺术品交易、设计服务、旅游、休闲娱乐、其他辅助服务几大类，其中展览路地区在互联网信息服务、计算机系统服务、其他计算机服务、广告业、知识产权服务、会议及展览服务和新闻业等行业有所涉及。

截止到2012年底，展览路地区共有设计类企业170余家，涵盖建筑设计、规划设计、图文设计、工程设计、装饰设计、形象设计、环境设计、自动化设计等八大领域。其中注册资金在1000万元以上的有9家，如中国建筑设计研究院、北京城建设计研究总院有限责任公司、北京市轨道交通设计研究院有限公司等，均代表了同行业国内最高水平。

从涉及行业数、法人单位个数、从业人员期末人数、资产总计、主营业务收入等方面都不难看出，展览路地区的文化创意产业已粗具规模。而且可以发现，展览路地区的文化创意产业主要是和计算机系统服务、互联网信息服务、广告业、新闻业、知识产权服务、会议及展览服务等比较高端的服务业相联系的（见表9、图4、图5）。这些文化创意产业特色与展览路地区本地优越的地理位置、发达的交通，靠近金融街，旅游文化资源丰富紧密相关。虽然文化创意产业发展总体仍处于起步阶段，但是，北京市、西城区政府现在正在大力推动文化创意产业发展，加上展览路地区有以北京展览馆为代表的博物馆群聚集的北展街区、“新华1949”文化创意产业园（截止到2014年底，“新华1949”新入驻文创企业89家）；有北京建筑大学、外交学院和北京市委党校；有北京动物园、北京海洋馆、北京天文馆、古脊椎动物馆等知名旅游资源。展览路地区既有西城区大力发展文化创意产业的政策优势，又有本地区诸多文教、文创园区之利，可以大力推动本地区的文化创意产业发展。近年来，展览路地区创意设计产业实现了大发展，不仅设计公司数量众多，而且聚集了一批优质设计资源。产业园区集聚发展，为设计产业发展提供了载体，其中重点打造的“新华1949”文化创意产业园有望成为北京乃至全国范围内具有代表性的综合文化创意产业集聚区。因此，展览路地区的文化创意产业有可能紧贴本地区特色，在比较低的基础上获得充分发展。

表9 展览路地区文化创意产业分布

行业类别	法人单位数（个）	从业人员期末人数（人）	资产总计（元）	主营业务收入（元）
互联网信息服务	2	62	2725979	2277216
计算机系统服务	14	2333	1007148067	509241000
其他计算机服务	2	122	6748010	6100821
广告业	4	94	16074303	5942942
知识产权服务	22	2579	731182271	490633106
会议及展览服务	136	1021	335682649	361573429
新闻业	2	10	1550622	5502001
总　计	182	6221	2101111901	1381270515

4. 金融业面临良好的发展机遇

借助于临近金融街的天然优势，面对金融街西扩这一良好机遇，展览路地区发展金融服务业将大有可为。金融街在北京乃至全国金融界都有着一定的影响，这里聚集着“一行三会”等众多国家级银行总行和非银行金融机

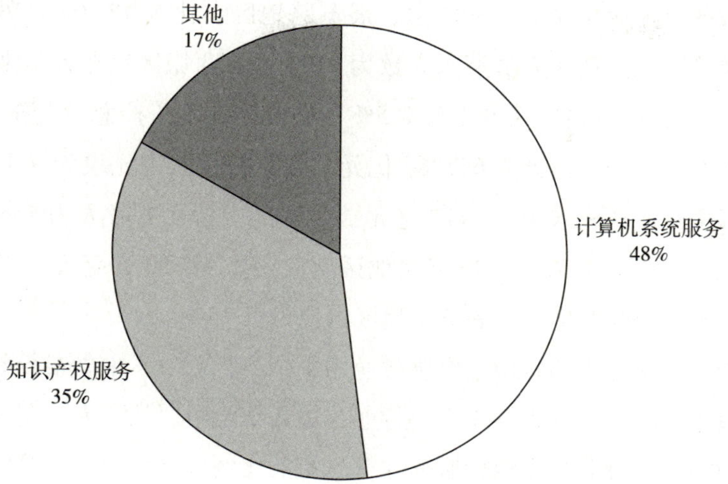

图 4　展览路地区文化创意产业资产总计占比

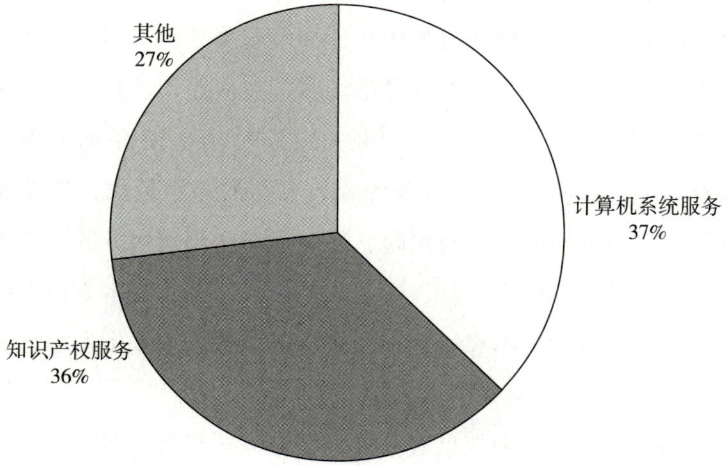

图 5　展览路地区文化创意产业主营业务收入占比

构总部，也是银行、证券、基金、信托、期货等金融领域企业想要入驻的黄金地段，未来展览路将有机会引进一批金融企业，这将有效地促进展览路地区的产业升级与转型，打造成为更具竞争力的“黄金街区”。

“三经普”数据显示（见表 10），展览路金融业中法人单位数为 74 家，整个西城区金融业单位数为 601 家，展览路地区占比为 12.3%；就金融业而言，展览路地区从业人员期末人数为 3199 人，西城区从业人员期末人数为 207555 人，展览路地区占比为 1.5%；展览路地区资产总计为 1124.6 亿元，整个西城区资产总计为 651366 亿元，展览路地区占比仅为 0.17%；展览路地区主营业务收入为 67.772 亿元，西城区主营业务收入为 5566 亿元，展览路地区占比为 1.22%；展览路地区实收资本为 333.5 亿元，整个西城区实收资本为 19097 亿元，展览路地区占比为 1.75%。

其中，金融业中的货币金融服务业的 4 个小行业中，中央银行服务、货币银行服务、银行监管服务 3 个小行业在法人单位数、从业人员期末人数等方面均为零，只有非货币银行服务才有一定的比例。这反映了展览路地区的中央银行业务没有开展，金融业的发展没能与西城区金融街的业务相结合，但是展览路地区法人单位数在西城区总量中 12.3% 的占比还是表明展览路地区的货币金融服务颇具影响力，尤其是在考虑到金融街的情况下。

在展览路地区的资本市场服务中，证券市场服务和资本投资服务在公司数目上基本平分秋色，而且尽管证券市场服务在从业人员数上基本是资本投资服务的两倍，但是在资产总计方面两类服务间有近 10 倍的差距，在实收资本方面有 20 多倍的差距，主营业务收入方面的差距最大，相差 80 多倍；在保险业的五个小分类中，人身保险、保险经纪与代理服务的法人单位数和从业人员数都比较多，资产总计、主营业务收入、实收资本方面在西城区的统计中各项指标的占比均不算特别高，这与展览路侧重于批发零售的行业特征有关。

其他金融业中除了金融信息服务外，金融信托与管理服务、控股公司服务展览路地区都有所涉及，这类业务展览路地区除了单位数以外的期末从业人员数、资产总计、主营业务收入、实收资本等均不算太多，在西城区的占比分别为 2.94%、1.06%、0.53%、1.62%，尽管这些占比数据不算太高，但这说明展览路地区针对金融业务拓展进行了重要尝试，对展览路地区全面实现金融业务的长期发展，加快地区产业结构升级具有重要意义。

表 10　展览路地区金融业基本情况

行业	法人单位数（家）		法人从业人员期末人数（人）		资产总计（亿元）		主营业务收入（亿元）		实收资本（亿元）	
	展览路	西城区	展览路	西城区	展览路	西城区	展览路	西城区	展览路	西城区
货币金融服务	11	112	597	122613	668. 7	623580	29. 347	3459	110. 3	13775
中央银行服务	0		0		0		0		0	
货币银行服务	0		0		0		0		0	
非货币银行服务	11		597		668. 7		29. 347		110. 3	
银行监管服务	0		0		0		0		0	
资本市场服务	29	264	476	29002	198. 75	7643. 05	2. 6768	438. 9	169	2191
证券市场服务	13		182		15. 507		0. 0162		7. 389	
证券期货监管服务	0		0		0		0		0	
资本投资服务	14		94		160. 78		1. 3374		159. 4	
保险业	23	126	1789	44462	175. 92	12460. 8	33. 339	1210	30. 49	1669
人身保险	4		821		151. 82		19. 01		17. 7	
养老金	0		0		0		0		0	
保险经纪与代理服务	14		918		5. 4062		1. 8615		12	
保险监管服务	0		0		0		0		0	
其他保险活动	3		15		0. 0904		0. 0411		0. 11	
其他金融业	11	99	337	11478	81. 21	7681. 83	2. 4094	458	23. 66	1462
金融信托与管理服务	5		31		3. 6485		0. 4174		3. 044	
控股公司服务	3		129		61. 246		0. 2201		16. 3	
金融信息服务	0		0		0		0		0	
其他未列明金融业	2		75		7. 0366		0. 4814		3. 32	
总计	74	601	3199	207555	1124. 6	651366	67. 772	5566	333. 5	19097

通过以上对展览路地区和西城区的分析和比较，我们可以发现展览路地区的金融行业在从业人员数、资产总计、主营业务收入、实收资本方面均没有大的优势，占比都十分低，但金融业单位数很多，占比达到西城区总量的12.3%，这在一定程度上显示了展览路地区依靠区位优势向金融业转型是有基础的。

5. 产业发展的总部经济特征较明显

根据近年来的一项研究成果，按街道分布划分，西城区总部企业主要集中在金融街街道、展览路街道、德胜街道和月坛街道，其中金融街街道62家，占26.7%；展览路街道55家，占23.7%；德胜街道25家，占10.8%；月坛街道24家，占10.3%。①

（二）传统商业面临困境，重点发展新兴产业规模偏小

虽然传统商业在展览路的营收上占据主导，但城市定位的变化和科学技术的发展对这些产业带来了冲击。

1. 传统商业急需转型

伴随着动物园批发市场②的发展扩大，外来人口的大量涌入，给本地区带来的交通拥堵、市容不整、空气污染以及社会治安等问题越来越严重，对城市的资源、环境、基础设施和就业、教育、医疗、住房、社会保障等方面形成巨大压力。由于这些市场缺乏统一规划，影响了城市整体功能的发挥；一些市场布局分布失衡，造成资源与流通空间的浪费；大多数批发市场未考虑与城市整体交通的关系，大量的人流和车流给城市交通带来沉重的负荷。

① 颜华、韩冬：《筑巢引凤、腾笼换鸟，发展精品楼宇经济——北京市西城区楼宇经济与总部经济研究》，《数据》2011年第5期。

② 2014年1月7日下午，时任北京市西城区副区长孙硕表示，已启动“动批”产业调整升级调研工作，搬迁工作不会“一刀切”，目的地尚未确定；将按照“转移、调整、升级、撤并”八字方针进行产业调整。“转移”是指动批市场中的批发市场和业态转移出北京中心城区；“调整”是指现有服装批发和零售业态调整为服装零售、展览展示、现代电子商务等业态；“升级”是指在现有业态的基础上注入服装设计、科技金融等业态，搭建平台，提升该区域服装品牌的原创力、科技创新力和金融服务力；“撤并”是指现有的小摊位逐步撤销合并，扩大经营面积，确保安全。

据不完全统计，“动批”地区每年的纳税额仅6000万元，但维护“动批”周边治安环境的投入就达到1亿元。随着京津冀一体化的加快推进，北京的发展已进入一个新的时期，不适合在北京核心区发展的一些城市功能和产业需要逐步转移出去，因此北京市西城区政府决定将“动批”转移到其他城市。“动批”的迁出无疑会给展览路地区的商业发展带来一定的负面影响，其所带来的商业聚集效应会受到一定程度的损伤。但展览路也可以利用这个机会“腾笼换鸟”，进行产业的升级改造，寻找、发展更适合本地区的产业。

2. 电子商务带来强大冲击

近年来随着电脑和网络的大范围普及，人们越来越多地使用互联网进行产品与服务的购买与消费，电子商务的规模和影响在各个领域迅速扩大。越来越多的人享受到了电子商务带来的方便快捷，人们可以更轻松地从网络获取资讯，获取到更多品类丰富的商品信息，同时享受更低廉的价格，实现在网络上轻松便捷的购物消费。而且可以预见的是电子商务的影响会不断扩大，电子商务是新兴起的可以节约时间成本、销售成本、购物成本的具有无限潜力的行业，这些对展览路地区的传统行业将会形成巨大冲击。批发和零售业作为展览路地区对主营业务收入贡献最大的重要行业，无疑会受到更加方便的电子商务的冲击，其销售额和市场份额会趋于减少，同时会展业务、大型商场等机构的业务也会受到一定的冲击。如何促进电子商务与现有传统行业的结合是摆在展览路地区各主要行业面前的最大课题。

传统商业面临发展困境的同时，展览路地区另一个比较突出的问题是规划重点发展的新兴产业的规模过小。

3. 文化创意产业行业规模太小

展览路地区有着发展文化创意产业的一些优势资源，早在2013年5月，国务院就确定了中关村国家自主创新示范区空间规模和布局调整方案，其中的北展园区的产业规划被描述为“城市设计、时尚设计、科技金融”集聚区，但是“三经普”数据显示展览路地区文化创意产业的主营业务收入只占到展览路地区主营业务收入总体的1.004%，文化创意产业的总资产只占到总体的0.273%，文化创意产业从业人员数只占到总体的3.116%，文化创意产业法人单位数只占到总体的2.817%。文化创意产业的四项指标均处于较低水平，虽然文创产业中中小企业众多，但是企业普遍资产规模较小、赢利能力较弱、无形资产较多、龙头企业较少。由此可以发现，如此少的单位数、从业人数、资产总额、主营业务收入给展览路地区发展文化创意产业提供的是一个比较低的起点，文化创意产业对于区域经济的直接贡献仍然较低，在规模、产值方面都有待进一步的发展提高。

4. 金融业和其他商务服务发展有待加快

展览路地区临近金融街，且面临金融街西扩的重大机遇，发展高附加值的金融业是未来发展的一个方向，然而就当前金融行业而言，展览路地区的金融行业资产总计占整个西城区的比例仅为0.17%；主营业务收入占西城区的比例为1.21%；实收资本占西城区的比例为1.74%。以上较低的占比，从不同侧面说明，展览路地区金融业的发展未能充分利用区位优势，需要加快发展。此外，由于种种原因，金融街西扩的步伐比较缓慢，也在客观上制约了展览路地区金融业对传统批发和零售业的替代步伐。未来如何把握机遇，加快金融业发展是展览路需要考虑的主要问题。

5. "腾笼换鸟"客观上面临不确定性

动物园附近的批发市场搬迁在即，但产业发展惯性、商铺产权复杂性都是"动批"搬迁不得不面对的现实难题，加上相关的激励机制和补偿机制至今尚未完全理顺，"腾笼"并非在短期内可以轻易完成。即便"腾笼"进程能逐步推进，"换鸟"也面临诸多不确定性，比如引进何种产业，如何有效地引入更高端的商务业态，如何在电子商务发展的大背景下实现"动批"移出后地区的产业升级等，都需要仔细规划应对。总之，"腾笼换鸟"面临诸多不确定性，可能是一个较漫长的过程。

6. 产业生态与产业链难以适应发展需求

无论是设计、高科技、金融，还是电子商务的发展，都需要一个比较完整的产业链条和产业生态。今后区域经济的竞争，在很大程度上是产业链条与产业生态圈之间的竞争。按照西城区政府的最新设想，未来"动批"的低端服务业态将被服装设计、展览、电子商务以及科技、金融等取代，形成一个以设计为特色的新的商务街区。但是，根据全国第三次经济普查数据，展览路地区相关产业发展的产业生态基础还有待进一步强化，同时还存在相关产业资源分散、设计交易对接渠道不畅、产业创意氛围不浓等瓶颈问题。

（三）基础设施尚存短板，产业转型升级发展迫在眉睫

展览路地区的互联网基础设施、市场配套设施等关键性的基础设施离产业转型升级的要求还存在一定的差距。

1. 互联网基础设施需要进一步强化

展览路地区与移动互联、物联网、云计算能力相关的基础设施，可能难以适应未来高端产业（尤其是金融业、文化创意产业与电子商务）快速发展的需求。目前，整个西城区从事云计算服务的公司只有中商联动科技有限公司等少数几家。实际上，除网速之外，对于金融、文化创意、电子商务等高端产业而言，更重要的基础设施是数据的获取、分析、处理能力。

2. 市场配套设施需要完善

大部分商品交易市场在建设时并未设计地下停车场，市场日益增长的物流需求对周边的停车设施和交通在客观上造成不小的压力。在动物园地区，很多车辆停靠在路边，造成路面狭窄，既影响了商业从业人员的出行和购物者的体验，也在很大程度上影响了本地居民的日常出行和交通的顺畅运行。此外，部分市场内部设施也不够完善，如空调老旧需要更换、就餐不方便、电梯停运等。一些市场内部布局不尽合理，市场内摊位、人员过于密集，存在安全隐患。

3. 商品交易市场周边次生问题需要解决

突出表现有以下几点。第一，交通拥堵现象有所加剧，商业挤占道路，车流、人流过多，道路交通不畅。第二，黑车现象严重，交通枢纽附近小商贩较多，市场周边秩序混乱，加之这些市场营业时间比较早，影响了居民的正常休息。第三，周边社区出租房屋造成的“人货混居”现象比较普遍，

既影响了社区的日常生活，也带来了安全隐患。

从“三经普”数据来看，展览路地区的法人单位数以及相关产业的从业人员数在西城区各街道中位居前列。

“三经普”数据显示（见表11），展览路街道的资产总量为7684亿元，在西城区15个街道中排名第6，虽然排名较为靠前，但从实际总量来看，展览路资产总计在全西城区的占比仅为1.04%，不及排名第一位和第二位的金融街和月坛的2%和4%。从表11可以看出，排名第一的金融街街道和第二的月坛街道在资产总计这一项指标上就占据了西城区总量的92.01%，其他剩余的13个街区总共才占了7.99%，差距十分明显。

表11　西城区各街道资产总计及比重分布

单位：亿元，%

排名	街道划分	资产总计	比重
1	金融街	469053	63.39
2	月坛	211812	28.62
3	广安门内	13450	1.82
4	西长安街	12784	1.73
5	新街口	8633	1.17
6	展览路	7684	1.04
7	德胜	4691	0.63
8	牛街	3553	0.48
9	广安门外	3511	0.47
10	椿树	1834	0.25
11	白纸坊	1157	0.16
12	什刹海	978	0.13
13	陶然亭	437	0.06
14	天桥	245	0.03
15	大栅栏	150	0.02

资料来源：北京市西城区统计局、北京市西城区经济社会调查队提供（以下表、图数据均来源于此）。

西城区各街道“三经普”主营业务收入数据显示（见表12），展览路主营业务收入为1376亿元，在15个街道中排名第三，占到西城区主营业务收入总计的6.66%，展览路在主营业务收入上在西城区占有一定地位，但与排名其后的德胜街道、广安门外街道、月坛街道、白纸坊街道和广安门内街道差距较小，这几个街道的占比分别为6.31%、5.65%、5.47%、4.86%、4.46%，反观与占比排名前两位的金融街的39.4%和西长安街的16.27%相比，差距就较为明显了。

表12　西城区各街道主营业务收入及比重

单位：亿元，%

排名	街道划分	主营业务收入	比重
1	金融街	8140	39.4
2	西长安街	3362	16.27
3	展览路	1376	6.66
4	德胜	1304	6.31
5	广安门外	1166	5.65
6	月坛	1130	5.47
7	白纸坊	1004	4.86
8	广安门内	921	4.46
9	新街口	624	3.02
10	牛街	499	2.42
11	椿树	463	2.24
12	什刹海	452	2.19
13	陶然亭	110	0.53
14	天桥	78	0.38
15	大栅栏	30	0.14

从西城区各街道“三经普”实收资本数据来看（见表13），展览路排名第5，实收资本为2083亿元，占比为4.52%，排名前三的分别为金融街、德胜和西长安街，这三个街道的实收资本分别为27773亿元、4714亿元、2746亿元，占比分别为60.27%、10.23%、5.96%，与主营业务收入数据

占西城区比重一样，展览路在实收资本指标上与排名靠前的两个街道仍然存在差距过大的情况，与排名靠后的街道总量差距却不大。

表 13　西城区各街道实收资本及比重

单位：亿元，%

排名	街道划分	实收资本	比重
1	金融街	27773	60.27
2	德胜	4714	10.23
3	西长安街	2746	5.96
4	新街口	2540	5.51
5	展览路	2083	4.52
6	广安门外	2003	4.35
7	月坛	1945	4.22
8	牛街	1261	2.74
9	椿树	394	0.86
10	广安门内	186	0.4
11	白纸坊	179	0.39
12	什刹海	95	0.21
13	陶然亭	82	0.18
14	天桥	46	0.1
15	大栅栏	38	0.08

表 11、表 12、表 13 的数据综合对比了展览路地区与西城区其他街道资产总量、主营业务收入总量、实收资本总量及比重分布情况，西城区各街道形成了“一超多强”的局面，展览路地区的资产总量为 7684 亿元，占西城区地区资产总量的 1.04%；展览路地区的主营业务收入总量为 1376 亿元，占西城区总量的 6.66%；展览路地区的实收资本总量为 2083 亿元，占西城区总量的 4.52%。展览路地区在总量和占比方面都有极大的提升空间，总量方面太小，占比太低。尤其是结合西城区法人单位数和期末从业人员数均位居第二的基本情况，这些资产总量、主营业务收入总量、实收资本总量数据还应有所提升，才能对应展览路地区的巨大商贸规模和优良的商业环境。

通过对比西城区各街道资产总量及比重分布、主营业务收入及比重、实收资本及比重数据，不难从中发现，展览路地区的资产总量、主营业务收入、实收资本在西城区的占比可以说是微乎其微，加之产业发展面临诸多困境，产业升级已迫在眉睫。

四　用好创客、创新、环境、服务四张牌

落实首都新定位为展览路地区发展指明了方向。从产业功能看，随着占西城区将近半壁江山的批发和零售业逐步转移搬迁，展览路地区将进入一个产业重新选择的阵痛期和地区脱胎换骨的发展机遇期。“腾笼”可以“换鸟”，但首先需要明白，“腾”出来的这个“笼”是个什么样的“笼”，也就是首先需要分析这一地区的性质。

第一，从区位看，展览路处于西城区北部，紧邻德胜科技园、中关村和北大、清华等中国一流大学，是北京市最富文化活力和创新能力的地区。

第二，从功能看，展览路地区是首都功能核心区中一个文、商、旅、交通四位一体的综合街区，商务功能外迁以后，文化、旅游以及便捷的交通条件，仍然是支撑创新产业发展的重要资源。

第三，从产业环境看，西城区作为全国金融管理中心的地位在《京津冀协同发展规划纲要》中得以确认，展览路地区的科技金融、文化金融必将得到进一步发展，为发展创新产业提供金融支持；同时，科技服务业经过多年发展已经有了一定基础。

第四，从发展机遇看，面对落实首都新定位的契机，展览路地区有条件成为北京市建设全国科技创新中心的一个重要承载地区。特别是当前国务院颁布《关于大力推进大众创业万众创新若干政策措施的意见》，展览路地区在文化环境、创新条件、政策平台、金融支持等各方面均具有得天独厚的优势条件，只要目标明确、政策到位、措施得当，批发零售产业转移腾出的经营空间和产业空间，完全有可能成为创新空间，成为大批创客创新创业的天堂。

因此，展览路地区发展的总体思路应紧紧围绕落实首都新定位，坚持把建设首都重要的科技创新中心承载地作为地区发展的总目标，着力营造适合创新、创业、创意发展的社会环境、文化环境、城市环境、产业环境和制度环境，加快调整产业结构，积极推动区域产业转型与升级，加快高端要素聚集，进一步强化区域基础设施，以高端商贸、科技金融、文化金融、社会服务业为支撑，大力发展文化创意及信息、研发服务业，打造首都创新发展新高地。

（一）增量引领：依托科技、文化与金融优势打造“创客天堂”

展览路地区应以金融街西扩和德胜科技园西区建设为契机，抓住北京市高度重视北展园区并将北展园区的规划调整为“城市设计、时尚设计、科技金融”集聚区的机遇，加快金融服务基地建设与研发、信息服务等高科技服务业基地建设，以强化“西扩”区的产业支撑。同时，展览路地区也拥有较好的金融服务业与研发、信息服务业的发展基础，楼宇经济发展状况较好，加上其毗邻金融街，有良好的区位优势，在大力发展文化创意产业（包括设计产业）与高科技产业的同时，可以促进金融业与文化创意产业、高科技产业之间的融合互动发展。其中，金融业的发展应以科技金融和文化金融为重点，认真贯彻西城区委第十一届八次全会上提出的关于“在金融科技文化要素融合上，以中关村西城园和文化创意产业集聚区为依托，用好‘北京设计之都’品牌，发挥金融资本杠杆效应，强化科技支撑和文化引领作用，加强知识产权保护，大力推进创新型融合项目建设”的意见，争取北京市和西城区关于科技金融和文化金融的专项优惠政策，实现金融业对文化创意产业和高科技产业的强劲支撑。

（二）存量重生：商业总部 + 电子商务 + 创意设计 + 展览展示

“腾笼换鸟”的另一种思路是“凤凰涅槃”，即批发零售产业自身的升级换代。应借鉴东莞虎门以及成都荷花池批发市场集群转型升级的经验，走“商业总部 + 电子商务 + 创意设计 + 展览展示”的路子，加快与电子商务、文化创意、展览展示产业的融合，依托长期形成的市场优势和品牌优势，走规范化、规模化、品质化、国际化的商贸发展道路，把展览路地区打造成全国商贸创新中心，成为北京这座世界“名城”和西城区这个首都“名区”（“首都购物天堂”）中的“名街”。为打造“名城”和“名区”中的“名街”，建议将西外大街（动物园—西直门商圈）和阜成门外大街（阜外商圈）打造成购物名街，将西直门—动物园商圈打造成“名商圈”，打造若干“名市场”和“名店”，加快培育规模化经营的现代批发商，最终成为展览路地区的“名片”。另外，可考虑借鉴义乌、虎门、成都等地的经验，设立专门的园区，邀请亚马逊、京东、阿里等著名平台进驻展览路地区，实现跨境电子商务的快速发展和本土电子商务产业集群式发展。应进一步充分发挥展览路地区地处首都功能核心区与邻近金融街的区位优势，在“腾笼换鸟”之际，加大吸引总部的力度，重点吸引央企和高端产业落户展览路地区，进一步做深总部经济、央企经济与楼宇经济这三篇“大文章”。

（三）软硬兼施：持续优化支撑产业发展的关键性基础设施

首先要大力强化与互联网及云计算相关的基础设施，强化区域发展的互联网基因。通过对比义乌产业升级的经验，可以发现在升级过程中传统商业人士都在或多或少，或主动或被动地积极与电商群体建立联系，基础设施的建设一直都被十分重视和不断被完善。电子商务相关服务业不断崛起，电商生态呈现多样化发展，物流配送业已经兴起、电商渠道不断拓展创新、相关电商培训服务不断发展等。为满足未来高端产业发展对移动互联、物联网、云计算及大数据的需求，必须全面加大ICE基础设施的建设力度，在现有基础上，根据实际需要和未来规划，对ICE相关基础设施进行建设或提升，以应对未来高端产业（尤其是金融业、文化创意产业与电子商务）的快速发展。加快实现企业级有线网络10千兆入楼和3G无线网络全覆盖。积极引入传感网、RFID、云计算平台、智能终端等基础配套运营平台进入主要园区。另外，也是更重要的，应提前布局，全面强化数据分析能力，抢占产业制高点。应考虑在西城区率先引入或培育专门从事云计算的大数据分析公司作为重要政策方向——不仅可以为区域带来新的税源，更重要的是强化了区域互联网经济发展的基础。

其次，建议加快立体停车场（停车楼）建设，强化区域发展的交通基础。借鉴日本东京、中国香港等东亚城市和国外大中城市解决停车难问题的经验，在重点街区（尤其是西外大街和西外南路）街道旁建设五六层甚至更高的立体停车场和停车楼；在各住宅空隙处，兴建钢制立体停车台。车辆在路边停留不能超过一小时，以此来保障道路的通畅。作为未来要建成高端商贸中心、高科技产业中心和金融服务中心的展览路地区，有必要加快立体停车场（停车楼）建设。此外，要加快高架步行道系统建设。借鉴东京、中国香港等国际性城市商业发展的经验，大力强化重点街区（尤其是西外大街和西外南路）高架步行道系统。

最后，应该强化对空间的综合深度利用。借鉴上海南京路地区商业繁荣发展、深圳福田区产业顺利转型的经验，展览路应当不断推动城市基础功能建设、完善服务于不同产业功能区的配套设施建设。应不断探索商业建筑高层化与多功能综合利用。东京、中国香港等城市商业聚集区更新、改造与产业升级的一个重要经验就是商业建筑的高层化与多功能综合利用，充分合理利用有限的土地资源。

（四）服务提升：大力强化公共服务与民生服务体系建设

产业发展的要素是教育、医疗等公共服务体系的健全和发展，尤其是要进一步强化优质中小学教育资源和优质医疗服务资源，这样可以在很大程度上吸引更多的高端企业和高端居民入驻。在强化教育、医疗公共服务体系建设时，要立足区情，充分整合政府、非营利性组织、企业三者资源，由于区域内聚集了众多央企总部，在央企强调社会责任的背景下，可以建立政府引导、社会各界充分参与的机制，创新服务手段和供给方式，转变职能，为企业和非营利性组织留出空间，让它们参与到西城区公共服务体系的建设中来。

另外，应立足首都功能核心区定位，以提升居民生活品质为目标，优先发展民生服务业，推动生活性服务业便利化、规范化发展。通过发展社区服务终端、建设新型社区商业中心，并依托民生商业体系搭载公益性便民服务平台等举措，提高社区商业服务便捷、便利和舒适度的“一刻钟社区服务圈”便民服务网络。鼓励餐饮业和生活服务业在社区实现连锁化、品牌化发展，进一步提高社区餐饮、生活服务连锁店覆盖率。

参考文献

北京市西城区展览路街道办事处、北京市西城区统计局、北京市西城区经济社会调查队、北京工商大学经济学院贸易经济系：《展览路地区产业定位和发展规划研究》，2015。

北京市西城区统计局编《北京市西城区统计年鉴》（2011 年，2012 年，2013 年，2014 年）。

颜华、韩冬：《筑巢引凤、腾笼换鸟，发展精品楼宇经济——北京市西城区楼宇经济与总部经济研究》，《数据》2011 年第 5 期。

徐文龙、韩凤伟：《“动批”搬迁背景下的批发市场转型升级研究——以廊坊永清服装服饰物流园概念性规划为例》，载中国城市规划学会编《城乡治理与规划改革——2014 中国城市规划年会论文集（13 区域规划与城市经济）》，中国建筑工业出版社，2014。

陈智明等：《关于文化创意产业和互联网产业发展的思考》，《江苏科技信息》2015 年第 1 期。

B.5

系统理论指导下的社区地下空间安全管理研究

——以北京市西城区展览路街道为例

摘　要：　地下空间是城市空间的重要组成部分。地下空间安全管理是城市公共安全体系的重要组成部分。本文运用系统理论的一般理念，把社区地下空间安全管理放在整个城市公共安全体系中，考察其结构与要素，系统梳理了展览路街道地下空间安全管理的实践经验，给出了进一步完善街道地下空间安全管理体系的若干建议。

关键词：　地下空间　系统理论　安全管理　展览路街道

一　系统管理视角下的城市地下空间安全管理

（一）系统理论的四种特性

1. 整体性

整体性的概念是系统理论最核心的概念。系统理论认为，系统是由部分构成整体，是由若干要素以一定结构形式联结构成的具有某种功能的有机整体。贝塔朗菲[①]强调，任何系统都是一个有机的整体，它不是各个部分的机械组合或简单相加，系统的整体功能是各要素在孤立状态下所没有的性质。

① 贝塔朗菲（1901～1972），美籍奥地利生物学家，一般系统论和理论生物学创始人。

要素是整体中的要素，处于系统中一定的位置上，发挥着特殊的作用，要素之间相互关联，构成了一个不可分割的整体。

2. 关联性

关联性是系统理论的基本思想方法。关联就是把所研究和处理的对象，当作一个具有一定结构和功能的整体系统，来研究系统、要素、环境三者的相互关系和变动的规律性。系统理论认为，系统是普遍存在的，世界上任何事物都可以看成是一个系统，大至渺茫的宇宙，小至一粒种子、一台机器，整个世界就是系统的集合。研究系统的目的在于协调各要素关系，调整系统结构，使系统达到优化目标。

3. 结构性

系统要素之间的相互作用是构成系统演化的根本动力。系统内的这种相互作用从空间来看就是系统的结构，从时间来看就是系统的运动变化，这种结构性的此消彼长的变化导致系统整体发生变化，这就是系统理论的结构性概念。结构性特点表明，系统是以特定的结构形态存在的，结构在要素之间的相互作用下会发生变化，这就是系统演化的根据。系统演化有可能是从无序到有序、从低级到高级、从简单到复杂的进化，也有可能是从有序到无序、从高级到低级、从复杂到简单的退化。

4. 动态性

系统的动态性是系统理论的基本原则之一。这就是所谓历时性原则，即不能把系统看作已经完成的、静止的、永恒的“死系统”，不能仅满足于静态还原。动态性原则贯穿于系统理论及其方法的每一个具体内容中。在对要素之间的相互作用以及要素在系统整体的变化中动态把握系统的演变，在对系统的发生、发展和消亡的总体过程动态中把握系统的结构形态。在动态系统理论看来，静态系统是不存在的，各种具体的系统科学方法无不体现动态性特征。

（二）公共安全系统最终目的是实现城市安全保障的功能

城市公共安全系统是以实现城市安全保障功能为目的、由一定的要素按照特定的组织形式构成的统一整体，一般由硬件系统、软件系统和支持系统组成。硬件系统包括安全设施、安全防范机构等，比如防灾减灾设施、预警与检测网点、城市生命线系统、应急指挥中心、物质与资金保障系统等；软件体系包含城市公共安全管理的法制、体制及机制等各类管理要素，包括城市公共安全管理的法规体系、公共危机管理机制、应急处置与救援预案、城市培训教育及演练计划等；支持系统主要指技术措施和手段，包括预测与预报技术、风险与灾害评估技术、信息传递与处理技术、紧急救援与重建技术等（见图 1）。三个部分相互关联、相互影响、相互作用，共同构成城市公共安全系统。

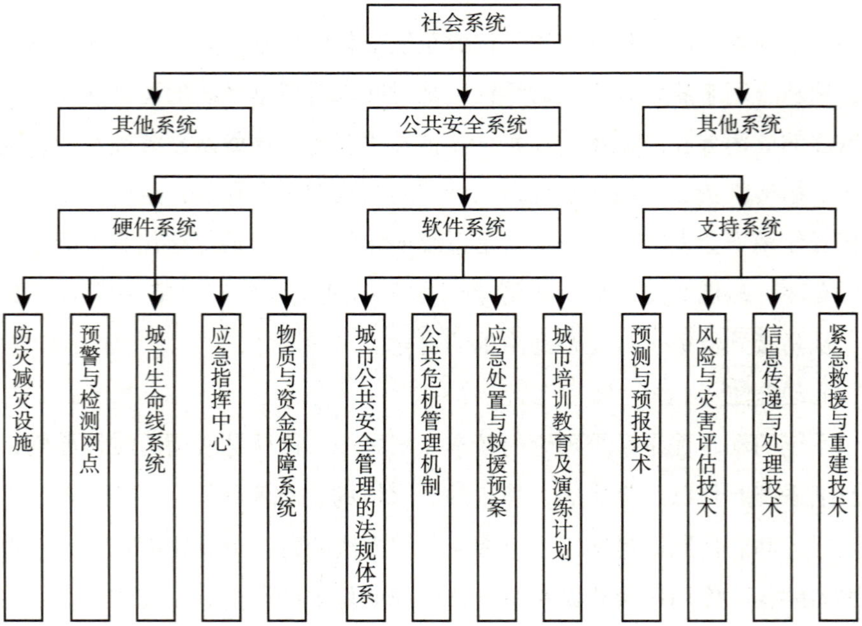

图 1　城市公共安全系统

城市公共安全系统与其他系统一样，一般具有四个方面的特性：一是整体性。如图 1 所示，城市公共安全系统在整个社会系统中是一个子系统，而城市公共安全系统又分出三个子系统，系统与系统、子系统与子系统之间相互作用、相互制约，以达到系统的整体效应。二是稳定性。系统一旦形成，系统内部各子系统的运动总是趋向于使整个系统处于相对的稳定状态，外界干扰不是太大的话，系统的输出与输入，系统的基本状态以及系统结构基本保持不变。三是动态性。公共安全系统是一个开放的系统，系统的稳定性是一种动态的稳定，不是静态不动。随着时间的推移，系统内部各要素之间以及系统与环境之间在相互作用中会发生一些变化。四是结构性。系统的结构是系统内部各要素的排列组合方式。要素是构成系统的基础，但一个系统的属性依赖于系统的结构，结构决定功能。各要素不同的组合方式决定着系统的整体功能。

（三）地下空间安全是城市公共安全系统不可或缺的一环

作为现代城市的一个有机组成部分，城市地下空间的安全是城市公共安全系统中的一个重要环节，是需要通过政府来保障供给的城市公共产品。按照系统理论的观点，地下空间安全管理是一个以保障地下空间安全运行为目的，由若干相互联系、相互作用的要素所构成的开放的人工复合系统（见图2）。

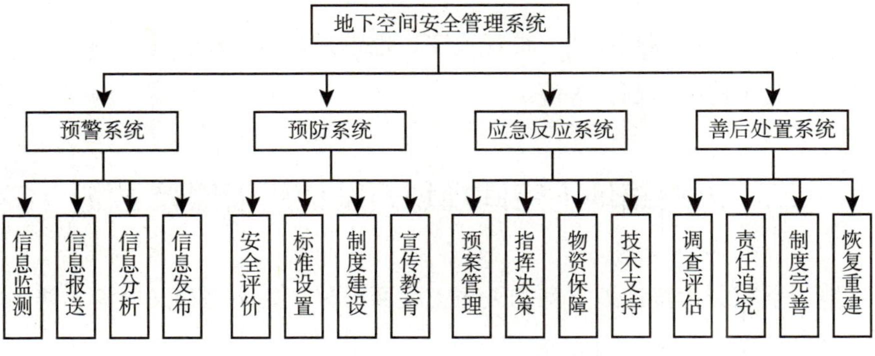

图2　城市地下空间安全管理系统

地下空间安全管理系统一般有四个子系统。

一是预警系统。预警系统的核心是信息的采集以及对信息的处理，一般包括信息监测、信息报送、信息分析、信息发布等环节，是通过构建顺畅的信息采集渠道、科学的预警评价指标体系和预测评价系统，对信息进行采集、存储、识别、处理，完成评价对象的选择，根据预警准则、选择预警评价方法，给出评价结果，再根据危险级别状态，进行预警。

二是预防系统。预防系统是构建地下空间安全管理体系的基础。预防有明确目标防范，包括建筑物、构筑物的加固，防洪、防火设施的建设，城市基础设施的保护，避灾场所和设施的建设，通信、广播服务系统的建设，地下空间涉及政府、标志性建筑、车站、机场、大型活动等高风险场所的安全防范等，需要有明确的安全评价，有明确的建设管理标准，安全管理体制机制构建以及安全宣传教育，等等。

三是应急反应系统。地下空间的应急反应系统主要包括应急反应机制和技术支持两部分内容。应急反应机制解决在紧急事件发生时社会相关各部门的运行方式和协同关系，包括人、财、物的配置、储备和调用，应急预案的制定和启动，现场指挥及平时管理和演练。应急反应的技术支持，主要包括通信指挥、监控等技术系统以及交通、排险、危险物品处置等装备器材及行动人员的装备等。

四是善后处置系统。地下空间一旦发生安全事件，还需要有善后处置系统，包括对事件的调查评估、责任追究，也包括查遗补缺、完善制度，还需要建立恢复重建的机制，等等。

二　展览路地下空间规划开发使用管理较混乱

地下空间分为普通地下室和人防工程两部分。人防工程又分为人防干支线（即防空洞）和防空地下室。

展览路地区地下空间共有400余处，建筑面积60万平方米。普通地下室300余处，建筑面积46万平方米，其中用于生产生活280处，建筑面积435944平方米（见图3）。人防工程80处，建筑面积147052平方米（不含中直机关、国家机关和军队人防工事），其中附建式防空地下室72处，建筑面积135656平方米，20世纪50年代至70年代建成的早期人防地下室有30处，建筑面积9057平方米，干支线8处，建筑面积11396平方米。

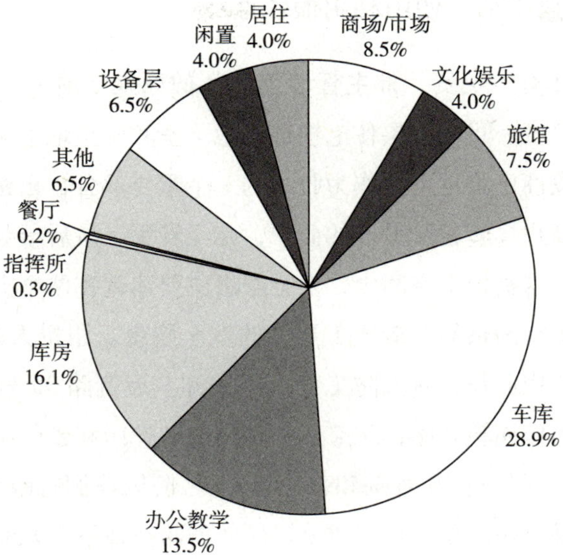

图 3　展览路地区普通地下室使用情况

（一）法规缺失，规划建设不协调

我国城市地下空间安全管理法规在体系和内容上很不完善。在规划方面，《城乡规划法》没有针对地下空间做出规定，地下空间的规划和管理缺乏相关法律依据，地下工程建设方面，缺乏法定的技术标准和规范，地下工程设计、施工、验收及维护缺乏统一标准，存在安全隐患。2004 年，北京市规划委员会和北京市人民防空办公室组织编制《北京中心城中心地区地下空间开发利用规划》，在大量现状调查的基础上，全面评估了地下空间资源，对北京中心城地下市政系统、地下交通系统、安全技术保障、地下空间防空防灾、历史文化名城保护等不同层面进行了深入的系统研究，确定了规划目标、原则和发展策略，研究了地下空间的布局，预测了合理的发展规模。但总体规划需要地下空间详细规划以及具体的工程设计来落实，在这方面缺乏系统的法律法规保障。

（二）责权不清，使用利用很任性

按照“谁所有谁负责，谁主管谁负责”的原则，地下空间的安全责任应由产权单位负责。目前高层住宅楼都有地下室和防空地下室，而且随着经济的发展，开发商已将地下室作为收入的一个重要部分，出租给商户做各种生意，有许多商户又转租给另外的商户，几经转手，最后很难找到安全管理的责任主体。在这类地下空间中，安全隐患主要体现在两个方面：一是承租人擅自破坏地下空间格局，造成工程性的安全隐患。租赁人防工程的商户，为了增加仓库使用面积，对人防工程大拆大卸。展览路35号楼防空地下室被天意小商贩用作周转仓库，防空掩蔽使用的防护门和密闭门被拆卸，完全失去民防功能。新华里10号院和新华里16号院因凿洞打眼引起倒灌渗水，违法使用煤气罐，违法住人。三建公司所属的防空地下室几经转手，擅自增加隔断，成了违法群租房。新华里10号院是新开发的商品楼住宅区，其中的1号楼、2号楼和5号楼防空地下室违法散居着物业、保安、清洁工，以及物业管理层擅自出租给外边的流动人口，给人防的正常使用和安全管理带来了难度。无轨一场人防工事建于备战备荒年代，属于早期人防工程。工程结构为砖混，工程通道年久失修，墙面风化，工程通道内常年积有大面积污水，结构渗漏水；工程通道部分墙体明显拱凸下沉，有塌陷危险。二是民防工程改变用途，造成管理性安全隐患。多年来，民防工程改变用途出租给流动人口居住已经成为一种十分普遍的现象。由于缺乏相应的管理标准，群租房、人货混居、非法使用高功率电器、私搭乱接电线、擅自破坏民防工程结构等有着巨大安全隐患的现象屡禁不止。2008年3月18日北京市民防局出台《实施〈北京市房屋租赁若干规定〉细则》“鼓励现用于人员居住的人防工程使用单位或个人转办为旅馆、招待所等，纳入旅店业管理。民防部门应在使用费等方面给予优惠，有关部门应当给予（与）支持，积极协助办理相关手续”，这一文件的出台在规范管理的同时也引发了对地下空间的恶性开发，严重影响其人防功能的发挥，在不得已的情况下实施清退。2011年9月北京市政府出台了《关于开展地下空间综合整治工作的实施方案》，明确提出重点清退使用合同到期的普通地下室和人防工程。

（三）政出多门，条块割裂较严重

城市地下空间管理部门涉及规划、建设、国土资源、人防、市政、专业公司等，各管理部门职能交叉，利益关系复杂，协调对接事宜多。展览路地下空间从一开始就按着中央（国家人防办）和地方（市、区民防局）、普空（普通地下空间）和防空（防空地下空间）的模式各自进行独立管理，自成一体。中央国家机关地下空间分别由国家各部委人防办和国务院机关事务管理局管理。地方地下空间分别由街道办事处外来流动人口管理办公室和民防科管理。地下空间的安全分别由街道办事处流动人口出租房屋管理办公室、民防科、公安局派出所和公安消防局消防中队具体分工，普通地下室由街道办事处外来流动人口办公室负责，防空地下室由民防科管理，地下空间的治安安全由公安局派出所负责，防火安全由公安消防局消防中队负责。不同的管理主体执行各自的管理体系，管理行为各自独立。以基础数据统计为例，地下空间（普通地下室）信息采集和统计由房管局布置，流动人口和出租房屋管理由社区流管员核实统计，人防地下室信息采集由民防局布置，街道民防科核实统计。2011 年北京市民防局开发了地下空间基本信息采集管理系统，7 月初民防局向街道民防科布置了人防工程调查统计任务；9 月初房管局又向街道流管办布置普通地下室调查统计，两家的统计范围、口径、标准不同，政出多门，令出多家，出现了数据交叉混乱的现象。

（四）标准偏低，安全隐患比较多

一是设备设施缺损老化，防空抗灾能力减弱。地下空间的人防工程起着在未来反侵略反空袭战争中保护人民生命财产的作用，起着保存城市有生力量的功能。但是早期人防工程（防空洞部分）由于是在中苏关系紧张时期建造的，缺少整体规划，缺少科学设计，缺乏专业水平，像 1958 年大炼钢铁一样全民大挖洞，出现了大量的死洞（只有一个出入口）。展览路地区早期人防工程的建造经历了两个阶段：1956 年社会主义全面建设时期，1969～1979 年“文革”至改革开放前的时期。防空袭设备设施技术工艺陈旧，年久失修，缺乏保养，老化严重。人防设施三防设备甩项多，2000 年以前的工程安装进风机和排风机少，特别是早期工程普遍未安装。展览路地区共有 70 个防护单元三防设备甩项，设计无室内出入口和室外出入口甩项共有 22 个防护单元。共有 48 个防护单元属于问题工程，有 17 个防护单元属于降级工程，建造规格不合战备要求，存在先天性不足和无法弥补的缺陷。二是防火设备缺失，火灾隐患多。防空地下室多设计为地道式、棋盘式，巷道狭长、纵横交错，如同迷宫，加之地下建筑设计出入口少，消防自救设备差，到场的消防力量不能全面展开，一旦发生火灾，扑救十分困难。按照人防工程有关规定，500 平方米的防空地下室必须安装喷淋系统。但展览路地区目前只有 5 处安装了喷淋系统。展览路地区地下空间有 102 处、88832. 46 平方米被当作仓库使用；作为旅馆使用的有 41 处、38924. 93 平方米；作为商场（市场）使用的有 10 处、47067. 3 平方米；作为文化娱乐场所使用的有 13 处、22779. 51 平方米；作为居住场所使用的有 30 处、23527. 5 平方米；作为办公教学场所使用的有 82 处、74531. 02 平方米；作为餐厅场所使用的有 2 处、1053 平方米；作为机房场所使用的有 1 处、179 平方米；作为试验室场所使用的有 1 处、384 平方米。这些人流物流很多的利用形式对火灾防范的要求很高，目前的防火设施差距太大。

三　系统思维下展览路街道地下空间安全建设

街道处于首都地下空间安全管理的第一线，对构建首都地下空间安全管理体系负有重大责任。展览路街道是一个集交通、旅游、商务、商品流通和科技会展于一体的综合型街区，集国铁、城铁、公交、地铁及水运于一身的重要交通枢纽地区。街道拥有近 13 万常住人口、7000 余家大小单位，80 处人防工程面积达 14 万余平方米，是西城区防空防灾工作的重要地域。近年来，展览路街道坚持把地下空间安全管理作为地区公共安全体系的重要组成部分，系统推进管理体系建设，以街道人防办为行政主体，整合有关力量，强化地下空间安全管理，做了不少有益的工作。

（一）注重抓源头，完善街道防空防灾基础设施

地下空间安全建设首要的就是建立完善的街道防空防灾基础设施，从源头上消除隐患滋生的土壤。

一是强化“两防”基础设施建设。街道民防工作要体现“以人为本，民防为民”的宗旨，最重要的一点就是既要有保障居民战时防空的场所，又要有保障居民平时防灾应急的场所。本着这一理念，展览路街道十分重视“两防”基础设施建设，结合现有人防工程实际，先后投资300多万元对现有民防基础设施进行了功能完善，建起一处集人防指挥和宣传培训于一体的指挥宣教场所、一处民防应急物资储备库、一处联通地上和地下的街道人防指挥所，并且实现了与市、区其他街道指挥所的互联互通，大大提高了防空指挥体系建设水平。与此同时，一方面结合展览路街道防空防灾的特点和掩蔽疏散转移任务艰巨的实际，修改和完善街道、社区疏散掩蔽方案，做到紧跟形势，年年更新；另一方面，开辟怀柔区桥梓镇、北房镇疏散安置场所，组织21个社区书记和站长到疏散地和40个村委会主任进行接洽，举行人口疏散对口接收地域实地勘察研讨会。另外，展览路街道还和西城区园林局沟通，充分利用现有公园开辟了地震应急避难场所，为居民震灾应急提供了专门的避难场地。

二是创新“两防”基础设施管理，明确“两防”基础设施的管理责任，整合地区资源。展览路街道积极探索“两防”基础设施社会化管理的路径，将人防应急物资库的日常运转委托给小区内的物业公司代管，或者与缺少库房储运设备的物流公司、超市签订协议，在保证战时可用的情况下实现应急物资库平时不闲，始终处于良好状态。“两防”基础设施建设的不断加强，为街道防空防灾一体化建设奠定了良好基础。

（二）注重抓宣传，强化居民平时防灾应急意识

人民防空宣传教育工作是新时期人防建设的一项重要的基础性工作，也

是地下空间安全体系建设的重要环节。对城市中心地区而言，人防工作已无战时平时之分，街道人防宣传教育工作搞得好不好，直接影响人防安全。

针对社区居民、驻地单位人防宣传教育存在了解人防情况少、关注人防工作少、宣传人防知识少的实际情况，展览路街道坚持把街道民防宣传工作当成重点来抓，着力在居民防空防灾应急上下功夫。展览路街道工委和办事处投入了巨大的精力、人力、财力，利用现有人防工程，在北京市建起了首家以消防安全宣传为主题的街道民防宣教中心，面向社会免费开放。宣教中心把人防理念糅合进老百姓性命攸关的居家安全、消防逃生知识教育中，把展板宣传和现场互动结合在一起，让大家在充分学习居家安全消防常识的同时，现场亲自体验喷淋灭火、急救逃生、高空自救等数十种自救互救技能，掌握平时防控应急避难本领。

针对学校、医院、饭店、集贸大厦等人员密集单位制订参观学习计划，分期分批到宣教中心接受宣传培训。人防办还主动联系天意、官园、华联、万通等商品市场保卫部，由他们出面组织商户轮流到民防宣教中心接受消防技能宣传培训，有效强化了商户们的防灾救灾意识。民防宣教中心于 2011 年先后被区民防局、区公安局消防支队推荐为北京市防震减灾科普教育基地和北京市十佳法制宣传教育基地。

（三）注重抓应急，加强民防队伍整体素质建设

作为地下空间安全监测、信息采集与报送的主力军，展览路街道十分重视提高民防应急志愿者服务队的整体素质，一方面有计划地组织 21 个社区的 150 名民防志愿者进行应急救护培训，邀请北京市红十字会优秀讲师嬴书敏授课，学习徒手心肺复苏、创伤救护技术等现场自救互救等应急救护医学知识。授课采取互动式教学，讲课培训和动手实践相结合，培训完发给每个志愿者初级急救员上岗证。另一方面，充分利用民防宣教中心这个平台，利用“国际民防日”“防震减灾日”“人民防空法颁布日”等重要时机，组织街道民防志愿者医疗救护应急服务队和社区 21 个民防志愿者应急服务队开展公共安全知识竞赛，向社区居民宣传防灾救灾应知应会常识和必备

技能，并展出相关防灾应急展板、发放防灾应急宣传品等，在宣传群众、教育群众提升自我防护意识和防护技能的同时，民防志愿者的能力也在逐步增强。

此外，展览路街道还重视防空避灾实兵演练，着力提升街道战时防空处置能力。展览路街道把功夫下在平时，以提高街道战时防空处置能力和公众各类应急突发事件应对能力为目的，积极开展有组织、有计划、有针对性的人员疏散掩蔽演练活动。多次成功组织了300余人规模的防空实兵实战合演，从实战需要出发，以信息化条件下人民防空人员掩蔽组织指挥为主题，依托街道防空指挥所，利用社区人防工程，重点演练了如何利用指挥信息系统进行组织指挥、社区居民如何从容疏散掩蔽和如何使用人防工程防护设施设备等。

（四）注重抓管理，着力构建安全管理长效机制

展览路地区人防工程数量大、早期工程多、管理任务重，特别是不少人防工程大部分被用作仓库、旅馆、招待所、员工宿舍、办公室，防火和防汛是人防工程管理的重中之重。为此，展览路街道一方面强化集中整治，编制街道地下空间综合整治工作实施方案，分阶段、分批次有序开展地下空间综合整治工作。对北方卫通通讯技术有限公司、金阜祥招待所、新大都饭店、车公庄中里4号楼、文兴街小学等未办理人防工程使用证的单位，下达补办检查单；对问题突出的双环旅社、晓山庄旅馆等居住性人防工程进行了重点检查整治；对21处用于仓储物流的人防工程进行了清理安全整治；先后处理双高人才生活污水排放到展览路42号楼人防地下室、榆树馆东里4号楼绿化带人防死洞回填、地铁挖槽导致雨水泄漏到福展干线等事故案件。另一方面，重视长效机制建设，每年冬春季街道组织社区和企事业单位进行有针对性的培训和演习，发给人防工程管理和使用单位人手一册《人防工程检查指导手册》《北京市人民防空工程和普通地下室安全使用管理办法》，组织认真学习并考试，合格者发给上岗证。为了给在用人防工程使用单位或个人敲响警钟，进一步加强管理，在发生过火灾的现场召开培训会，一边说教

训一边查找根源，要求各单位查找各自的隐患和问题，制定和修订防火防灾安全措施与方案。民防科对人防工程管理单位、使用单位和个人每年组织上岗证培训，实施自查自报网上申报制度，对73处防空地下室全部实行了网上申报制度，做到了人防工程图纸、文字、影像资料档案纸介版、电子版、网络版并存。

四 以信息化引领构建“五体系一机制”地下空间安全管理格局

从展览路街道地下空间安全管理的实践看，在管理理念上，展览路街道注重源头治理、系统治理，许多重要的管理措施暗含系统理论的思维方式；在管理格局上，基本形成了以街道民防办为行政管理核心、公安派出所及城市管理等有关部门有效参与、有关社会单位协同配合的大安全格局；在管理体系上，有效的管理行为基本能够覆盖预警、预防、应急反应及制度建设等各个环节，在系统化、规范化的道路上迈出了重要步伐。当前，在落实首都新定位、全面推进和谐宜居之都建设中，为了进一步完善地区安全治理体系，提高地下空间安全管理水平，特提出如下建议。

（一）精细化管理：进一步完善地下空间安全网格管理系统

适应地下空间建设和管理信息化、规范化的要求，将社会服务管理网格进一步延伸到地下空间，建设地下空间信息管理子系统、地下空间网格化管理子系统、地下空间综合业务管理子系统及其配套的移动终端管理系统，将地下空间的人、地、事、物、组织以及相关的人防工程资料全部纳入“全响应”网格化社会服务管理系统，将地下空间本身的地理数据信息与地下空间管理的业务数据有机结合，为地下空间安全管理提供可视化的管理和查询手段，实现区域内地下空间的标准化、城市精细化、动态化管理，增强地下工程对各种突发事件的应急能力，切实提高地下空间的开发、利用和管理效率，全面提升城市综合管理水平。

（二）自动化预警：进一步完善地下空间安全预警预报系统

完整的安全预警系统应该有信息监测、信息报送、信息分析、信息发布四个环节。目前展览路街道在信息监测和报送环节都是人工作业，缺乏信息分析和信息发布环节的工作。为了保证信息渠道的通畅，确保全面、及时、准确的管理信息及时传递到指挥控制中心，需要进一步强化电子信息技术的运用，将物联网技术与监控摄像头结合起来，建立能够自动传递信息、自动分析信息、及时发放警报的高技术管理系统，完善信息处理机制，构建风险（灾害等发生的可能）评估指标体系，建立信息发布机制，形成与反应（专业机构的行动、公众自主的行动及两者的协调、配合）机制的有效衔接。

（三）体系化预防：进一步完善地下空间安全管理预防系统

预防是个综合的概念，既有物质性的系统加固，也有制度性的安全评价、标准设置和规制建设，以及必要的技术支持，涉及社会各个方面和公共管理的各个部门。一是要强化系统加固。强化风险意识，坚持建设与安全设施、生产与安全系统同时规划、同时施工、同时使用的原则，在深入系统地进行风险调查基础上进行科学的风险评估，准确把握风险关键点，做出系统的加固规划，长期坚持，持之以恒地去实施。二是要完善安全管理标准，对地下空间按使用类型分类编制安全管理标准，定期进行安全评价，及时修正安全隐患，确保安全运行。三是要强化制度建设，明确安全管理主体责任，明确安全监管责任，完善监管流程，创新管理方法，使地下空间安全运行在机制化、制度化、规范化的安全管理轨道上。

（四）预案化应急：进一步完善地下空间安全应急反应体系

为了最大限度地减少损失和不良影响，安全系统必须具有迅速地反应和控制事件、事故、灾害的能力。要做到这一点，必须把应急反应纳入预案管理框架。展览路街道重点要做好三个预案，一是防汛预案，二是防火预案，三是防恐预案，分别明确应急反应的组织体系、运行保障、应急机制、监督管理等核心内容，对应急行为进行总体规划和资源配置，做到统一指挥、资源共享、共同行动和相互协调，保障公众的生命财产安全，维护地区安全和社会稳定。

（五）社会化治理：进一步完善地下空间安全管理动员机制

地下空间安全属于城市公共安全的一个组成部分。加强城市地下空间安全管理，是一项造福社会、惠及大众的公共事业，社会公众的参与是地下空间安全运行最重要的保证。在实际工作中，需要把地下空间安全管理长效机制的建设与经常性的专项治理整顿有机结合起来，把预案演练与平时防灾减灾知识宣传有机结合起来，把广泛的宣传鼓动与积极的群众参与有机结合起来，采取让居民参与、观摩等形式定期不定期地举行各种应急演练，让普通百姓了解和掌握一般事件的处置方法与技能，重大灾害发生时如何避险、如何逃生、如何开展自救等，最大限度地保障人民的生命安全与降低财产损失。

参考文献

冯·贝塔朗菲：《一般系统论：基础、发展和应用》，林康义、魏宏森译，清华大学出版社，1987。

丁瑾：《城市地下空间的管理——基于苏州等城市调查基础上的研究》，《福建建筑》2012年第8期。

北京市人民政府：《北京市人民防空工程和普通地下室安全使用管理办法》（根据2011年7月11日北京市人民政府第236号令修改），《北京日报》2011年8月24日。

北京市住房和城乡建设委员会：《关于加强普通地下室管理和综合整治工作的通知》（京建〔2007〕596号），http：//www.51wf.com/law/。

北京国际城市发展研究院：《公共安全风险预警防控体系建设基本理论与内容架构》，http：//www.ccgov.org.cn。

上海市闵行区民防办：《加强地下空间安全管理工作的几点思考》，http：//www.mfb.sh.cn。

B.6

福利多元主义视角的城市失独者服务研究

——以西城区展览路街道“新希望家园”生育关怀行动为例

摘　要：自20世纪70年代计划生育政策推行以来，我国出现了大量的独生子女家庭。这样的家庭一旦独生子女遭到意外便成了“残缺家庭”或称“失独家庭”。孩子的突然离去给独生子女家庭造成了常人难以想象的打击，情感折磨、心理压抑、经济负担、养老忧虑等多方面的问题都成为失独者面临的困境。在这样的情境下，社区作为失独者主要的活动场所，其社会服务、社会保障的功能便越发凸显。社区能否为失独者提供专门的服务以及服务成效的好坏将对失独者生活状况产生重要影响。本文选取北京市西城区展览路街道“新希望家园”生育关怀行动为研究对象，以福利多元主义为理论视角，从政府、市场、社区、民间社会四个方面对“新希望家园”生育关怀行动的服务提供情况做了描述和介绍，在此基础上，对服务经验进行总结，对服务成效做出评估，并针对服务推行中面临的问题，提出了推进失独者社区服务发展的对策建议。

关键词：失独者　失独家庭　社区服务　福利多元主义　展览路街道

一 保障失独者“老有所尊”是一种政府责任

（一）计划生育配套政策缺失导致失独者被边缘化

计划生育，是我国为控制人口过快无序增长而确定的基本国策。自党的“十二大”将其确定为基本国策并入宪以来，我国的计划生育工作有序开展，取得显著成效，但同时也积累了一定的风险。一方面，计划生育政策使得我国人口数量得到极大控制，减轻了经济社会发展的负担，降低了因人口过快增长、人口总数过大带来的国家发展风险；另一方面，计划生育政策产生了众多独生子女家庭。随着我国的独生子女家庭数量的迅速增长，家庭的发展风险在无形中慢慢积累。计划生育政策下出生的第一批独生子女已长大成人，他们的父母逐步进入老年。这些家庭随时有可能因其独生子女的意外死亡而变成家庭结构残缺的“无后家庭”。学者穆光宗提出过“独生子女家庭本质上是风险家庭”的观点，这种风险性随着家庭生命周期的推进而逐渐扩大，一旦孩子发生意外，这个家庭就瞬间转化为“残缺家庭”或称“失独家庭”。

失独群体，是由于计划生育缺乏相应的制度保障而产生的，“白发人送黑发人”的痛苦往往需要他们独自承受，经济压力、精神压力、养老压力成为横亘在失独者面前难以翻越的重重高山。这些压力也促使失独群体与社会脱离，日益被边缘化，成为社会治理的一大重点人群。尤其是随着经济社会的发展，如车祸的增多、人为灾害和自然灾害的突发以及传统疾病的变异等现代社会的风险的增加，进一步加大了子女横遭意外而离世的可能性。同时，快节奏、高压力的社会环境以及日益疏离的人际关系增加了个体选择自杀的可能性。这些因素都导致了独生子女死亡数量的增加和失独群体的不断扩大。有关失独家庭数量的确切统计，目前尚缺乏官方的数据，可从学者的推断中获得相关信息。截至 2012 年 5 月，北京失独父母人数为 7746 人，[1]

---

[1] 曹昆：《北京失独父母 7746 人　怕老怕病成该群体最大担忧》，中国新闻网，2012 年 7 月 30 日。

全国失独家庭数量早已超过百万个，并呈现每年新增7.6万个的增速。[①] 不断扩大的失独群体引起了社会的广泛关注。2012年、2014年的全国“两会”上，人大代表都针对提高独生子女及失独家庭待遇提出过建议。国家层面陆续出台了相关政策对失独群体予以保障。2001年出台的《人口与计划生育法》提出要帮助失独家庭后，2013年国家卫生计生委等5部门下发了《关于进一步做好计划生育特殊困难家庭扶助工作的通知》（国卫家庭发〔2013〕41号），2014年国家卫生计生委下发了《关于开展计划生育特殊困难家庭社会关怀的通知》（国卫办家庭发〔2014〕1号），将对失独群体的关怀工作逐步引向深入。在地方层面，北京市政府出台了《关于加快推进养老服务业发展的意见》，将失独老人纳入政府福利保障体系；南通市连续多年开展“思源工程——生育关怀行动”；吉林省开展了“双万工程”，将对失独群体的帮扶逐渐纳入各地的重点工作之中。

中国是家文化浓厚的国度，养儿防老的观念根深蒂固。对于失独家庭而言，子女的离去使其失去了最为重要的养老资源，如若失独母亲已过育龄期，则意味着这个家庭的养老功能随即中断，孩子的离世将使这个家庭比空巢家庭还要脆弱，生活照料、精神抚慰等一系列问题将愈发凸显。在家庭养老不可行的情况，社会养老也困难重重。在家庭养老、社会养老皆有困难的情况下，失独者的养老隐忧可想而知，其养老问题需融汇各方力量加以解决。

（二）失独家庭内部结构破坏导致相应功能缺失

失独者这个群体在近年来引起了广泛关注，针对这一群体的学术研究始于21世纪初《中国人口科学》上王秀银等发表的《一个值得关注的社会问题：大龄独生子女意外伤亡》。王秀银于2001年7月对荣成市15岁及以上独生子女伤亡家庭进行了一次问卷调查，在此调查研究基础上提出针对意外伤亡的大龄独生子女父母进行经济补偿和精神关爱的建议。2004年，“人口

① 《全国失去独生子女家庭超百万　失独群体日益庞大》，《广州日报》2012年5月9日。

与发展论坛”聚焦独生子女死亡家庭，论坛讨论结果在同年《人口研究》第一期里呈现——《对成年独生子女意外伤亡家庭问题的深层思考》和《更多地关爱独生子女夭折或残疾的家庭》。此后关于独生子女死亡家庭的研究陆续出现，并于2012年、2013年陡然增多，反映了社会对失独家庭的突然关注，这其中的原因或许与2012年武汉市失独者的上访有一定关系。总体上看，关于失独者的文章大部分为新闻报道、杂志评论类，学术探讨数量有限但呈增加态势（见图1）。

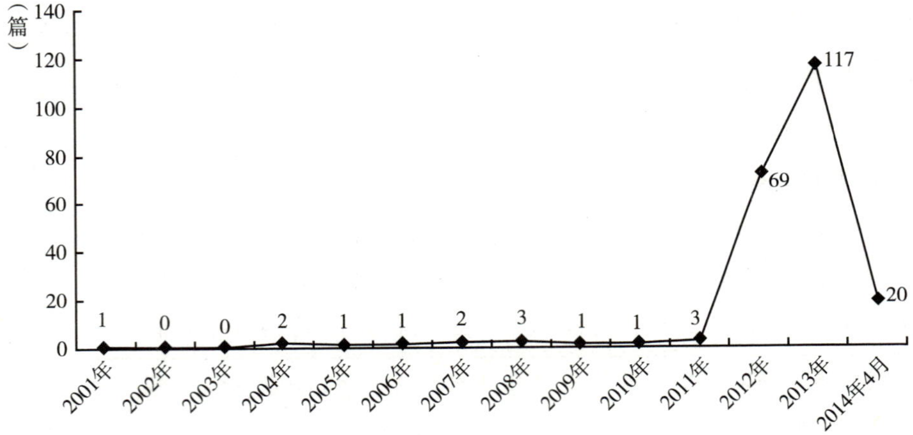

图1　失独问题国内期刊研究趋势

失独群体的扩大已是个不容忽视的社会现象，其作为计划生育政策实施若干年后产生的特殊边缘群体，需要得到人们的关注和关怀。随着近几年新闻媒体对失独者报道的增多以及失独家庭上访的发生，学界和政府部门对这一群体给予了越来越多的重视。不同学科背景的学者从不同研究视角出发对失独群体进行了相关研究。

在人口学领域，穆光宗率先从生命周期理论的角度对独生子女家庭的优劣势进行分析，指出其存在因养老支持的唯一性而产生的风险性，且这种风险将随着家庭生命周期的推进而扩大，因而对独生子女伤残或死亡家庭需要采取事前预防和事后治理两方面的补救措施——机遇性抢救，即适度放宽计划生育政策；替代性补偿，即通过制度性安排进行扶助。① 王秀银等人从成本、投资、效益等角度分析了失去独生子女对家庭造成的影响，包括人力资本投资的损失、养老保险效益的丧失等。② 这些理论分析提供了认识失独家庭的不同视角。

在社会学以及社会保障领域，孙静以情感依附理论、全生命历程理论以及马斯洛的需要层次理论为依据，对失独群体的社会适应性进行了研究，③ 提供了全新的研究视角。谭海峰从社会支持理论的视角分析了独生子女伤残和死亡家庭父母的正式社会支持和非正式社会支持。④ 杨宏伟、汪闻涛以中国家庭核心三角结构为研究基础，探讨了失独家庭结构破坏情况下的功能缺失问题。⑤ 王宁、刘珍从情感能量的视角指出失去独生子女事件往往会造成家庭退出原有的社会互动，从而丧失大量的情感能量；而其随后在社会适应过程中组织参与情况及其权力地位处境的差别又会对其情感能量的再积累及其社会生活的正常融入造成重要影响。⑥ 张必春、江立华从社会结构和人的行动互相建构与制约的视角出发，分析丧失独生子女父母的生活场域及困境形成逻辑，提出了"沼泽地效应"，即失独群体在家庭结构破坏、功能缺失的条件下，其自身需求难以在家庭范围内得到满足，进而产生更多的社会需求，过多的社会需求则会受到相应的社会歧视与排斥，形成了"需求－排斥"的恶性循环，其社会融入问题日益严重。⑦ 在社会工作领域，谢勇才等以可持续发展理论为基本视角，提出建设"失独群体社会救助体系"的初

① 穆光宗：《独生子女家庭的权益保障与风险规避问题》，《南方论丛》2009 年第 3 期。
② 王秀银、胡丽君、于增强：《一个值得关注的社会问题：大龄独生子女意外伤亡》，《中国人口科学》2001 年第 6 期。
③ 孙静：《独生子女死亡家庭困境及适应研究》，硕士学位论文，华中师范大学，2012。
④ 谭海峰：《独生子女伤亡家庭社会支持研究——以静安区石门二路街道为例》，华东理工大学硕士学位论文，2012。
⑤ 杨宏伟、汪闻涛：《失独家庭的缺失与重构》，《重庆社会科学》2012 年第 11 期。
⑥ 王宁、刘珍：《失去独生子女家庭的社会互动与组织参与——基于情感能量视角的分析》，《华中师范大学研究生学报》2012 年第 4 期。
⑦ 张必春、江立华：《丧失独生子女父母的三重困境及其扶助机制——以湖北省 8 市调查为例》，《人口与经济》2012 年第 5 期。

步构架,[①] 实现体系内的自我服务。姚金丹以自我增能为研究视角，从微观与宏观两个方面入手，直接运用社会工作方法有针对性地解决失独问题。[②]

（三）福利多元主义四分法视域的失独家庭照料

通常来说，福利指满足某种需求的效用。狭义的社会福利指专为社会中的弱势群体提供的福利，广义的社会福利则将对象扩展到了社会的全体公民，谋求社会福祉的共同提升。社会福利是社会发展的必然结果和客观要求，随着社会、经济、文化、政治等方面的发展，社会福利的内容、覆盖范围、提供方式也在发生变化。社会福利的现实状况不仅反映了个体、群体的生活状态和幸福程度，也反映了一个地区、国家的发展水平和总体实力。工业革命后，西方发达国家逐步建立了失业、工伤、养老、健康保险，至20世纪30年代，国家已经成为社会福利的主要提供者，福利国家的角色日渐显现。从20世纪70年代中后期开始，以石油危机为标志，福利国家沉重的社会福利开支包袱越来越难以为继。福利多元主义就是在这样的背景下形成的一种新的理论范式。它使人们开始重新思考和定位政府在社会福利中的角色，评估家庭、社区、非营利组织等多元主体在社会福利体系中的重要作用，提倡构建多元主体的社会福利体系。福利多元主义四分法由伊瓦斯提出，其将社会福利的来源分为四个：市场、国家、社区和民间社会（见表1）。

表1 伊瓦斯福利多元主义四分法

部门	市场	国家	社区	民间社会
福利生产部门	市场	公共部门	非正式部门/家庭	非营利部门/中介机构(NGO、NPO)
行动协调原则	竞争	科层制	个人责任	志愿性
需方的角色	消费者	社会权的公民	社区成员	市民/协会成员
交换中介	货币	法律	感激/尊敬	说理/交流

① 谢勇才：《失独群体的社会救助制度探析——基于可持续生计视角》，《社会保障研究》2013年第1期。

② 姚金丹：《社会工作增能视角下失独家庭的分析》，《社会工作》2012年第10期。

续表

部门	市场	国家	社区	民间社会
中心价值	选择自由	平等	互惠/利他	团结
有效标准	福利	安全	个人参与	社会/政治激活(activation)
主要缺陷	不平等、对非货币化结果的忽视	对少数群体需要的忽视，降低自助的动机，自由选择的自由下降	受道德约束降低个人选择的自由，对非该团体的成员采取排斥态度	对福利产品的不平等分配，专业化缺乏，低效率

本文主要借用伊瓦斯的福利多元主义四分法，具体到失独者社区服务的分析中，这四者的内涵如下：政府指街道办事处；市场指提供营利性服务的商家、企业；社区指社区成员和辖区单位；民间社会指提供专业服务的非营利组织。涉及的失独者这一概念，由于国家针对独生子女死亡父母出台的扶助政策将年龄限定在父母双方 49 周岁以上，且本文选取的“新希望家园”生育关怀行动也是按国家扶助政策的规定来确定服务对象，因而本文所研究的失独者即是依据国家相关政策、在人口与计划生育部门登记入册的失独父母。“失独者”，即 49 周岁以上，仅生育的一个子女死亡，而不再生育、领养子女的父母。

二 “新希望家园”托举生育关怀新希望

（一）政府、市场、社会、社区多元供给

在全国关爱失独群体的大背景下，展览路街道结合地区实际，开展了系列生育关怀活动，并制定了生育关怀及时救助机制，重点关注失独群体帮扶工作，特扶人员人数逐年递增（见图 2）。在开展特扶工作的过程中，街道计生办通过入户走访了解到，作为发达城市的中心区，地区的特扶对象在经济帮扶之外，更加需要的是心理疏解和精神抚慰，在巨大的情感打击和心理压力下，这一群体出现了因没有合适的活动场所而天天闷在家中，拒

绝与人交流等现象。由此街道计生办萌生了帮助特扶人群重建精神家园的想法。

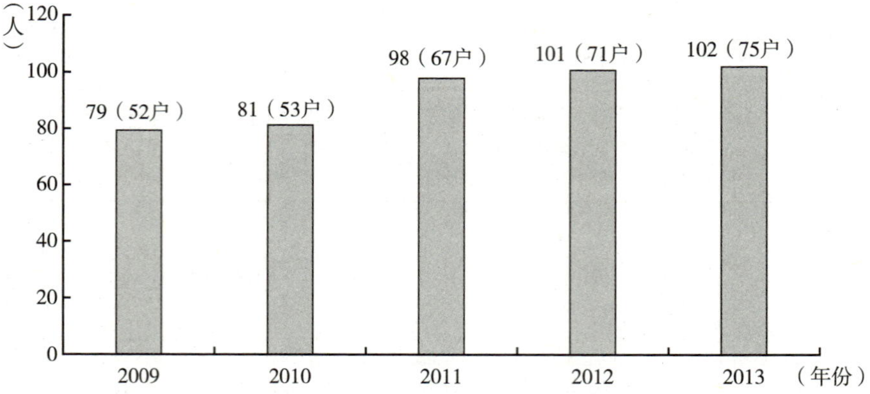

图2　2009～2013年展览路街道特扶人员人数变化示意

为了更好地为这部分人开展服务，帮助他们重新树立生活的信心，展览路街道开展了“展览路地区特别扶助家庭需求情况调查”，调查结果显示，被调查的53户中4户经济困难需经济帮助，80%的家庭表示希望街道组织一些活动让他们能够走出家门，65%的人对养老问题提出了担忧，希望政府能够给予帮助。针对调查结果，街道计生办认真规划，“新希望家园”的服务设想逐渐清晰，将把其建设为体现党和政府关怀、让特扶家庭相互交流沟通、相互搀扶以走出困境、重燃生活热情的公共服务载体，唤醒特扶对象冰封的心灵，关照他们的精神生活，提高他们的生活质量，实现新时期“困有所帮、孤有所依、老有所乐”的社区生活。

在充分调研的基础上，根据不同需求，在精神慰藉、物质扶助、爱心联手等方面，开展富有地区特色的“七个一”菜单式服务，由每个家庭根据自身需求进行选择。即：成立一个家园——开辟一个活动阵地，定期组织项目目标家庭开展符合其意愿的服务活动，设一名专职工作人员；建立一张联系卡——用来记录常用电话号码、紧急呼叫电话等，便于目标家庭日常应急使用；送出一份节日礼物——每逢节日为目标家庭送上一份节日礼物；组织一次郊游活动——在每年春暖花开或秋高气爽的季节组织他们郊游，让他们走进大自然，陶冶情操，抒发胸臆，活出精彩；进行一次走访慰问——对目标家庭每年走访一次；提供一次健康查体——为目标家庭建立健康档案，每年提供一次体检，定期提供一次上门健康咨询和检查服务；签订一份帮扶协议——组织地区武警一支队官兵、驻区单位、社区志愿者与目标家庭签订帮扶协议，定期上门提供帮助。通过几年的努力，展览路地区逐步形成了失独者照料服务政府主导下的多元供给局面，市场、社区、民间社会开始介入“新希望家园”的服务提供中来。

1. 政府提供的服务

一是医疗保健服务。第一，提供医疗信息。在“家园”揭牌当天，街道计生办为每一个家庭发放了记录医疗常用电话号码、紧急呼叫电话的联系卡，以方便“家园”成员在需要时能第一时间联系到医疗资源。第二，安排健康体检。卫生部门组织大夫定期上门为他们提供测血压、体检等医疗服务。街道计生办整合地区资源，联手卫生站、托老所等地区单位，并与上述单位建立、达成互助协议关系，为他们有针对性地持续开展上门送药、定期体检等一系列的帮扶活动。第三，开展健康咨询。街道组织开展了不同形式的健康宣传教育。第四，实现优先就医。2013 年，人口与计划生育办公室主动与地区人民医院、阜外心血管医院、展览路医院、武警二院等医院联系，建立了合作关系。医院为地区“家园”成员开通了就医绿色通道，使其到上述医院就医时能享受到优先服务。

二是文体娱乐服务。街道为了丰富平时的各项活动，专门购置了电视、图书、各种棋牌供大家消遣，成员们可以到“家园”里读书、看报、下棋、聊天。根据“家园”成员的不同需求和兴趣爱好特点，“家园”开设了内容丰富的特色兴趣班，提高成员参与率。在开设兴趣班的同时，街道还组织了丰富多彩的文体活动。如“我心中的新希望家园”有奖征文活动、扑克牌比赛、展览路街道“新希望家园”迎国庆艺术品系列展（包括书画展、摄影展、手工艺品展三个展览），以及征集《关爱生命全程》读后感等活动，受到特扶成员的积极响应。

三是精神慰藉服务。为了能让这些家庭不因为丧失子女感到孤独，能够享受到亲人般的关怀，在元旦、春节、端午、中秋等各个重大节日，街道会为每户家庭准备价值200元的物品，让其在节日里能够感受到来自政府的关怀，亲人般的问候，把党和政府对他们的关心带到他们心中。2010年母亲节，计生办还为特殊的母亲们送上温泉票等礼物，使其在锻炼身体之余也能放松心情。在注重节日慰问的同时，街道也从其他方面关注家园成员的精神生活。

2. 市场提供的服务

市场作用在“家园”成立之初并未显现，在2010年之后，市场才介入“新希望家园”的服务提供中，主要提供家政服务。2010年，街道计生协积极与社区服务中心联系，为6户符合条件的特扶家庭办理了老年人家政服务券。[①] 街道计生办还与清华池、理发馆等单位联手，将特色服务引进“家园”，让有需求的人员就近享受到贴心的且价格略低于正常市场价格的服务，解决了他们生活上的部分困难。2012年，“家园”成员中70岁以上的为23人，孤身一人的为25人。随着年龄的增加，他们的健康状况以及生活自理能力都有了一定程度的下降，情况堪忧。根据这一情况，街道计生办整合地区资源，依托居家养老券运行模式，结合自身情况，测算经费投入，构建“家园”消费网络。以政府购买公共服务、成员家庭交纳个性化服务费用为运行机制，每季度了解提供方的服务质量情况，综合服务信息反馈意见，对提供方做出评定，若连续3个季度评定为不合格，则取消资质。以购买服务、监督服务为手段，为有需求的目标家庭解决生活困难，提高生活质量。2013年，街道计生办承接了一个国家项目，即中国计划生育协会关于计划生育特殊困难家庭养老帮扶示范项目，探索服务新模式。

---

① 北京于2010年起制定并实施了居家养老（助残）服务“九养政策”，其中就设计了养老（助残）券服务制度。按规定，80周岁及以上的老人每人每月可以领取100元的服务券，在全市范围内的居家养老指定服务商那里，用券购买生活照料、家政服务、医疗护理、心理慰藉、老年教育等6大类、110多项服务。

3. 社区提供的服务

社区提供的服务大致分为两个部分：由社区居民提供的志愿服务和由辖区单位提供的精神慰藉服务。2010 年，街道成立了志愿队，对失独家庭给予陪同、看护等志愿服务，并定期到特扶家庭进行走访、了解情况。同年，街道计生办与驻地部队——武警一支队联系，二大队和五大队的官兵分别与失去孩子的百西社区赵妈妈和文兴社区的刘氏夫妇结成了帮扶对子，官兵们经常到老人家中走动，为他们送去精神抚慰。2011 年，武警一支队又与 2 户特扶家庭签订亲情牵手帮扶协议，兵儿子们经常抽时间到帮扶对象家中看望老人，打扫卫生。2013 年，街道计生办通过人大、政协、团委、计生协会等多种途径，发动地区单位参与到对家园成员的服务中，扩大社会参与，拓宽服务方式。目前中国外文局、机械进出口总公司、银河小学、北京动物园、中国人民大学、武警一支队等单位均与新希望家园或家园成员签订了帮扶协议，有的单位与家园签订协议，由单位的专业人才为家园成员提供志愿服务，有的单位与家园成员签订一对一帮扶协议，提供全方位服务。

4. 民间社会提供的服务

“新希望家园”发展过程中政府部门与民间组织的合作有两次。第一次是 2010 年，街道计生办联手专业社工团队，在“家园”中创建了心理疏解工作室，工作的开展采取个案跟踪与小组工作相结合的方式。心理疏解小组共有 13 人，疏解工作分 3 个阶段，递进式地开展活动，每阶段活动又有 5 ~ 6 个目标主题。遗憾的是，心理疏解小组后期因某些原因，只进行了第一阶段的工作，对服务效果略有影响。

第二次是 2014 年，街道计生办与北京师范大学心理咨询团队携手，通过问卷调查和深度访谈对目标家庭进行心理健康评估。内容涵盖总体心理评估（有无重大心理障碍或者人格障碍）、目前是否存在重大心理危机或者应激事件、重要的支持力量、个人积极的资源、值得关注的要点、服务建议等。最后结合问卷调查和深度访谈形成一个综合的报告，即每个人的心理档案，最终建立一个动态心理评估系统。

通过以上的分析可知，在“新希望家园”的运行中，由政府提供的服务占据了主体地位，服务提供模式大致如图3所示。

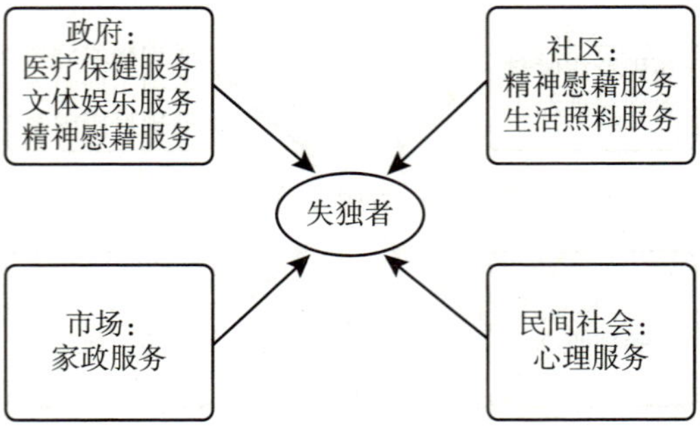

图3 “新希望家园”生育关怀行动服务提供示意

（二）政府主导、社会参与、家庭挖掘

1. 充分发挥政府主导作用

一是统一领导，分层管理。“新希望家园”生育关怀行动得到了展览路街道的高度重视和大力支持，形成了统一的协调领导机构，一级抓一级、层层抓落实，确保“新希望家园”工作落到实处。二是确保投入，支持保障。为了保证“新希望家园”工作的顺利开展，展览路街道办从资金、场地等各方面进行了投入。2012年“新希望家园”更换活动场地后，街道支出65万元完成新址的修缮工作，购置了橱柜、麻将机、游戏机等设备。在平时的活动组织中，街道也给予了较为充足的经费支持。三是发挥专业部门的组织优势。“新希望家园”项目的规划、运作、协调具体由展览路街道人口计生部门负责。四是发挥多部门的协同力量。在“新希望家园”成立伊始，就对各部门的职责做了明确划分，保证工作有序顺利开展。各部门的职责具体如表2所示。

2. 发动社会多方力量参与服务

“新希望家园”生育关怀行动为特扶家庭提供了全方位的服务，既有医疗保健服务、心理疏治服务，也有生活照料、文化娱乐服务，这些服务的提

表 2　“新希望家园”服务开展部门职责

参与部门	部门职责
计划生育协会	(1)负责项目的规划、运作、协调 (2)“新希望家园”的建设、所需设备和固定资产的购买和管理聘请专人对家园进行日常管理及日常活动的组织实施 (3)设计并印制、发放联系卡 (4)建立志愿者库并对志愿者进行管理、培训 (5)建立目标人群情况表，并进行需求调查，根据需求安排相关服务，并将目标人情况反馈给成员单位提供相应服务 (6)在各种节日及目标人群生日前夕购买礼物，并与社区计生专干联合入户进行走访 (7)与社区计生专干、计划生育宣传员每年入户一次，了解目标人群情况变化，并及时了解新增人员情况 (8)联系驻地单位与有需求的家庭签订帮扶协议 (9)制定项目经费预算、筹集资金 (10)对项目进行总结、评估
民政科	(1)协调驻地武警一支队官兵与有需求的家庭签订帮扶协议，并监督实施
团工委	(1)负责组织地区志愿者为有需求家庭提供志愿服务 (2)负责组织青少年志愿者在节日及目标人群生日之际与计生协联合入户走访慰问
社区建设办公室	(1)负责为文体活动的开展提供必要的师资和活动场地 (2)组织社区志愿者为目标人群提供理发、聊天、家电维修等志愿服务
社区服务中心	(1)组织家政人员为有需求的家庭提供家政服务
社区卫生服务中心	(1)负责为目标家庭建立健康档案 (2)为有需求的目标人群进行体检 (3)定期上门进行健康咨询和检查 (4)根据目标人群的需求开展健康讲座

供若单靠街道的力量是没法顺利完成的。医疗保健服务中有辖区医院的合作，心理疏治服务中有非营利组织、高校志愿团体的参与，生活照料中有社区志愿者、大学生志愿者、辖区单位以及周边商家的服务供给。从福利多元主义的理论视角出发，“新希望家园”生育关怀行动的顺利开展其实融合了政府部门、志愿部门、商业部门和非正式部门的多方力量，发挥了各自的优势，实现了资源共享，在分工合作的基础上为“家园”的成员们编制了一张尽可能结实的福利网。

3. 挖掘特扶家庭自身资源

“家园”很多成员都多才多艺，诸如刺绣、绘画、摄影、舞蹈等。但他们普遍因孩子的突然离去而备受打击，情绪低落、心理压抑，丧失了生活的动力，觉得未来失去了希望，更有甚者还产生了轻生的念头。在“新希望家园”成立之前，工作人员通过入户进行了充分的摸底工作，将每位特扶对象的兴趣爱好、特长、职业等个人信息详细记录并建立档案。在“新希望家园”成立之后，工作人员根据前期掌握的信息，有针对性地邀请部分特扶对象到“家园”活动，比如邀请爱唱歌的阿姨来参加合唱队，通常情况下，第一次工作人员会遭到拒绝，但两三次后，“家园”便会出现那位阿姨的身影。在“家园”的发展过程中，越来越多成员的特长被挖掘且得以展现，成员们自我成立了各种各样的兴趣班，诸如柔力球、养生保健班。通过发掘不同成员的特长，给其搭建展示才华的舞台，工作人员成功点燃了成员们的生活热情，更多的人不再每天无所事事、沉溺于悲伤之中，而是看到了生活新的可能性，并且将这种可能性变为现实，让生活充满了新的乐趣。

（三）变被关怀对象为关怀他人的参与者

“新希望家园”生育关怀行动从建立到逐步发展，政府的主导作用显著，国家为特扶家庭提供了医疗保健服务、文体娱乐服务、精神慰藉服务，市场提供了家政服务，社区提供了精神慰藉和生活照料服务，民间社会提供了心理服务。这些服务中医疗保健服务、家政服务、生活照料服务保障了服务对象日常生活的顺利进行、满足了其基本的生活需求，而对于失独家庭而言，其主要的诉求还是集中在心理、精神层面，因而文体娱乐服务、精神慰藉服务对其生活状态的改善发挥了更为关键的作用。结合服务开展的实际情况，很多失独者正是在文体娱乐服务的开展中逐渐走出自我封闭的状态，不再整天陷于悲伤的情绪泥沼中，学着尝试新的生活方式，发现生活的乐趣。在服务开展过程中，街道注重对“家园”骨干力量的挖掘和培养，不断放大骨干的带动和鼓舞作用，形成了“家园”乐观积极的正能量团队文化，使越来越多的“家园”成员重燃生活的希望（见图4）。

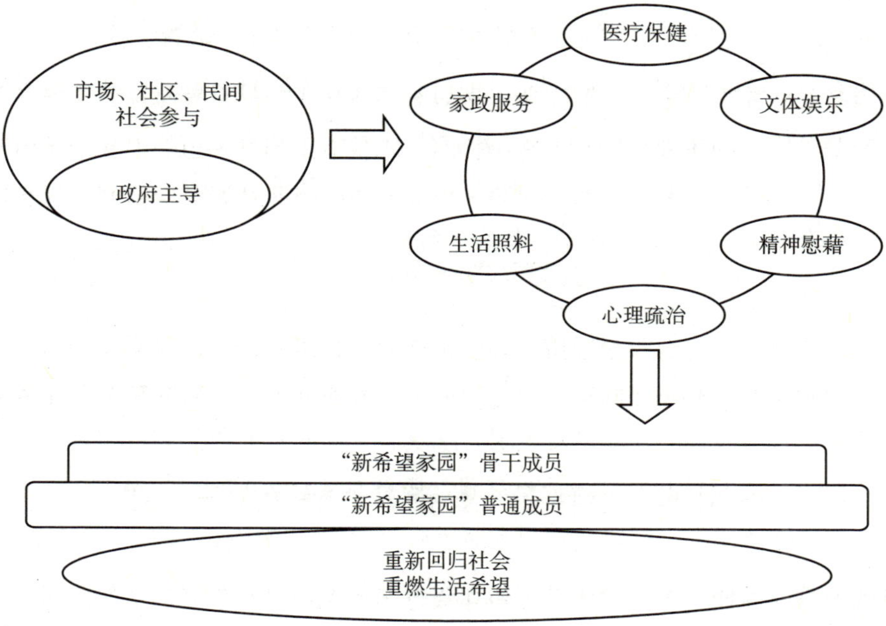

图4　“新希望家园”生育关怀行动服务模式

三　“新希望家园”面临的问题及分析

（一）政府方面

政府方面的困难首先是人力资源。目前“新希望家园”的日常工作主要由街道计生办4名工作人员负责组织实施。从人员配备上看，4名工作人员要完成“家园”的日常工作，而且还要将已有服务向更优层次推进，压力确实不小。其次是资金困难。虽然街道已给予了“新希望家园”一定的资金支持，但毕竟是有限的。在实际工作中，工作人员会面对服务对象突然表达的新的服务需求，而这一需求不是上一年工作计划中的服务可以满足的，进而也就缺乏相应的资金支持，若要考虑这一新的服务需求，资金的困境便凸显了出来。再次是场地困难。“家园”刚成立时活动阵地设在郝家湾社区的一个两居室里，2011 年街道将北营房中街一处 100 多平方米的场地置换给“新希望家园”作为活动场所，并做了特意的装修。随着“家园”成员的增多、兴趣班的增加，现有场地也已无法满足成员们的需求。最后是专业性困难。专业性困境集中体现为街道计生办工作人员的专业性不够。具体负责“家园”日常工作的有 4 名工作人员，其中 2 名虽然接受过高等教育，但所学专业分别是土壤学、法学，其余 2 名文化程度不高，专业知识欠缺。

（二）市场方面

“新希望家园”生育关怀行动中市场介入的部分主要为家政服务券的运作使用。有待改善的方面主要表现为家政服务券的服务种类有限。目前家政服务券的覆盖人群占到“新希望家园”服务对象总数的一半。在与“家园”成员的集体访谈中，笔者发现大家对家政服务券的需求并不是很高，这或许与展览路街道特扶家庭的经济状况普遍尚可有关。而家政服务券的使用者对这一服务的总体评价不错，部分服务对象表达了对扩展服务内容的需求。

（三）社区方面

目前“新希望家园”服务提供中社区介入的部分主要体现在辖区单位的精神慰藉服务和社区志愿者的生活照料服务两个方面。对于辖区单位的精神慰藉服务，服务对象普遍表示满意；对于社区志愿者的服务，部分服务对象表达了新的需求，他们认为现在的志愿者服务机动性、灵活性太强，无法较好地满足医疗方面的需求。

（四）民间社会方面

民间社会介入“新希望家园”提供服务，服务成效有限，服务推行的困境集中表现在两个方面。一是民间组织的专业性不足且数量有限。“新希望家园”曾于 2010 年与某社会工作事务所开展合作，但这次合作并不十分成功，该社会工作事务所的专业素质不高，给街道计生办留下了不小的负面印象，也给服务的提供带来了影响。二是已有服务无法满足服务对象的需求。这一困境集中表现在对特扶家庭养老需求的满足上。大多数的失独者对自己的养老生活表示了担忧，他们并不希望去现有的养老院，而是希望能有专门的社会服务机构成立专门针对失独者的养老机构。

（五）政府、市场、社区、社会互动方面

就目前而言，“新希望家园”的服务提供过程中，政府、市场、社区、民间社会之间尚未形成良好互动。在“新希望家园”的运行过程中，政府的主导作用始终过于明显，而市场运作和社会参与始终不足。一方面，在政府强大的调动资源能力的保障下，其在较短时间内动用政府各部门的力量为失独者提供了医疗、文体、精神慰藉等服务；另一方面，政府的力量毕竟有限，人力、财力、专业性的限制也决定了政府在服务提供中不可能扮演全包全做的角色。在“新希望家园”的后期运行中，虽然也引入了市场、社区、民间社会的力量，但四者之间并未形成良好的互动，因而也难以形成整合的服务提供能力，具体而言，存在以下两个方面的问题。一是政府、市场、服务对象之间的互动不明晰。在“新希望家园”的服务提供过程中，市场力量的介入主要表现为不同商家通过服务券的形式为失独者提供服务。尽管到目前为止，服务券的运行较为平稳和顺利，但政府、市场、服务对象之间沟通渠道的欠缺及互动模式的模糊化对服务的提升仍构成了隐性的威胁。二是政府与民间社会之间未形成良好的合作渠道。一方面，政府对专业服务有需求，但街道工作人员表示，由于缺乏合适的渠道搜集有关非营利组织的运转情况、服务提供质量等重要信息，所以很难对服务提供方的资质在短时间内进行判断。在此情况下，尽管政府有需求，但其很难主动与非营利组织建立关系。另一方面，对于主动寻求合作的非营利组织而言，其资质有待考量，政府常出于专业性的考虑而与其谨慎合作。

四　推动城市失独者社区服务的对策建议

“新希望家园”自 2009 年成立以来，取得了良好的服务效果。这其中

既有宏观方面政府作用的发挥、各部门的协调配合，也有具体的服务提供过程中的方法和技巧的运用，同时也离不开辖区单位、志愿者、民间组织的参与。结合“新希望家园”的成功经验，从福利多元主义理论出发，失独者社区服务面临的挑战和困境并非不可攻克，融合政府、民间社会、市场、社区各自的优势，取长补短、相互配合，建立政府主导的多元供给模式，将是未来失独者社区服务值得探索的发展方向。

（一）政府主导要合理定位自身角色

政府主导是我国城市失独者服务发展的首要路径。社区服务本身所具有的福利性即决定了政府在社区服务中的重要角色和作用。社区服务福利性的实现需要政府提供政策、资金等方面的支持，否则社区很难为社区居民提供公益性的服务。政府在失独者社区服务中的主导作用主要体现在政策引导、资金扶持、人员配备、监督管理、资源链接五个方面。

一是通过制定相关的法规、政策和发展规划、实施计划来维护失独者的权益、保障其生活质量，目前我国针对失独者的政策主要集中在物质补助方面，建议在服务层面尤其是社区服务层面给予一定的政策引导和支持，可以目前为数虽少，但取得了一定服务成效的社区服务为模板，进行经验总结和服务提升，制定国家层面的失独者社区服务的总体指导和规划，同时再给予地方社区一定的自主空间，使其从自身情况出发、依据自身优势推行失独者社区服务。

二是在资金投入方面，加大对失独者社区服务的投入力度，做好场地规划和建设、活动设施的配备工作，完善相关的行政审批制度，给予失独者社区服务项目申请一定的优先考虑权，保证服务经费的充足供给。

三是在人员配备方面，安排专人负责开展失独者社区服务，形成固定的工作团队，并尽量给予人员正式编制，减少目前社区工作中常常发生的因为街道办事务繁多、分工不明而导致的人员调动、借用现象。在条件许可的情况下，尽量壮大失独者社区服务的政府人员工作队伍，保证开展社区服务的人力支持。

四是在监督管理方面，分为两个层面：在政府部门内部，整合街道相关部门的职能，发挥计划生育办公室、民政科、社区服务中心、社区建设办公室等相关部门的各自优势，明确权责、相互协调、共同推进，形成整体资源，推动失独者社区服务的开展；同时，在政府与志愿者、民间组织合作的过程中，要建立相关的合作机制，包括激励机制（用于激发志愿者的积极性）、管理机制（确保志愿者队伍建设的规范性）、评估机制（对民间组织的服务进行及时、合理的评估）以及信息沟通机制（确保政府部门和志愿者、民间组织之间有畅通的沟通渠道，减少信息不对称及认识错位等现象），使政府、志愿者、民间组织之间形成良好的互动和合作关系，以利于发挥各自优势，共同为失独者提供优质的社区服务。

五是在资源链接方面。政府部门要明确自身的职能范围，合理定位在服务供给中的角色，针对服务对象多元化的、个性化的要求，及时链接相关资源，如心理服务可联系专业心理机构、生活照料服务可链接社会服务机构、商家或者志愿者。这需要政府对自我角色的良好定位、对服务对象需求的准确把握和对各潜在服务提供者的及时联系。

政府主导作用的发挥并不意味着政府参与服务提供的每一个环节，而是合理定位自身角色，更多地由服务直接提供者变为服务监督者、管理者，协同各方力量，为失独者开展更优质的社区服务。

（二）进一步扩大社会参与主体范围

社会参与可来源于多个社会主体，根据其不同的特点和优势，都可纳入失独者社区服务供给体系中来。

第一，政府部门与更多的辖区单位实现资源共享，建立合作关系。其一，在满足失独者衣食住行等日常需求方面：社区内的学校食堂、单位食堂可为附近的失独者提供外卖或就餐服务，解决一些失独者不愿做饭或者因身体原因不方便自己做饭以及部分困难失独家庭就餐难的问题；其二，发展单位与某一失独者个人或家庭的一对一帮扶关系，根据服务对象的需要，提供生活照料、节日慰问等一系列服务。

第二，引入市场化供给机制，将商业服务纳入失独者社区服务，拓展社区服务资源，全方位地满足失独者的生活需求。其一，严格商家的筛选过程，确保参与供给的商家服务的质量，挑选更多、更优的商家为失独者提供服务，为失独者构建便捷的消费网络。可为入选商家颁发相关资质认证，提高商家的参与度和积极性。其二，可借鉴养老服务券的运行模式建立相应的服务供给模式，确保政府部门、商家、服务对象之间信息反馈的及时和顺畅，建立相应的评估机制，确保服务的质量，对评估不合格的商家即刻取消服务资格。

第三，充分与各类社会服务机构、民间组织合作，提供专业服务。民间组织具有非营利性、志愿性、独立性等特点，这些特点使其更易于接近服务对象、能对服务对象的需求做出灵活反应、能够利用基层的活力等。在政府和市场无效或低效的领域，诸如社区服务、公益事业，民间组织能发挥重要的作用。政府部门可主动建立与民间组织的良好合作关系。依据福利多元主义理论所阐述的原理，政府提供非营利组织所需要的大部分资金，非营利组织主要以服务方式提供福利，两者分工合作，满足失独者的多方需求，提高社区服务的效率和水平。

第四，激活志愿者资源，拓宽服务提供途径。其一，失独家庭的亲属是其最亲近的支持系统，按费孝通的差序格局观点，这部分人是最容易被失独者接纳的。尤其在失独者刚刚遭受孩子离世的打击时，街道可与失独者的亲属主动联系，鼓励其多帮扶失独者。其二，社区志愿者也是可以利用的资源，尤其是针对没有工作、赋闲在家、身体状况尚佳的低龄老年人，但这部分人群可能在与失独者建立关系方面存在阻力，可视服务对象的自身状况和需求来决定要不要动用社区志愿者。对于部分行动不便的失独者，若其精神状态尚可、愿意与他人接触，可由社区志愿者为其提供读书念报、陪护聊天、陪同就医等服务。街道可建立相关的志愿者制度，对志愿者进行登记、培训和评估，以确保服务的质量。其三，合理利用高校志愿者。高校志愿者是目前我国志愿者队伍的主力军，其思维活跃、精力充沛，常能给服务对象带去轻松和快乐。

（三）提升参与主体专业性服务质量

服务提供主体的多元化决定了服务专业性的提升也需依靠多方的努力。政府部门要加强服务队伍的专业化建设，加强专业培训，提升服务质量；非营利组织也要提升失独者服务的专业性。一方面政府要引导相关社会服务机构成长，为其创造良好的外部环境。其一，鼓励更多的民间机构涉入失独者社区服务领域，对其实施政策优惠，如无偿拨给土地房屋使用权、免征所得税、提供专项援助，对工作人员的福利待遇以及税收等方面适当倾斜，增强政策的导向性。其二，加强政府的培育力度，可在市级层面设立社会服务机构孵化园，扶持培育基础良好、有发展潜力的社会服务机构，在培育的过程中，可充分利用高校相关专业师资力量，提升机构和服务的专业性，同时构建服务输出渠道，可采取政府出资向所培育的社会服务机构购买服务的方式，为失独者提供社区服务。另一方面非营利组织要提高服务的专业性。其一，对于在失独者社区服务领域刚刚涉足的非营利组织而言，可通过与已经开展这类服务的社区建立合作关系，汲取、借鉴其服务经验，加快自身的成长；其二，在提供服务的过程中，要加快积累、抓紧提升，形成自己有特色的、能满足失独者特定需求的、具备专业性的服务种类；其三，加强自身的制度建设，建立和健全组织内部管理机制、激励机制、监督机制、评估机制，提高组织管理能力、项目运作能力，以优质、高效的服务和良好的信誉赢得生存和发展。

（四）畅通多元化沟通渠道，形成合力

城市失独者社区服务的长效开展依赖于不同服务提供者的良好互动，国家、市场、民间社会、社区之间需要形成合作关系，建立信息沟通机制和互动模式。具体而言，政府在服务提供中要发挥主导作用，对市场、民间社会、社区进行政策上的指引支持和服务实施过程中的监督管理；社区、民间组织、市场各自发挥所长提供服务，社区可以在熟人社会框架内提供志愿服务，民间组织提供专业服务，市场提供灵活多样的有偿

服务。而在政府、社区、民间组织、市场、失独者之间，需构建多元的沟通机制，将服务对象的需求通过不同渠道反映至各服务提供者（见图5）。

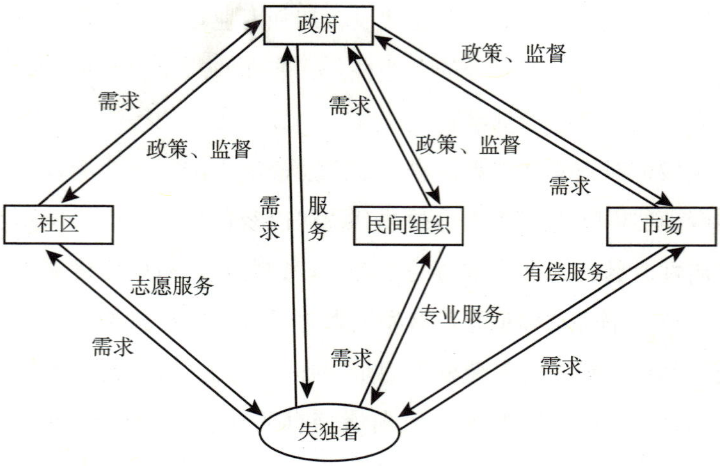

图5　失独者社区服务多元互动模式示意

参考文献

陈雯：《从“制度”到“能动性”：对死亡独生子女家庭扶助机制的思考》，《中共福建省委党校学报》2012年第2期。

刘岚：《独生子女伤残死亡家庭扶助与社会保障》，《人口与发展》2008年第6期。

穆光宗：《独生子女家庭的权益保障与风险规避问题》，《南方论丛》2009年第3期。

穆光宗、张团、李祥专、李成波：《计划生育无后家庭民生关怀体系研究——以辽宁省辽阳市调研为例》，《中国延安干部学院学报》2011年第5期。

彭华民、黄叶青：《福利多元主义：福利提供从国家到多元部门的转型》，《南开学报》（哲学社会科学版）2006年第6期。

孙静：《独生子女死亡家庭困境及适应研究》，华中师范大学硕士学位论文，2012。

谭海峰：《独生子女伤亡家庭社会支持研究——以静安区石门二路街道为例》，华东理工大学硕士学位论文，2012。

王秀银、胡丽君、于增强：《一个值得关注的社会问题：大龄独生子女意外伤亡》，《中国人口科学》2001 年第 6 期。

武诗：《失独老人：孤独的晚年如何安放》，《今日中国论坛》2012 年第 9 期。

徐斌秀：《福利多元主义视角下中国老年社会长期护理保险制度的建构》，南京大学硕士学位论文，2011。

晏华：《独生子女伤残死亡家庭的社会支持系统探究——一项基于湖北省的分析》，《湖北民族学院学报》（哲学社会科学版）2012 年第 3 期。

姚金丹：《社会工作增能视角下失独家庭的分析》，《社会工作》2012 年第 10 期。

桂世勋、王秀银、李兰永、穆光宗：《对成年独生子女意外伤亡家庭问题的深层思考》，《人口研究》2004 年第 1 期。

张必春、江立华：《丧失独生子女父母的三重困境及其扶助机制——以湖北省 8 市调查为例》，《人口与经济》2012 年第 5 期。

张必春：《丧失独生子女父母的人际关系变迁研究——基于社会身份视角的探讨》，华中师范大学博士学位论文，2012。

赵仲杰：《城市独生子女伤残、死亡给其父母带来的困境及对策——以北京市宣武区调查数据为依据》，《南京人口管理干部学院学报》2009 年第 2 期。

周沛、周进萍：《独生子女风险及其保障研究》，《社会科学研究》2009 年第 1 期。

调研报告

Survey Reports

B.7

“动批”搬迁前后周边街区治理调研报告

摘　要：多年来，动物园商圈城市功能集中，流动人口集中，商贸批发市场集中，一直是展览路街道的治安重点地区，是西城区城市环境治理的重点地区，也是北京市交通环境治理的重点地区。笔者在详细调研动物园商圈人流、物流、车流的基础上，指出导致动物园商圈环境秩序出现问题的根本原因是西外南路地区的城市基础设施及配套服务无法承载动物园商圈的产业形态，推动包括“动批”搬迁在内的动物园商圈产业更新是解决该地区环境秩序问题的有效措施，是落实首都新定位、建设国际一流和谐宜居之都的必然选择。

关键词：“动批”搬迁　城市环境　产业更新　展览路街道

北京市动物园商圈是以批发外贸休闲、时尚男女服装为主体的综合性商圈，这个商圈从西直门桥至北京天文馆形成一个狭长地带，面积不足0.8平方公里，但聚集了6家大型服装批发市场，日均客流量近5万人，旺季物流量保守测算每日在600吨以上。巨大的客流、物流量严重影响了周边的社会治安、环境秩序，也给附近居民的生活带来了极大不便。近年来，在西城区委、区政府的重视和关注下，在各职能部门的通力协作下，针对出现的各种问题，展览路街道加大了对西外南路地区的综合治理，专门成立了西直门地区综合治理办公室，负责对此地区的治理及管理，使该地区的环境秩序有了明显的改观，在加强社会治安综合治理、改善城市环境面貌工作中做了积极探索和尝试。展览路街道通过对西外地区的新老服装批发市场，以及周边的市容市貌、交通秩序、物流货运、餐饮服务等方面的认真调研，发现该地区的社会治理存在较多问题，针对发现的问题，研究讨论了整改措施和具体实施办法。

一　动物园商圈是低端业态和人口流动集聚区

（一）低端市场集聚，客流、人流较大

动物园商圈现主要包括金开利德、世纪天乐、众合、东鼎、聚龙、天皓成六大成熟市场以及天和白马和万容天地两大新市场，其基本情况见表1和图1。

表1　动物园商圈大型服装批发市场概况一览

市场名称	营业面积（平方米）	摊位数（个）	从业人员数（人）	全年日均客流量（人）
北京金开利德国际服装市场有限公司	36800	2500	5400	5900
北京世纪天乐国际服装市场有限公司	80000	2567	6000	9500
北京众合动物园服装批发市场有限公司	10000	500	2000	9000
北京安达聚龙商城有限责任公司	13600	800	1700	10000

续表

市场名称	营业面积（平方米）	摊位数（个）	从业人员数(人)	全年日均客流量(人)
北京天皓成服装批发市场有限公司	8000	380	400	3600
北京东鼎服装商品批发市场有限公司	10000	600	2500	5000
北京天和国际服装批发商城有限公司	40000	1136	—	—
万容天地国际时尚中心	40000	2100	—	—
合　计	238400	10583	18000	43000

动物园商圈服装批发市场的经营基本规律如下：春节期间闭市，5～8月处于淡季，春夏旺季在3～5月，秋冬旺季在9～12月，淡季和旺季的客流量大致在全年平均数的30%～50%浮动。各市场每日开始营业时间为早6点左右，关门时间为下午4点到5点。上午9点前多为大批发商批货时段，人多货杂，上午9点以后则是小商户批发服装和散客购物的黄金时间，客流量相对集中。

（二）线路多、流量大，交通秩序混乱

1. 公交线路多

动物园商圈周边交通便利，动物园公交枢纽站是北京公交系统规模最大、设施最好、功能最全的综合性公交枢纽之一，首层有11条首发公交线路，另有24条线路经停动物园站；地下一层与地铁4号线接驳。现枢纽平日发车约3000车次，公休日及节假日最高发车车次3350次，平日登降量约5.5万人次，最高峰登降量约为10万人次；地铁四号线动物园站工作日每日客流量约为11万～12万人，周末约为13万～14万人，节假日约为15万人，高峰期甩站限流。

2. 车流量大

图2统计的是一天当中从7：00到16：30每隔半小时进入西外南路市场区域的车流量情况。从图中可以看出，保守估计每天在上班时段进入西外南路市场区域的车辆在4000辆左右。另外，从图中可以看出以下两个特点：一是上午车辆明显多于下午，这是由于服装批发市场的自身特点和

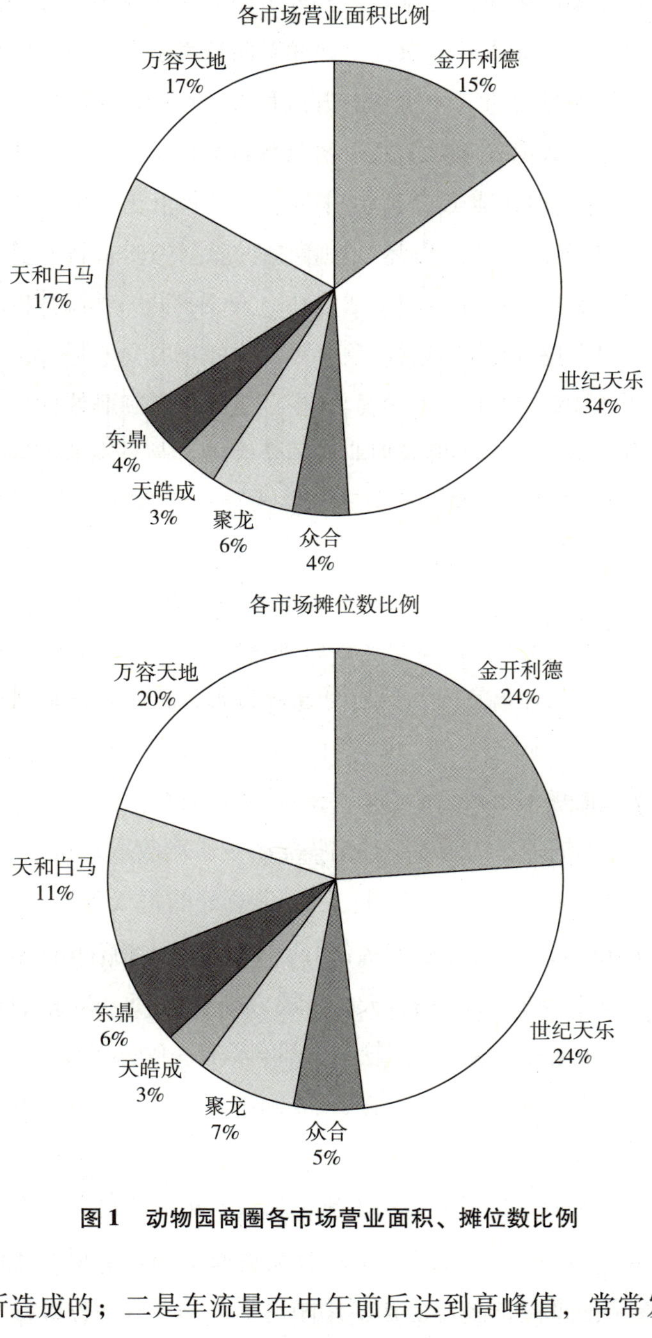

图 1　动物园商圈各市场营业面积、摊位数比例

经营模式所造成的；二是车流量在中午前后达到高峰值，常常发生道路拥堵状况，15：00 之后，车流量才真正显出递减趋势，到 16：30 以后随着批发市场陆续闭店，进入西外南路地区市场的车流量下降至每半个小时100辆以下。

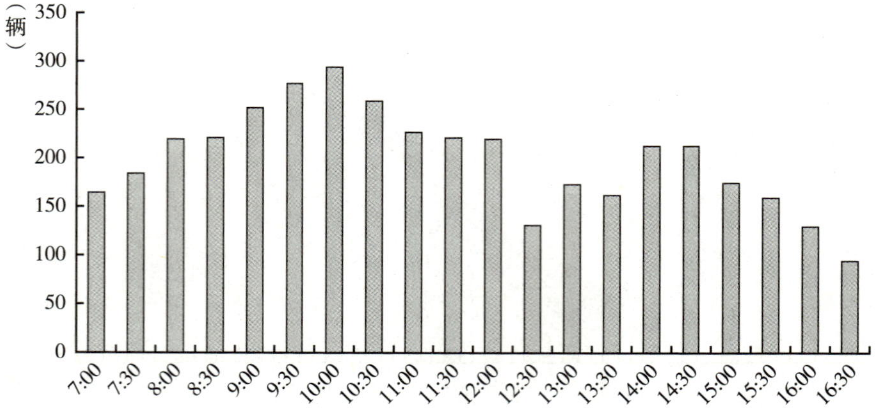

图2　西外南路市场区域的车流量情况（7：00～16：30）

3. 黑车多

在西外南路两侧，东鼎、金开利德市场北侧，盘踞着各式黑车60余辆，客户多为往返于动物园和大红门服装市场进货的商户。这些黑车停放无序，经常占道停放，有专人在路边招揽客人，每次车上人员、货物都处于严重超载。据了解，根据携带货物的多少，这些黑车主单次收取每位乘客10～20元不等，一般一辆车一天可以跑10趟左右，生意好的每天可以净赚1000元以上。另外，在世纪天乐门口路边、众合市场门口平时大约有15辆电动黑三轮，主要以跑短途为主，到北京北站、天意市场大都收取15～20元的费用，每天的净收入在200元左右。这些黑三轮车主都宣称有牌照，但因私自改装、脱离划定经营区域，已突破原有限制，牌照早已不能年检，失去了使用效力。

黑车、黑摩现象严重的主要原因有两个。一是该地段出租车稀少。西外南路动物园商圈每天聚集了大量的人流、物流、车流，行人、手推车横穿马路更是司空见惯，导致这里成为著名的拥堵高发路段，出租车司机一般不愿意开进来，乘客一般是到西外南路东侧路口下车，然后步行至各个市场。出租车的缺失，在交通方式上又大大降低了有出行需求人员的选择性。二是存在大量用车需求。北京各地区的服装商户都会来动物园市场批货，其中很大一部分批往大红门服装市场。对一些批货量较大且不易携带的客商而言，如何运送就成为一个很大的问题。地铁公交太过拥挤且不便携带大件货物，出租车一般不经过此处。于是，一些专门往来于大红门和动物园之间的黑车便成了这些服装商户的首选，究其原因一是一辆黑车往往是多名乘客拼乘，价格比出租车更为便宜；二是乘客省去了等车之苦；三是黑车在动物园和大红门之间两点一线往返，省去了公交车的中间站停，相比而言更节省时间。

4. 交通不畅

一是占道停车。在每天市场开门营业的各个时间段内，道路两旁总是违章停靠了很多社会车辆，究其原因主要有以下三点：其一是正规停车位少，虽然各大市场拥有停车位共计 1100 余个，但是由于客流量大，仍然不能满足所有人的停车需求；其二是省去了停车费用，在停车场停车需要按小时收取停车费，对于违章停靠路边的车辆来说可以省去一笔开销；其三是路边停车离市场门口最近，方便购物装货。以上三点原因使得占道停车现象屡禁不绝，尽管每日协警都会对违章停车车辆进行处罚，但一些人出于侥幸心理，加之很多停靠车辆上都会留有人员，所以实际处罚效果并不明显。二是人流、车流混杂。西外南路道路两侧都设有护栏，但因护栏较矮，很多人为了方便直接跨过护栏穿越马路，造成人流、车流的交织，使整个道路的拥挤状况进一步加剧。三是无照游商占道经营。西外南路北侧贩卖秋冬围巾、充气坐垫、棉拖鞋等商品的无照商贩集聚，占道严重。

（三）餐饮摊点参差不齐，管理乏力

动物园批发市场周边餐饮重点供应早餐和午餐，主要服务早 6：00 到下午 5：00 营业的各服装市场。从餐饮类型和规模上看，市场周边以经营快餐和小吃为主。其中在西外南路，有 3 家正规连锁型快餐店，包括肯德基、麦当劳和真功夫；有 2 家美食城，包括天文馆东侧天食坊美食城和金开利德国际服装批发商城 8 层的美食广场；有 10 家临街快餐小吃门市，其中位于西外南路路北侧的有 9 家，南侧有 1 家；其余为流动摊贩。

从营业时间上看，早餐经营时间为6：00至10：00，下午经营结束时间最早至15：00，最晚至20：00，多为中式快餐和小吃，仅有两家西式快餐连锁企业，人均消费在5～30元（见表2）。究其原因，一是无照早餐车随意停放，距离服装市场较近，种类齐全，可供选择多，而且无须进店或上下楼梯，比较方便；二是无照早餐售价相对便宜，往来流动商户，特别是市场导购人员大多生活节俭，早餐不愿花费太多；三是相较于西式早餐，大多数人更愿意选择传统中式早餐；四是路边门市销售的部分小吃并不十分适合早餐食用。

表2　动物园批发市场周边餐饮供应情况

早餐					
商家名称	数量(家)	经营时间	种类(种)	单价(元)	人均消费
流动早点摊	45～50	6:00～9:00	16	1～7	5
市民早餐车	3	6:00～9:00	3	1～5	5
路边门市	10	6:00～10:00	5	1～5	5
肯德基	1	6:00～10:00	10(套餐)	6～13	10
麦当劳	1	6:30～10:00	6(套餐)	6～13	10
真功夫	1	6:00～10:30	16	4.5～19.5	12
金开利德八层	50	9:00～17:00	10～15	5～15	10
世纪天乐午餐车	10	9:00～15:00	4	5～15	10
天食坊美食城	1	11:00～15:00	14	25～30	25～30
路边门市	10	全天营业	5～10	2～15	10
肯德基	1	10:00～20:00	15	15～30	20
麦当劳	1	10:00～18:30	15	15～30	20
真功夫	1	10:30～20:00	18(套餐)	17.5～30	25

午餐时段。一是在市场内部，金开利德服装批发市场八层餐饮区面积约1800平方米，共有近50家档口，109张餐桌，可同时容纳436人就餐，人均消费10～15元，平均每日客流量在2万～3万人；世纪天乐服装市场，从B1层到3层，每层A座或B座电梯口处长期设有午餐车，共计10辆，每辆餐车均由个人承包，主要销售便捷快餐式食品，价位在5～15元；其他市场内没有经常性、固定餐饮区，且原则上不允许流动商贩进入市场贩卖餐食。二是在市场外部，主要包括正规快餐店、门市小吃以及流动摊贩。天文

馆天食坊美食城共44张餐桌，可同时容纳248人就餐，餐厅主要以零售套餐为主，价位为25元或30元。由于地理位置较偏，价格偏高，光顾的人不多，生意较为冷清。而其他连锁快餐店如真功夫等，自身拥有良好的品牌效应，因此光顾的人较多，但多数为往来的流动人群，并以中青年为主。此外，南一楼底商也是供应午餐的一个区域，一共9家供餐商户。

一方面，西外南路地区商户、顾客多数为中低收入人群，价格低廉的餐饮是首选。同时，由于市场具有客流量大、工作节奏快等特点，从业人员和流动商户更愿意选择方便快捷和离档口较近的地方购买餐食。另一方面，动物园商圈早餐种类齐全，价格低廉，十分符合大众的早餐需求，每天购买早餐的人数可达5万余人次，早餐数量较为充足。在午餐消费方面，有些在周边租住房屋的市场从业人员，午饭基本自带或家人送，这样不仅卫生有一定的保障，而且降低了餐费支出。其他在外买午饭的人员，一般花销在10元以内。但是，周边早餐摊铺经营者素质普遍偏低，占道经营且摆放杂乱无序，不仅阻塞了交通，而且严重影响了地区的环境卫生，街边经常出现瓜果皮、餐盒、废弃食物等垃圾物，这也给环卫部门的工作带来了很大的压力。

（三）物流布局“散、乱、小”，行业竞争激烈

动物园商圈物流主要涉及正规货站、路边存包点以及临时送货人员三个方面，主要围绕各大批发市场开展服装货运和配送服务。

从正规货运站看，据统计，西外南路各市场周边共有20家左右货运站，其中世纪天乐西侧有9家，天和白马西侧有9家，其他为零散户，每家货运站工作人员不足10人。受场地等因素影响，各家货运站基本为各公司分站，总站设在大红门或亦庄等地。每天凌晨三点到四点，货车开进市场区域卸货，卸货完毕车即开走，等各大市场开门营业，再由工作人员用推车把货物运至各个档口。生意好的货站每天货运量达500~600件，如使用大型厢式卡车运输，需要四车次。生意较差的也有100~200件。货物运输主要以铁路运输和公路运输为主，一般走铁路运输按照重量收费，走汽运按照体积

收费。

从街边临时存包点看，市场旺季期间，在东鼎市场北侧和东侧、天和白马门口，以及金开利德的西侧分布了约15家存包点（天和白马门口现在由于加装了护栏，存包点已移至马路对面），主要业务种类为代理收货、代理发货以及临时存放。这些从业人员在本区域大都据守了十几年或者更长时间，有着稳定的客户群和物流渠道。他们有的是跟货运站进行合作，有的是直接通过六里桥、丽泽桥等长途客运站进行收发货，这样比走货站物流在时间上更短。这些存包点除了有一些往外出租使用的手推车外，没有其他任何的固定设施和器材，完全靠从业人员的个人品行作保障，这对货物的安全性来说，具有较大的风险。据了解，这些存包点一般按件进行收费，大多是一件10元左右（只是代理费用，不包括运费），一天的收入在200元上下。

从临时送货人员看，西外南路周边有很多临时送货人员，每人自备推车。每当货运站的运输量大时，工作人员就会临时雇用这些送货人员向各个档口送货，每送一次货的劳务费为10元左右。

动物园商圈物流量大，原因一是有稳定且庞大的客户群，分销体系十分庞大，客户群几乎遍布全国，经过多年发展客户与商户直接建立了比较稳固的合作关系，进货通常都由专业物流公司送货，通过银行结算货款。因此，各大物流公司分货站集中了商户们的服装运输网络，掌握庞大的物流配送项目。二是配送效率高，行业竞争激烈。各物流公司总部每天凌晨三四点钟派货车把货物运到动物园分货站，赶在市场开门前卸货完毕，及时分类，待6点市场开门后及时将货分送到商户摊位，保持着较高的效率和良好的信誉。但是由于行业竞争激烈，各家货站的收益仍有一定差异，这一般与地理位置、成立时间、客户数量、自身竞争能力有关。

但动物园商圈物流布局存在“散、乱、小”的问题。目前西外南路没有较大范围空地，各大批发市场没有配置规模化、专业化的物流配送区域，在市场自身基础配置不完善、市场外部环境不支持的情况下，动物园商圈物流布局呈现“散、乱、小”的特点。尽管正规的物流公司货站分布相对集中，但仍然显得杂乱无序。更为突出的是，路边的存包点一般采取“游击式”经营，没有固定经营区域，摊位小而零散，且占道严重。此外，在旺季货量大时，路边会有更多的临时工帮货运站送货给各大市场的商户，路边的闲散人员也相对更多一些。

（四）停车位总量偏少，且分布不均

西外南路地区由于空间紧张，各个市场都没有地上停车位，目前金开利德、世纪天乐、聚龙三个市场有地下停车位对外提供使用。天文馆和东鼎市场虽有地下停车场但是不对外使用。具体情况见表3。

表3　周边市场地下停车场统计

停车场位置	车位数	收费标准	营业时间	备注
金开利德 B1	39	一小时6元	7:00～21:00	B1 为专用车位，上午 10:00 B2 使用率约 50%
金开利德 B2	329	一小时0.5元		
世纪天乐 B2	139	一小时6元	7:00～21:00	车库入口、出口均在西外南路与文兴东街丁字路口处，极易造成交通拥堵。上午 10:30，车库已处于严重饱和状态
世纪天乐 B3	141	一小时5元		
聚龙 B2	152	一小时6元	7:00～21:00	上午 11:00，B2 已饱和，B3 使用率在 60% 左右
聚龙 B3	311	一小时5元		
合计	1111	—	—	—

目前地下停车位有两个问题比较突出，一是总量仍然偏少，还无法满足本地区巨大的需求。二是分布不均，从表3可以看出，世纪天乐地下车位相对较少，由于从业人员多、客流量大，是最无法满足需求的；金开利德车位比较充足，客流量却相对较少。究其原因，可归为以下几点：一是批发市场对于停车场地面积和停车位数量没有很好的规划，基础设施配置不到位。二是各个市场的客流量参差不齐，所需的停车位数量也不尽相同。到世纪天乐的顾客较多，加之地下车库本身设计不合理，入口和出口在同一处，导致在大楼西侧即西外南路文兴东街丁字路口处，经常停满排队进地库的车辆，造成了这一路段的拥堵。

二　设施不完善、管理不规范引发环境秩序问题

从上述数据调查和分析看，动物园商圈周边存在的无照经营、交通堵塞、秩序混乱、堆包占道等问题，是市场自身设施不完善、管理不规范造成的衍生问题，亟须深入分析，对症下药。

（一）规划不完善，市场公共服务配套设施先天不足

一是多数服装批发市场在建设时没有设计地下停车场或者停车场面积不足，停车需求与停车位数量相差甚远，很多车辆违章停靠路边，造成路面狭窄，影响公共交通的畅通运行。二是各服装批发市场成立时，没有考虑到存包、货运物流是一项巨大的配套服务，仅仅考虑了多设摊位收取租金，获得利益最大化，在市场内没有提供一定面积的存包、分货地点，将这部分配套服务推向了街面。堆包占道成为道路拥堵的又一重要因素。三是餐饮网点数量与此地区大人流对餐饮的需求相去甚远，诱发无照餐摊趁机获利。摆摊占道不仅影响交通，而且会给地区环境卫生带来恶劣影响（见图3）。

以近几年新建成的、配套设施较为完善的西单大悦城为参考，该商城于2008年2月1日成立，建筑面积为20.5万平方米，其中购物76400平方米、写字楼15000平方米、餐饮25700平方米、酒店/公寓33200平方米、电影院10400平方米、停车场31700平方米（共982个泊位）（见图4）。该商城停车费6元/小时，1200元/（位·月），基本能够满足来往顾客和从业人员的停车需求。餐饮方面多为连锁经营的中西式餐厅或特色小吃，品牌效应突出，为宾客提供了管理规范、卫生良好的就餐环境。

按照大悦城的模式，对西外南路各批发市场进行估算，应设有约2000个停车位，另设面积约为1.9万平方米的餐饮区，才能满足广大从业人员和顾客的停车和餐饮需求。在目前的情况下，在西外南路地区很难找到解决这一需求的建设空间。

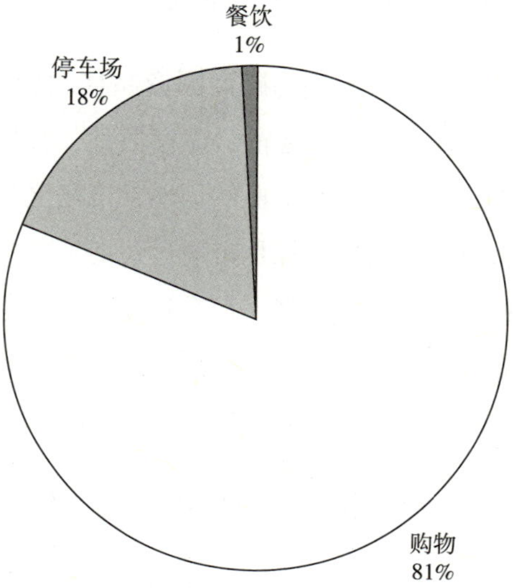

图 3　动物园服装市场现有配套设施比例

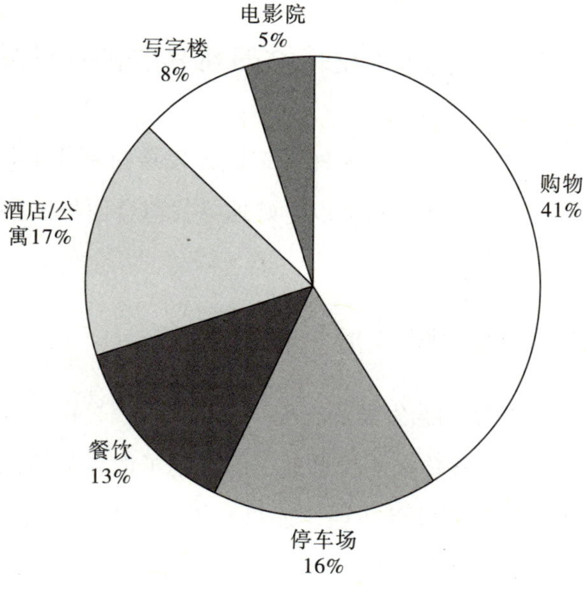

图 4　西单大悦城配套设施比例

（二）业态较低端，市场经营管理水平有待提升

主要表现在如下方面：一是动物园商圈商品档次较低，市场功能单一，整体管理水平较低。而且，交易、运输、库存散乱，转型升级难度较大。二是市场的运营商大部分只是在为商户提供场地，市场之间缺乏联动、互动与合作，缺乏龙头企业和龙头品牌。三是市场运营商、商户的素质，以及商品质量均有待提高。服装市场商户众多，存在争夺客源现象，一些商品质量得不到保障，顾客退货换货难等问题也较为突出，市场管理者的素质也有待提高。

（三）西外南路综合治理工作成效不稳定，易出现反弹

由于动物园商圈在规划、建设中存在功能上的缺陷，配套服务设施与业态、人流、物流的需要严重不符，尽管西城区政府各相关职能部门以及展览路街道积极采取措施下大力气整治，但仍然无法从根本上解决问题。

三　“动批”商圈产业转移升级的国内外经验借鉴

动物园商圈存在的问题是国内外许多城市发展过程中共同存在的问题。借鉴国内外一些地区的发展经验可以更好地寻找适合西外南路地区的发展路径和发展模式。

（一）找准定位，融合发展

1. 伦敦牛津街文商旅融合发展的经验

伦敦牛津街是到英国购物的首选地，它云集了世界各地顶级的品牌，到此购物，不仅可以享受到星级待遇，还可以游览自罗马时代以来的特色建筑，感受欧洲古典文化。

西外南路地区可借鉴的是：发展经济也要注意地区的人文环境建设，形成一个完整的、具有相当规模的商旅环境可以有效促进商业和旅游业的共同

发展。有了相当的商业规模后可以吸引更多商户和人流形成良性循环，促进本地区的发展。

2. 法国巴黎核心区高水平的规划经验

巴黎是著名的文化古都和现代化的世界城市。它的第二区、第八区和第九区一起构成了巴黎乃至世界商业活动最密集之处。第二区被规划为金融机构总部；第八区被规划为政治、经济、文化中心；第九区被规划为拥有大型百货公司的商业街区。为此，巴黎的商业结构形成了“以第二区、第八区、第九区为中心的核心商圈，其他商业中心、商业街区分布其他区”。

西外南路地区可借鉴的是：参照巴黎各街区的规划分布，找准属于自身的定位目标，依据该目标，重点打造具有特色的首都核心功能街区。

（二）挖掘潜力，转型升级

1. 上海南京路高端商业发展经验

南京路因以前是租界的原因从历史上就十分注重基础设施建设及维护，保证商业区功能的完善，吸引更多人流、商流实现发展升级。目前，南京路已形成了集吃、穿、用、住、行、游于一体的综合性商业街，它包括南京东路与南京西路。南京东路（包括南京路步行街）主要是平价商业区和旅游区；南京西路（包括静安寺地区）则是中国商铺租金最高也是全上海最奢华的时尚商业街区，以奢侈品和高端个性消费为主。

西外南路地区可借鉴的是：挖掘并充分利用地区的历史积淀进行进一步发展；充分利用本地区各类优势，比如交通条件优势，历史发展已形成的人流、商贸环境优势，等等；形成完整规范的相关产业结构，保证地区内的相关产业链完整。

2. 深圳市福田区产业升级的经验

深圳福田区的华强北商业中心区，其前身是以生产电子、通信、电器产品为主的工业区，但随着生产成本的升高、利润的降低，以及电子信息产业的快速发展，工厂被迫外迁，电子商品交易市场入驻，成为深圳最具人气的现代商业旺地之一，成功实现了“腾笼换鸟”。在华强北地区产业转型的过程中，深圳市和福田区积极发挥能动作用，确定了由工业区逐步转向商贸、办公、银行等其他行业并存的综合区的发展战略定位，同时，成立了华强北商业街管理委员会，培育、引导、促进、监督华强北商圈的发展和壮大。

西外南路地区可借鉴的是：充分挖掘原有厂房等设施设备的潜在用途，并不断发展基础设施建设推动地区由工业区向商业区的转型，利用优良的基础设施资源进一步推动地区的产业发展。

3. 义乌通过互联网实现产业升级的经验

义乌主动将传统的商贸经济与互联网经济相融入，从而推动了电子商务经济体的发展。这一发展模式，集中体现了以下三个特征，一是从外而内，即从外围网商逐渐渗透到批发市场内部；二是主动求变，批发市场经营者本身意识到产业发展趋势后，对电子商务采取了拥抱和欢迎的策略，推动市场整体转型；三是服务商成为驱动传统企业和市场转型的重要动力。

西外南路地区可借鉴的有以下几点。①电子商务发展和传统批发市场并不是对立关系。电子商务重新配置了社会资源，促使批发市场进行功能和角色重组，可形成多生态共赢的新生态系统。②重视外围网商和传统商户的关系。市场外围的网商是整个市场的有机组成部分，外围网商的发展可以带动传统批发市场内部的商户转型。③有助于对“渠道冲突”问题的理解和解决。在传统企业向电子商务转型的过程中，渠道冲突是其中的焦点问题，但在义乌，商贸城、商户、服务商在电子商务发展趋势上达成了高度的认知统一，因此相对平滑地解决了这一问题，形成了多渠道共生共赢的新生态。④重视电子服务商的作用。电子商务服务商可以加快传统企业电子商务化的进程，帮助传统批发市场进行整体转型。⑤重视借助第三方电子商务平台的力量。义乌传统批发市场通过淘宝网、阿里巴巴 B2B 的多层次合作，有效加速了转型的步伐。

4. 东莞虎门服装批发市场转型发展的经验

虎门镇是国内主要的服装生产基地，自国内电商兴起后，虎门并没有放弃服装生产优势，而是在原有基础之上，加速推动发展服装城电子商务。目前虎门镇已建的电商园区共 6 个，分别为虎门电商产业园、大莹服装电商城、华南跨境电商产业园、虎门品牌孵化展贸中心、意法电商城、百达国际电商城。

西外南路地区可借鉴的是：发展不应当彻底与现有基础、优势告别，相反发展应当依托本地区的现有优势，充分利用已有的商业环境将现有优势与新兴的产业渠道融合，推动已有行业的进一步发展升级。

近年来中国许多知名日用品批发市场已经实现了成功搬迁（见表4），西外南路地区可借鉴其经验，最终实现成功转型。

表4　中国知名日用品批发市场近年来区位变化一览

名称	近年来搬迁情况
中国义乌中国小商品城	搬迁至三环线外形成义乌国际商贸新城
浙江绍兴中国轻纺城	已位于市郊柯桥镇，本身属于市郊新城
汉正街小商品批发市场	搬迁至三环线外形成汉口北国际商贸新城
山东齐鲁化工商城	已位于市郊，正逐步形成新城
辽宁海城市场西柳服装市场	已位于市郊，正逐步形成新城
上海枫泾商城	已位于市郊枫泾镇，本身属于市郊新镇
昆明螺蛳湾市场	搬迁至三环线外形成新城

四　解决西外南路环境秩序问题的若干建议

从对动物园商圈环境秩序情况的调研中可以发现，西外地区城市环境问题产生的最核心的原因是地区基础设施和公共服务已经无法承受动物园商圈目前的产业形态，包括“动批”搬迁在内的产业转移升级是解决该地区环境秩序问题、提升该地区环境治理和生活品质的根本措施，是落实首都新定位、建设国际一流和谐宜居之都的必然要求。目前，尽管市区政府已经明确了“动批”搬迁，但动物园商圈在长期的生存与发展过程中已经形成了一个庞大而完整的产业生态圈，这个生态圈的蜕变需要一个过程，而环境治理刻不容缓。为此，提出如下建议。

（一）近期的治理措施

1. 规范早点摊铺，维护环境秩序

在固定地点规范设立早点摊位，让商户和顾客吃得放心，吃得便利，吃得实惠。经过实地考察，可以在世纪天乐广场西侧统一设立早餐摊点，固定经营时间、经营地点，对有经营需求的商户要进行前置资质审核，实行统一经营、统一管理，各个摊主对自己摊位周围环境秩序负责。同时，可以考虑在地铁口和重要交通路口设置便民早餐车，经营放心早餐，方便来往散客。各相关职能部门要加强监管，确保早点摊位规范运营，使其在便民利民的同时成为西外南路一道新的靓丽的风景线。

2. 拆改部分交通设施，解决交通无序和拥堵问题

一是坚持西外南路从东口到文兴东街路口为单向行车的现状，并按两车道在道路上施划明显的车道指示线。二是加设、完善道路两侧便道高护栏，将机非护栏向道路中心移动少许，留出足够宽的行人及非机动车道，避免行人随意在车行道中间穿行。三是在世纪天乐市场东口、众合市场门口加装红绿灯，并施划人行横道。同时，在这两处分别常驻一名交通协管员引导行人通过马路，逐步使行人提高安全意识，养成遵规守纪的习惯，改变西外南路地区交通秩序混乱的状况。

3. 划定存包区、停车卸货区和非机动车停车区，铲除马路毒瘤

占道卸货和占道存包是另外两个引起交通拥堵的原因，特别是在早高峰时段，更加显得突出。要有效解决这两个问题，各个市场是主体、是关键。各市场高层领导、相关管理部门要积极配合政府，转变观念，腾退部分摊位，在市场内部划出固定的存包区和物流区，坚决杜绝路边无序存包和堆包占道现象。各市场也要寻找相对固定的非机动车停车区，派专人看管，以规范管理秩序，改善市容环境。各市场需制定相关方案，将划定的公共服务区域上报综治办、交通、公安、城管等相关部门备案。

4. 推出摆渡班车，方便往来客商

动物园商圈地处公交枢纽、地铁等交通便捷的地区，但对于来此批发货

物的商户来说，仍然不是很方便。通过调研，可以推出一些热点线路的摆渡班车，类似于一些大型超市的购物班车。一是在需求量最大的动物园和大红门之间试运行开通，每日定点定时发车。在票价方面，政府方面可以给予适当补贴，做到公道实惠。二是在动物园和北京北站、西直门地铁站之间开设电瓶车专线，适当收取费用，用于运行管理。这样，不仅可以大大挤占黑车的生存空间，也可以减少开车来此购物的顾客数量，道路两侧违规停车的现象也将有一定改善。

5. 整合资源，开展市场综合性服务

在西外南路附近腾出一栋综合性服务大楼，分别设立餐饮区、寄存处，以及地下停车场，或者建立一个附属的立体机械停车楼，方便商户和顾客停车、就餐、存包、寄包。另外，在西外南路地区设立电子停车指示牌，实时显示周边停车场车位使用情况，服务车主及时寻找空闲车位，方便机动车快速停放，提高市场停车位的使用率，加强资源的优化配置。

6. 加大宣传教育力度，提升市场从业人员素质

有计划、有组织、有步骤地向市场从业人员进行各项宣传教育。通过宣传标语、宣传图册等动员市场积极参与区域治理，树立市场从业人员的主人翁意识，努力提升其文明素质和道德素养。协同各职能部门，齐抓共管，注重整体谋划、部门联动，采取多种形式和有效途径深化综合治理。

7. 关注无照商贩背后的生活状况，治理工作疏堵结合

对于在西外南路地区长期固定以黑车、黑摩的为生活手段的非法从业人员，应纳入实名制管控，摸清每个人的基本情况和生活状况，建立档案材料，并分析归类，采取针对性措施，加以管理。

8. 积极开展公共服务需求调查，搭建商客满意的服务平台

认真对新、老市场进行调查研究，制作并发放调查问卷，抽样调查各个市场商户、工作人员以及街面流动散客的服务需求，根据需求制定相关工作方案，有的放矢地开展各类公共服务。

9. 组织开展公益性社会活动，提升西外地区商客的责任意识

组织市场联合开展以环境保护、知识传播、社会治安、紧急援助、慈善

等为主题的公益性社会活动，扩大宣传，鼓励群众积极参与，改善街头风气，提升地区的文明程度。从长远看，建议相关部门与市场共驻共建，寻找合理视角，形成特色的公益服务品牌，使其成为动物园商圈产业发展和地区综治建设不可或缺的助推器。

（二）长远的业态更新

在“动批”搬迁的同时，积极筹划西外南路地区业态更新，根据各个市场自身情况，结合商户需求和动物园商圈长远发展，为商户和市场搭建时装展示、设计创意、成果交易、电子商务以及综合服务平台。

1. 搭建时装展示平台

引导市场自身加大投资和改建力度，建立专门展示区和T型走秀台，与服装专业公司和设计院校合作，定期组织时尚发布会，展示服装设计的独特魅力和产品特色，树立品牌形象，提升品牌知名度和文化内涵。积极参与政府搭台的各类文化展示活动，通过举办大规模、高档次的展会，引领时尚潮流，同时发展会展经济，给动物园商圈带来突破性的产业裂变，打开全新的国内品牌空间。

2. 搭建设计创意及成果交易平台

鼓励市场合理配置资源，引入工作室模式，建立服装设计师工作室和服装学院学生实习、创业平台，在此基础上统一组织设计成果展示交易会，由商户通过竞拍等形式获得服装设计款式，既提升了服装企业自主品牌形象，也为创意设计成果转化为产品提供了渠道，逐步形成创意设计交易平台。此外，市场应充分发挥拥有稳定客源和批发商这一优势，建立符合自身条件的创新设计平台，可在原有的服装风格上有所延伸、突破甚至颠覆，通过宣传手段获得老客户们的肯定，并以老带新，挖掘新客户，在更大范围内扩大动物园商圈市场的影响力。

3. 搭建电子商务平台

各服装市场可以联合起来建立商圈官网，及时发布各市场各楼层的服装销售格局，以及最新服装动态，如换季流行元素、潮流服装穿搭等，并与淘宝、京东商城、凡客等网上商城合作，建立大型电子商务互联平台，在大型网上商城链接动物园商圈品牌服饰，帮助商户进行网络销售，减少现场交易，减轻物流压力。另外，各市场亦可以自己建立“淘宝式”基础网络平台，各商户在市场平台中设立自己的网店，开展经营，以方便更多的客户群体，尤其是网购达人们选购。

4. 搭建综合性服务平台

参照高档购物商城的环境，各大批发市场应加大对市场内部硬件设施的投入，全面改善市场内部环境。同时，建立综合性服务平台，如市场与各大金融机构合作，建立商户与金融机构的合作渠道，不仅为商户提供资金结算、汇款等基础性金融服务，同时结合商户发展需要，提供担保、贷款、授信证明等多方面的投融资服务，帮助商户依托金融服务平台，更好地实现自身发展，同时有利于增加本地银行的存贷款业务，支持本地金融业的发展。此外，市场可在服装节前夕开展系列与商户互利互惠的服装节“热身”服务活动，创新服装节模式，吸引更多品牌进驻动物园商圈。

5. 搭建多方合作平台

在各大批发市场强强联合的基础上，加强与中国服装协会、中国纺织工业协会等相关部门联系和合作，多渠道拓展动物园商圈发展思路。比如，通过联合中国服装协会举办流行趋势展，带动商户转变经营模式，由传统经营转向品牌经营，把握服装时尚的脉搏；通过引进中国纺织工业协会、中国服装协会等纺织服装行业协会部分职能部门，举办动物园服装展，制定北京服装指数，提升行业影响力。

参考文献

徐文龙、韩凤伟：《“动批”搬迁背景下的批发市场转型升级研究——以廊坊永清服装服饰物流园概念性规划为例》，载中国城市规划学会编《城乡治理与规划改革——2014 中国城市规划年会论文集（13 区域规划与城市经济）》，中国建筑工业出版社，2014。

周泽炯、黄邦根：《产业转移的模式与效应及其对产业结构优化升级影响的研究综述》，《滁州学院学报》2014 年第 4 期。

资勇庭：《虎门打造中国电商第一镇》，《纺织服装周刊》2014 年第 24 期。

张渝：《荷花池商圈加速传统批发市场转型升级》，《成都日报》2014 年 7 月 26 日。

贾卓敏：《东京商业的活力》，《浦东开发》2008 年第 10 期。

B.8

展览路地区创意设计产业发展调研报告

摘　要：在首都各界全面贯彻落实习近平总书记考察北京讲话精神、着力疏解非首都核心功能的背景下，发展文化创意和设计服务产业对展览路地区具有特殊重要的意义。北京市、西城区均高度重视创意设计产业，制定和出台了一系列发展政策和推动措施。展览路街道办事处将创意设计产业作为街区的特色产业和重点方向。经过近几年的发展，街区创意设计产业虽然呈逐年稳步增长态势，但也面临诸多制约发展的瓶颈问题。笔者在系统调研的基础上，针对存在的重大问题，结合产业现状，重点在统筹协调、发挥优势、培育市场等方面提出对策。

关键词：创意设计　统筹协调　培育市场　展览路地区

一　创意设计产业是提升国家或城市综合竞争力的重要载体

一般而言，设计服务产业是包含在文化创意产业中的一个产业门类。根据北京市文化创意产业分类标准，文化创意主要包括：文化艺术、新闻出版、广播、电视、电影、软件、网络及计算机服务、广告会展、艺术品交易、设计服务、旅游、休闲娱乐、其他辅助服务几大类。2014 年 3 月，国务院出台了《关于推进文化创意和设计服务与相关产业融合发展的若干意见》（国发〔2014〕10 号），第一次将设计服务产业与文化创意产业并列起来，强调创意设计对提升经济发展的文化内涵和整体发展水平的杠杆作用，强调创意设计与制造业、服务业的融合发展，对于推动文化创意进一步与科技进步、产业升级、经济转型的深度融合，推动国家或城市综合竞争力提升具有重要意义。

事实上，任何文化创意都需要通过设计服务这个载体和手段来变成产品，进入市场；反过来，任何设计服务如果没有文化创意的内涵都不可能是一个成功的设计，也不可能被市场接受。文化创意是内容，设计服务是形式，文化创意与设计服务融合起来就是创意设计产业。因此，我们把创意文化产业作为描述国务院《关于推进文化创意和设计服务与相关产业融合发展的若干意见》中“文化创意和设计服务与相关产业融合发展”的概念。其特点一是污染少或无污染，二是高附加值、高科技含量和高带动效能，三是资源能耗极低，四是任何产业都不可或缺，五是创新型的产业（见图1）。

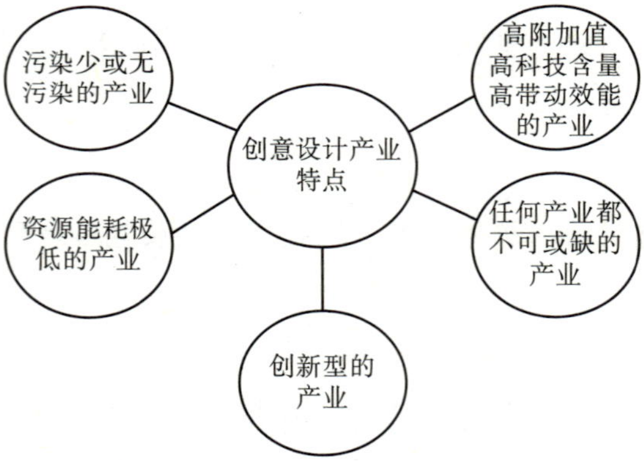

图1　创意设计产业的特点

二　展览路地区发展创意设计产业的优势条件

（一）具备产业基础，文化创意产业粗具规模

按照北京市文化创意产业的分类标准，展览路地区在互联网信息服务、

计算机系统服务、其他计算机服务、广告业、知识产权服务、会议及展览服务和新闻业等行业有所涉及。根据第三次经济普查的数据，2013 年底，展览路地区创意设计产业的法人单位有 182 个，从业人员 6221 人，资产总计 21 亿多元，主营业务收入 13.8 亿元，从涉及行业数、法人单位个数、从业人员期末数、资产总计、主营业务收入等方面都不难看出，展览路地区的文化创意产业已粗具规模（见表 1）。而且可以发现，展览路地区的文化创意产业主要是和计算机、互联网系统、广告业、新闻业、知识产权服务、会议及展览服务等比较高端的服务业相联系的。这些文化创意产业特色与展览路地区本地优越的地理位置、发达的交通，靠近金融街，旅游文化资源丰富紧密相关。

表 1　展览路创意设计产业分布

行业类别	法人单位个数(个)	从业人员期末人数(人)	资产总计(元)	主营业务收入(元)
互联网信息服务	2	62	2725979	2277216
计算机系统服务	14	2333	1007148067	509241000
其他计算机服务	2	122	6748010	6100821
广告业	4	94	16074303	5942942
知识产权服务	22	2579	731182271	490633106
会议及展览服务	136	1021	335682649	361573429
新闻业	2	10	1550622	5502001
总　计	182	6221	2101111901	1381270515

据近年的经济数据，从发展趋势看，展览路街道 170 余家创意设计企业，税收贡献 2012 年为 2.67 亿元，2011 年为 2.21 亿元，2010 年为 1.63 亿元，呈逐年稳步增长态势（见图 2）。同时随着北京市行政区域和功能街区范围的调整，展览路街区获得了更大的发展空间，产业业态更加丰富，创意设计产业作为展览路街区的特色产业和重点方向，既有良好的政策环境支持，又有巨大的发展潜力。

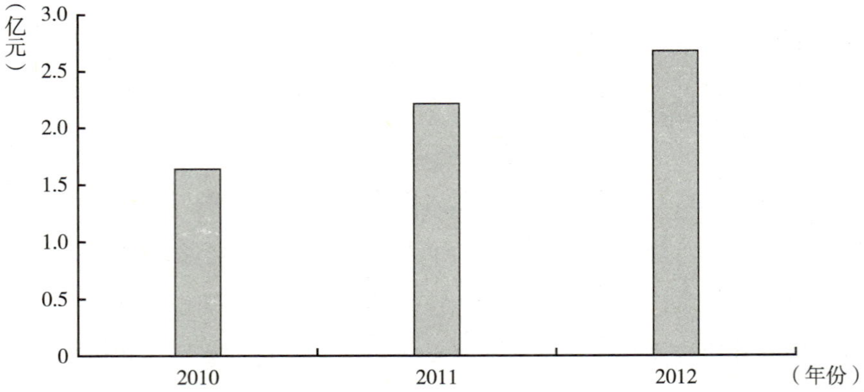

图 2　展览路街道创意设计产业税收贡献逐年增长示意

（二）拥有发展资源，下游链条集聚效应明显

展览路地区有以北京展览馆为代表的博物馆群聚集的北展街区、“新华1949”文化创意产业园（截止到 2014 年底，“新华 1949”新入驻文创企业 89 家）；有北京建筑大学、外交学院和北京市委党校；有北京动物园、北京海洋馆、北京天文馆、古脊椎动物馆等知名旅游资源。长期以来，由于北京建筑大学、中国建筑设计研究院、北京城建设计研究总院有限责任公司、北京市轨道交通设计研究院有限公司等同行业国内最高水平的机构在此落户，街道吸引了大量设计企业，截止到 2012 年底，展览路街区共有设计类企业 170 余家，涵盖建筑设计、规划设计、图文设计、工程设计、装饰设计、形象设计、环境设计、自动化设计等 8 大领域。其中注册资金在 1000 万元以上的有 9 家。这成为推动展览路地区创意产业发展的重要基础。

（三）建有政策平台，从上到下扶持不遗余力

2012 年，展览路街道办事处就已密切关注创意设计产业并进行了充分调研，制定了《西城区展览路街道发展定位与战略思路的规划》，确立了今后街道发展的总体功能定位为创意设计街区。2013 年，西城区结合整个区

域内设计产业发展优势，把设计产业作为区未来发展的重点方向和区域经济发展新亮点，出台了《西城区设计产业发展规划（2013～2020年）》。2014年，北京市制定出台了《北京市文化创意产业功能区建设发展规划（2014～2020年）》和《北京市文化创意产业提升规划（2014～2020年）》，其目的在于指导北京市各区（县）人民政府做好文化创意产业，并通过政策扶持引导，大力发展创意设计产业，实现真正意义上的经济方式转型和经济结构调整。市、区两级政府大力支持发展创意设计产业。以创意设计产业发展来带动现有经济结构转型，是北京市、西城区一项长期的城市发展目标。2012年2月27日，由北京市科学技术委员会与西城区人民政府合作共建的中国设计交易市场正式在西城园德胜街区落成开业。同年6月，北京市获得了“设计之都”称号，标志着北京设计之都建设再上台阶。2013年西城区制定了设计产业规划，明确提出把西城区打造成为中国最为知名的“设计之都”核心区、全球设计产业发展示范区、国际高端设计要素的汇集地、国际优质设计产品展示交易区。这都给展览路街区创意设计产业带来了新契机。

（四）搭有发展载体，致力“产”“融”“商”

园区成为设计产业发展的新载体和新平台。近年来，展览路街区文化创意产业园区迅速发展，成为推动创意产业、落实文化产业扶持政策的重要载体和发展平台。如“新华1949”国际创意设计产业园。由中印集团开发，将4.5公顷的老厂区打造成“新华1949”国际创意设计产业园，吸引多家设计、出版、数字传媒企业进驻，构建一个集文化创意产业、金融支撑服务、商务配套支持于一体的“产”“融”“商”品牌和平台。截至2013年9月底，园区已与中旭建筑设计有限责任公司等5家企业签订了房屋租赁合同。中国出版集团公司也拟对原有用地进行改造，打造中国数字出版研发中心。该中心将吸纳并研发数字出版最新技术，形成数字图书、数字报刊、网络出版、手机出版、数据库出版、按需出版、网络动漫、数字音乐、数字教育、复合出版十大产业集群，带动车公庄地区成为国内首屈一指的“数字出版硅谷”，成为出版转型的示范区。

三　展览路街区创意设计产业发展面临的问题

（一）设计资源缺乏有效整合，整体产业政策扶持尚需强化

展览路街区的设计产业尽管形成了一定的产业基础，但由于政府对设计产业的发展尚缺少针对性的政策措施，缺乏统一的组织和管理，多部门交叉，工作分工不明确，加之设计企业自身缺乏系统设计能力与设计管理能力，各个领域优质设计资源单打独斗，缺乏专业间的融合与协作。

（二）产业融合尚在初级阶段，原创设计与品牌建设任重道远

目前展览路街区 170 余家设计类企业中，仅有 9 家注册资金过千万，凭借自身优势不断创新发展，做大做强。但大多数中小型设计企业的设计研发环节缺乏文化与科技的融合渗透，尚未形成原创性的设计研发能力、专业实力与创新竞争力，原创能力较弱。

（三）设计支撑力量相对薄弱，严重制约设计产业规模化

设计产业是集知识密集型和资本密集型两大产业特征于一体的复合型产业，必须有高素质的设计从业人员、配套资金投入作为支撑。近几年来，大中型企业大多数均开始重视设计的价值，企业内部纷纷建立设计部门，培育设计师队伍，有自觉转型和升级的愿望和迹象。但市场培育的欠缺和产业发展的不均衡，导致对人才和资金的吸引力不够，出现人才外流、资金脱节等现象，严重制约了设计产业的规模发展。

四　国内创意设计产业发展的经验启示

（一）台湾创意产业：立足文化，将创意与生活融为一体

台湾创意设计产业，从一开始就注重将产业与文化相结合，把台湾文化

贯穿到整个创意设计产业中，产品体现“台湾味”；将生产与生活相融入，把台湾居民的日常生活融入创意设计全流程，产品体现“生活味”。

展览路街区作为首都功能的核心区，有着深厚的优秀传统文化底蕴，孕育出丰富的“京味儿”。北京不仅有众多的本地人进行创意设计，也吸引了大批国内外优秀的创意设计人才，展览路完全可以将“京城文化”与“国际文化”相碰撞，形成独特的创意设计产业“核心价值”。

（二）上海创意产业园：打造产业链的优化集合

上海为发展创意设计产业，专门打造了创意设计园区，形成了全产业链条，不仅提升了其创意的创新能力，还掌握了创意的核心技术。创意设计园区的打造，一方面可以为创意设计产业提供平台，吸引各类人才和各类企业进驻；另一方面，通过园区优良的服务和积极的作为，可以进一步增进创意氛围和科技创新能力，最终形成上海创意设计产业的核心竞争力。

展览路街区要实现“创意设计街区”的目标，应当充分借鉴上海经验，打通创意设计产业发展的上下游产业链，形成产业规模化发展。

五　展览路街区创意设计产业的发展对策

立足西城区“设计之都”核心区定位和展览路街区“创意设计街区”功能定位，按照中央关于经济转型升级的战略部署和市区对设计产业的发展要求，结合街区设计产业现状，重点在统筹协调、发挥优势、培育市场等方面提出以下对策。

（一）强化统筹协调，做好综合服务

建立展览路街道辖区单位联席会议制度，吸收规模以上的设计类企业参与。

一是按照市区已有政策和后续政策，重点做好政府与企业间的政策对接和政策落地，形成政策扶持有力、吸引人才资金有效的良好氛围，用优质人

才和资金支持来促进设计产业的发展。

二是定期举办“中小企业品牌建设论坛”，打造设计产业链，通过企业间的品牌建设研讨，加强不同专业间的融合与协作以及中小企业主的再培训，培育中小企业健康良性发展和做大做强。

三是适时举办设计产品展示和交流。集中国际国内一批高质量、文化科技深度渗透的原创设计产品，组织设计从业人员进行展览展示，并积极配合向国际国内推广企业设计品牌和设计产品，从商业设计的角度去推动创意设计产业。

四是提供优质服务。统筹利用和整合企业间的产业资源、科技资源、文化等优势资源进行共享；建立完善的服务流程，为企业提供全方位的服务。

（二）发展优势企业，发挥示范效应

遵循北京市、西城区的整体战略布局，打造产业集群，在建筑规划设计、出版设计、时尚设计、展示设计等方面实现集聚效应，逐步实现设计产业的规模发展。

一是加强车公庄建筑规划设计带和南礼士路设计带的建设。依托中国建筑设计院、中国城市规划设计研究院、北京建筑设计院、北京城市规划设计研究院等街区已有规划设计优势资源，以“新华 1949”国际创意设计产业园、中国数字出版研发中心等为载体，吸引集聚建筑规划设计类优质企业、设计大师入驻。

二是全力打造北京展览馆设计板块。北京展览馆是展览路街区的名片，正处于转型升级的关键时期。应该紧紧依托北京展览馆平台，以北京展览馆内部改造为契机，硬件软件结合，设计展示结合，全力打造展示设计板块，并积极促进创新设计向商品的转化，使街区的会展产业更加发挥好带动、辐射作用。

三是努力打造时尚设计板块。作为街区特色产业之一的商品交易市场，仅西外南路就集聚了 9 家。为着力打造时尚设计板块，做好业态调整升级工作，应按照重点突破、试点先行、逐步推广、实现升级的思路，以服装市场

为基础，先期引进国内外知名时尚杂志工作室或传媒工作站，引进国内外知名服装设计机构和人才，选择一至两家商品交易市场，并与市场对接，形成设计、研发、展示、生产、销售的产业链条，实现服装设计产业发展和业态调整升级目标。

（三）创新体制机制，护航产业发展

由政府主导、专家参与、企业协同，在原有体制机制基础上不断创新完善体制机制，用一整套行之有效的体制机制来保障设计产业的规模发展。比如，推动建立健全企业首席设计师体制、创意设计师推进机制、“设计师经纪人”制度、设计机构合作机制等，重点是要建立设计人才孵化引进机制。重点突出三类人才的孵化：创意专业设计人才、设计专门性人才及理论型设计人才。推动设计管理专业人员以及设计专业高等院校毕业生进入企业和公用事业机构，加强企业设计创新力量与管理力量。

参考文献

王中峰：《展览路地区创意设计产业发展调研——发展创意设计产业，促进街区产业升级》，北京市西城区展览路街道办事处，2014 年 12 月。

北京市人民政府：《北京市文化创意产业功能区建设发展规划（2014～2020 年）》，2014 年 6 月。

北京市西城区文化创意产业领导小组办公室：《西城区“十二五”时期文化创意产业发展规划》，2011 年 11 月。

曾辉：《北京建设世界城市的关键：发展创意设计产业》，载《建设世界城市提高首都软实力——2010 北京文化论坛文集》，2010。

李怡：《中国设计创意产业发展的 5 个设想》，载《节能环保　和谐发展——2007 中国科协年会论文集（二）》，2007。

张春红、郭磊、李启光：《创意设计产业园的创新模式研究》，《设计》2014 年第 5 期。

尚光一：《厦门市创意设计产业集群的发展路径探析》，《厦门特区党校学报》2014 年第 5 期。

张晓刚：《论设计创意产业对我国经济转型的驱动作用》，《当代经济管理》2010 年第 1 期。

董红杰：《创意产业“五位一体”的成长路径研究》，华中师范大学博士学位论文，2014。

任重远：《上海市创意设计产业园区的升级研究——从产业链到创新网络》，上海社会科学院硕士学位论文，2014。

王玲：《台湾创意生活产业研究》，山东大学硕士学位论文，2014。

B.9

展览路街道构建“三位一体”社会动员体系实践与思考

摘　要：当前，社会发展处于转型的关键期，党的十八届三中全会提出，“要创新社会治理体制、改进社会治理方式，要依靠广大人民群众、激发社会活力”。[①] 街道作为维护稳定第一线、服务民生最前沿，如何将区域内各层次、各类别、各领域的“力量”组织动员起来，参与社会建设，是推进社会治理创新的重要课题。近年来，展览路街道工委、办事处根据北京市委社会工委的工作要求，按照“依靠多种力量，整合多方资源，开展多元服务，满足多重需求”的工作思路，探索出了一条具有展览路区域特色的“党政动员重协同、单位动员重互动、社区动员重参与”的“三位一体”社会动员体系。本报告主要对展览路街道“三位一体”社会动员体系形成的现实需要和形势需要做了系统的梳理，分析“三位一体”社会动员体系主要做法和相关经验，并对展览路街道进一步加强和创新社会动员工作提出相关对策建议。

关键词：“三位一体”　党政动员　单位动员　社区动员　展览路街道

当前，社会发展处于转型的关键期，利益、思想、需求都呈多元化趋势

① 中国共产党第十八届中央委员会第三次全体会议：《中共中央关于全面深化改革若干重大问题的决定》，2013 年 11 月 12 日。

发展，因此急需创新社会治理体制、机制、方法来有效治理社会。党的十八届三中全会提出“要创新社会治理体制、改进社会治理方式，要依靠广大人民群众、激发社会活力”。由“管理”到“治理”，虽然只有一字之差，但含义更深刻、内容更丰富、要求更明确，是党在治国理政理念升华后对社会管理提出的基本要求。在社会治理中，重政府包揽、轻多方参与的现象还较为普遍，社会治理工作往往成了政府的“独角戏”。街道作为维护稳定第一线、服务民生的最前沿，如何将区域内各层次、各类别、各领域的“力量”组织动员起来，参与社会建设，是推进社会治理创新的重要课题。

近年来，展览路街道工委、办事处根据市、区的工作要求，按照“依靠多种力量，整合多方资源，开展多元服务，满足多重需求”的工作思路，探索出了一条具有展览路区域特色的“党政动员重协同、单位动员重互动、居民动员重参与”的新型基层社会动员体系，实现了从单纯重视党委政府作用向党委政府与社会多元主体共同治理转变。

一 “三位一体”理念推动社会建设向多元治理转变

（一）区域特点决定展览路街道社会治理形势的复杂

展览路街道集交通、旅游、商务、文化等于一体，是西城区面积最大、法人单位最多、商贸市场最密集的综合型街区。其特点具体来说主要有四个“汇聚”。一是交通枢纽路网汇聚。其拥有动物园、西直门两大交通枢纽以及铁路、水运、陆运、城铁、地铁等五种运输方式，平均日客流量可达47万人次。二是服装和小商品市场汇聚。以“动物园批发市场”为代表的22家批发零售市场中，个体经营户达到1.7万个，占西城区个体经营户总数的1/3。三是旅游热点汇聚。以北京动物园、北京展览馆、北京海洋馆为代表的十余处知名景点，年客流量约900万人次。四是老旧小区汇聚。以新中国第一个住宅区——百万庄小区为代表的40年以上房龄的房屋占全地区住宅总数的37%，社区内老龄化人口比例为26%。社会治理面临的形势比较复杂。

（二）“命令型”社会动员机制滞后社会需求

社会动员是一个动员各社会成员共同努力、积极行动、实现共同目标的过程。改革开放以来，随着我国经济社会体制的转轨，社会动员形势发生了深刻变化。从历史发展来看，以往的“命令型”社会动员机制在重大突发事件应对过程中发挥了无可置疑的重要作用。随着经济转轨、社会转型的不断深入，“命令型”社会动员机制由于成本高昂、重心过高、缺乏灵活性和创新性，已经无法满足当前社会、居民群众的需求。从当前发展来看，我国正处在经济社会转型期，大量的历史和现实矛盾交织在一起，如何通过社会动员，促进社会各成员取得共识、达成一致、实现合作，推进政府治理方式由封闭到开放、由被动到主动、由单一到多元的良性发展，考验着街道的社会服务管理能力。从长远发展来看，民生问题得到妥善解决将是考验政府执政效果的关键，也是社会动员的根本目标。只有把社会动员定位在解决同民生密切相关的问题上，并取得一定成效，才能密切党群政群关系，进而起到事半功倍的效果。

（三）多元治理是治理能力现代化新要求

作为首都社会治理的最基层，街道是政府治理的“最后一公里”，是党和政府联系群众、组织群众、动员群众的前沿阵地。近年来，为了适应党的十八大提出的“实现治理体系和治理能力现代化”新要求，展览路街道从地区实际出发，凝聚多元社会力量参与社会建设，充分调动市场、社会力量与政府一起管理社会事务，构建符合时代特征的社会动员模式，以基层工作为突破口，围绕民生需求，从区域实际出发，从居民身边事入手，整合力量，以街道、职能站队所、驻区各级单位为代表的党政动员力量为核心，以社会组织、地区企事业单位为代表的单位动员力量为中坚，以广大居民为代表的社区动员力量为根基，构建起党政、单位、居民“三位一体”的社会动员体系，推动社会建设向多元治理转变。

二　发挥好党政、单位和社区动员作用，构建“三位一体”社会动员体系

（一）在协同中发挥党政动员核心作用

街道各级党组织和街道办事处以及各部门派出机构是社会动员的核心力量。但在街道社区这个层次上，无论党和政府都存在条块分割的问题，存在不同体制下运作模式不同的问题，存在运行机制相互难以融合的问题，这就需要构建协同机制。社会动员必须首先在党政系统实现认识、力量和机制的整合。展览路街道着力加强基层服务型党组织建设，充分发挥党建协调委员会及社区分会的作用，进一步完善“社区大党委”工作平台建设，以商务楼宇党建为抓手，促进党群服务能力协同化运作，全面激发地区党建新活力。

1. 协同党员力量，以“全方位”的服务凝党心

一是强化理想信念教育，夯实党员思想根基。展览路街道在强化理想信念和服务意识上下功夫，牢固树立“打铁还需自身硬”的工作理念，通过党员领导干部“领评”、支部委员“互评”、党员“自评”、支部书记“点评”、党员群众代表“双评”的“五评模式”，切实提升广大党员的思想认识水平，进一步锤炼了党性，党组织的凝聚力和向心力进一步增强，党员的服务意识和社会参与意识进一步提升，广大党员成为社会动员体系的强大中坚力量。二是创新在职党员服务模式，丰富党组织服务内涵。整合地区党建资源，摸清本单位、社区困难家庭的名单和需要帮助的情况，使每一个特困家庭都有街道机关帮、企事业单位党组织帮、社区党组织帮、党员个人帮，从物质到精神进行全方位的帮扶。近年来，党员和驻区单位共签署帮困结对协议 1045 份。针对在职党员在党性观念、专业知识、体力精力、社会资源等方面的诸多优势，深入开展“在职党员进社区、为民服务在基层”主题实践活动。通过进社区认领服务岗位、广泛参与社区组织的各项活动等方

式，将地区居民需求与辖区单位的职能及特点相结合，通过设立资源共享奖励经费和建立跨行业、跨部门的资源分享联席会，搭建驻区单位共驻共建平台，不仅促进了驻区单位之间的互动、沟通，更增进了其与社区居民间的感情。例如，展览路地区科普教育资源比较丰富，共有国家级科普教育基地2家、市级科普教育基地2家、区级科普教育基地6家及16所大、中、小学校。为此，街道牵头成立了展览路地区科教工作联席会，与区域内的科普场馆开展“建馆在社区、服务社区人”联动项目，地区居民可以凭身份证优惠参观签约场馆，社区各类团队可以预约使用学校操场、图书室及其他场地，有效解决了周边社区资源匮乏等难题。目前已有111个单位党组织的5500名在职党员到社区报到，开展服务5404人次，进一步形成了“工作在单位、活动在社区、奉献在岗位”的驻区协同共建新模式。三是创新服务载体，为无职党员设岗定责。在充分发挥在职党员作用的同时，街道工委还积极为无职党员发挥作用提供载体，开展“无职党员设岗定责”活动，设置了4类14种岗位，共有2000多名党员认领岗位，签订协议。比如作为中心城区首个棚改项目，展览路街道的百万庄北里棚户区改造项目牵动了1227户居民的心，为此社区党委联合辖区单位党组织、无职党员志愿者组建了应急动员巡逻队，在项目开发指挥部设立的30多个咨询点之间往返巡逻，掌握居民思想动态，制止私搭乱建，调解家庭纠纷，并以社区党员的名义向全体居民发出“不做钉子户”的倡议，在社区中传播了浓浓的正能量，整体呈现“社会建设，党员主动出谋划策；邻里纠纷，党员主动协调解决；公益服务，党员主动带头示范；社情民意，党员及时收集反馈”的良好态势。

2. 协同机关力量，以“全响应”的服务聚民心

按照西城区委、区政府的要求，展览路街道工委、办事处加快推进以改善民生为重点的社会建设，努力构建应对居民需求的多维度、全反馈、全联动的“全响应”社会服务管理新格局。从“身边事不出网格，小事不出社区”入手，根据居民需求的变化最先提出了建设“全科服务型社区”的目标，努力在社区层面为居民提供公共服务、公益服务、便民服务三大服务。

按照《北京市社区基本公共服务指导目录（试行）》公布的10大类60项基本服务的要求，通过调整岗位设置、创新服务机制、完善服务设施、梳理服务项目等一系列工作，组织动员地区派出所、工商、城管、市政、社保和水电气暖等公共服务部门将服务下沉到社区，并细化为公共、公益、便民三大类128项具体服务项目，居民在社区服务站办理的各种公共服务、公益服务、便民服务可由综合受理社工进行“点菜式”服务，程序将自动弹出各委办局提供的办事依据和流程，综合受理社工可逐条告知居民相关服务办理程序，符合条件的当场办理，或在居民的许可下，由其他社工按岗位类别提供代办等业务。把服务居民的窗口前移至全街道168个网格中，统一推行全科服务、延时服务和预约服务，实现了由“坐等服务”向“主动服务”转变、由“轮流值守”向“专人受理”转变、由“单一服务”向“综合服务”转变，完成了由过去“居委会干部动嘴，居民跑腿”式的管理向“居民动嘴，居委会干部跑腿”式服务的转变，为居民代理代办服务事项3600多次，延时服务4900多个小时。

3. 协同楼宇党建力量，以全覆盖的服务提信心

目前，街道共有商务楼宇48栋，从业人员29325人，建立商务楼宇工作站48个，党组织48个，其中在商务楼宇中单独建立非公企业党支部23个，党建工作的覆盖率达到100%。多年来，展览路街道着重在创新工作机制、强化服务方面发力，取得了良好的成效。一是建立管理机制。为加强对商务楼宇党组织和非公企业党组织的服务管理，整合并规范了商务楼宇党建工作站、社会工作站、工会工作站、团建工作站、妇联工作站、法律咨询站和工商服务站的职责任务以及商务楼宇党建联络员的工作职责。建立健全了商务楼宇党员教育管理和党建工作信息收集等基本制度，为规范商务楼宇党建工作奠定了基础。二是建立联动机制。建立健全了由街道组织部、社会工作党委办公室、工会、团委、妇联、工商、税务、司法、计生、综办、社区等共同参加的联席会议制度，明确各自工作职责。在商务楼宇工作站建设中，社会工作党委办公室负责商务楼宇党建工作的日常管理；社区党组织注重加强与辖区内商务楼宇党组织的联系，做好服务工作；其他部门注重加强

与商务楼宇企业的沟通，形成商务楼宇党建工作合力。三是建立保障机制。公开招聘党建工作联络员，并将其纳入街道全员系列教育中，不断提高其素质和能力。指定社区专职副书记作为所属社区商务楼宇党建工作的具体负责人，将社区党建与楼宇党建有机结合在一起，形成了街道工委领导、社区党委负责、商务楼宇工作站具体抓、物业公司协助抓的商务楼宇党建工作格局。以缤纷多彩活动为载体，以企业间互联为目标，努力提升对楼宇入驻企业、经营者和党员及普通员工的服务质量。

（二）在互动中发挥单位动员中坚作用

近年来，居民对服务的需求呈现多样化，相比之下，街道、社区能够提供的服务，不仅项目无法满足，质量也不能令人满意。政府能力的有限与需求的无限，形成了一个几乎无解的难题，社会治理已不可能完全由政府包办，因此迫切需要社会协同多元参与，发挥各类组织的作用。

1. 实施社会化运作，实现“政社”优势互补

结合区域人流密集、隐患众多等问题，街道改变以往“政府全程包办、抓反复、反复抓”的做法，在“融合资源、运用市场、社会参与、抓好示范”的工作思路指引下，以街道全响应指挥中心为依托，深化地区发展一盘棋理念，按照有机构、有制度、有计划、有项目、有记录、有交流的标准，由街道牵线，推动政府机关、社会单位、社会组织、企业、居民多方参与。针对地区“一老一小”两类高风险群体的特点，组织地区幼儿园、养老院开展了“老年人居家安全”“幼儿园儿童安全”“无障碍设施改造”等项目；针对地区汇集了22个大中型商品批发市场、瞬间人流量达7万~10万人次、消防隐患大的特点，指导商贸市场自发开展“商贸市场安全”“查找危险源”“安全社区教育基地”等项目；针对地区内北京动物园等高密度人流聚集的公共区域，开展“人流监测”“公共区域三级导向”等项目。

几年来，不同领域、不同专业的项目小组共开展大型调查4项，发放问卷7万余份；开展干预项目及各类应急演习36项，惠及地区群众13万余人次；发放各种宣传品5万余份，组织开展各种培训活动1000余次，有效地

增强了地区的安全防范能力，提高了居民的安全意识。

2. 实施项目化推动，引导社区公益服务规范

按照“社区所需、志愿者所能”的原则，将240支社会组织团队按照活动性质分为社区服务、治安民调、医疗计生、文体科教、环境物业和共建发展6类，并将其负责人、活动范围等情况向居民公示。

发挥社区公益金和街道专项支持经费的作用，规定社区公益金的30%必须专门用来支持社会组织，重点对党员先锋队、楼门（院）长队伍、环境保护协会、青少年教育协会、为老服务团队、爱犬自律协会等社会组织进行扶持。

以文明城区创建为契机，发动党员、积极分子、社区居民、驻区单位等力量，组建市民劝导队，对公交车站、社区广场、街心花园、楼门院等公共场所中不文明现象开展宣传和劝导活动，充分发挥市民劝导队的导引作用，引导人们从自身做起，用“劝”让“自发”行为变“自觉”行动，用“导”让“被动”接受变“主动”接纳，用“队”让“活动”定期变“常态”定格，聚焦共同的目标，为建设和谐、宜居的展览路贡献自己的力量。

3. 实施规范化管理，引导市场自律发展

打造“一刻钟社区服务圈”，向全体居民公布地区餐饮、住宿、医疗等八大类1420个服务资源的基本信息，并据此建立资源台账，形成展览路街道“1+1+22+X”社区服务资源系统（“1+1+22+X”，即1张街道级社区服务资源图，1本一刻钟社区服务手册，22张社区级服务资源地图，X张银行、学校等专项地图）。通过筛选，将服务质量达到标准的50家服务资源纳入街道与社区两级服务圈中，探索实施“身边放心店”行业自律协作模式，组织居民为身边的“小服务商、小门店”打分评级，使其在改善城市管理、服务居民生活方面发挥积极作用。

（三）在参与中发挥社区动员主体作用

1. 探索社区事务提案制，健全“民意”形成机制

依托“阳光会商室”“畅谈舒心社”“居民议事厅”等平台，借鉴人大

议案和政协提案的成熟经验，在各社区成立由社区党员代表、居民代表等组成的社区事务提案小组，形成社区党组织主导下的民意表达空间。通过“社区党委规范提案、管理小组分类提案、共建协会合力办案、社区纪委全程督案”，建立市、区、街、居“四级议案制”，组织相关人员对提案进行会商。能及时协调解决的，面对面解决；将一时不能解决或者超出居民自治范围的问题，上报街道“访民情、听民意、解民难”工作领导小组办公室，经分析研究后，转至责任科室进行办理；涉及市、区级层面的，通过街道社情民意督办单提交至区社会建设“全响应”工作联席会协调解决，并将办理进展告知提案人，确保提案工作“事事有着落，件件有回应”，引导广大居民依法、和谐、有序地参与社区事务与问题的全程解决。

2. 推行楼门（院）长报告制，畅通“民情”收集机制

楼门（院）长是一支服务居民、服务社区的志愿者队伍，是社区基层民主自治的骨干力量，是联系基层政府和居民的桥梁与纽带，是社区共治的基本元素和根基，为此，街道组建了一支包含 2885 名楼门（院）长的队伍，确定了“五无、三变、两清”的报告内容。“五无”：有无零就业家庭、有无城镇危房户、有无拖欠工资问题、有无重大重复上访户、有无社会救助盲点。“三变”：一是社区内常驻户数、人数的变化情况；二是社区内户籍与居住状态的变化情况；三是社区内流动人口和出租房屋的变化情况。“两清”：一是社区内重点人群的情况清；二是社区内其他临时、突发的情况清。

3. 试行“楼院微自治”，落实“民需”决策机制

社区事务提案制以及楼门（院）长报告制度的实施，不仅实现了社情民意的迅速上传，而且在更大范围内为居民、楼门（院）长参与社会建设搭建了实践平台，使他们从原来的被动接受服务工作转变为自觉自愿地为居民提供服务，呈现意识增强、形式多元、领域拓宽、水平提升等变化。为了积极响应“民情”“民意”，以解决直接影响居民生活的难点问题为切入点，街道启动了老旧小区“楼院微自治”服务项目，通过培育楼院自我服务管理组织，推选培养楼院领袖，为联合整治奠定基础。带动 17 个老旧小区实

行居民自治式管理，仅在解决停车难问题上，就总结出了“停车自管”“配锁共管”“错时停车”“资源互换”等多种方式，逐步实现了“自治组织建设好、自我管理机制好、自我服务效果好、驻区单位协同好、突出问题解决好”的老旧小区“五好”目标。

三　以“三新”为抓手，加强和创新社会动员工作

当前和今后一段时期，既是重要战略机遇期，又是深化改革的攻坚期，更是各种矛盾的凸显期。在严峻挑战面前，如何谋划社会动员的持续、有序、健康发展显得尤为紧迫。

（一）践行多元治理新理念，推动政府管理理念创新

现代意义上的社会动员是一项多元参与、系统联动的活动，仅靠行政命令持续调动公众的参与热情是难以为继的，有效的社会动员客观上要求政府在管理手段上进行创新。展览路街道要与时俱进创新治理手段，由刚性的行政手段转向法律手段、经济手段、行政手段的灵活运用与配合使用，不断提高管理水平。

（二）树立政企联动新思维，注重激发企业社会责任

企业是在社会、社区范围内运营，必然与社会、社区发生密切的关联，所以，企业理应承担更多的社会责任，包括：提供就业机会的责任、帮助社会弱势群体的责任等。展览路街道通过与企业联系密切的如城管科、工会、社会党委办公室等多个部门，不断创新治理思维，搭建联席会等多个平台激发企业的社会责任活力，实现企业的社会参与，提高社会动员的建设水平。

（三）把握社会动员新要求，关注网络化传媒动员

在社会动员中，为了确保目标一致，就需要对社会动员宣传的理念、口号等进行科学设计。要改变以往不符合时代氛围，口号、横幅满天飞等现

象，展览路街道要充分利用网络、手机、微博等新技术、新媒介，使其不仅成为民意诉求表达的快速渠道，更要通过这些平台在基层营造良好的社会氛围，实现有效的社会动员，推进网络虚拟社会动员与现实社会动员的有机结合。

参考文献

王振海：《社会动员：一种国家治理方式》，《学习时报》2014 年 5 月 28 日。

谢新洲、安静、田丽：《社会动员的新力量——关于微博舆论传播的调查与思考》，《光明日报》2013 年 1 月 29 日。

马业珠：《完善社会动员体系推进社会治理创新》，北京市西城区展览路街道工委，2014 年 11 月。

吴立军：《注重社会协同激发共建共享努力构建“三位一体”社会动员体系》，北京市西城区展览路街道办事处，2015 年 1 月。

B.10 管理与服务相结合促进社区矫正对象融入社会

——关于展览路街道社区矫正工作的调查与思考

摘　要：社区作为社会最基本的单元，在构建和谐社会的进程中承担着至关重要的作用。而社区矫正作为非监禁刑罚的一种执行方式，是社区工作的一个重要组成部分，是加强社会建设、创新社会治理的重要内容。虽然社区矫正人员所占人口数量的比例很小，但由于工作对象的特殊性、高危险性，社区矫正工作直接关系着社区乃至整个社会的和谐稳定。因此，研究和探索新形势下社区矫正工作的新途径、创新管理模式，对提高罪犯的教育改造质量、促进社会治安秩序的良性循环、降低刑罚执行成本、合理配置执行刑罚资源、促进经济社会发展、建设国际一流和谐宜居之都具有重要意义。本报告通过对展览路街道社区矫正工作的概况与特点、探索与实践的系统梳理，分析展览路街道工作中存在的问题，并对展览路街道如何做好社区矫正工作提出相关对策和参考。

关键词：社区矫正　社会融入　“七包一”模式　展览路街道

一　展览路街道社区矫正工作起步早、基数大、人户分离多

（一）社区矫正工作起步早

2003 年 7 月 10 日，最高人民法院、最高人民检察院、公安部、司法部

联合发布《关于开展社区矫正试点工作的通知》，确定在京、沪、津、浙、苏、鲁六个省市开展社区矫正试点工作，拉开了我国社区矫正实践探索的序幕。2004 年 6 月，展览路街道开始开展社区矫正工作，由监狱、公安、街道和社区组成联合社区矫正工作网络，工作人员包括：狱警 1 人、公安干警 1 人、专职矫正工作人员 1 人、协管员 1 人、社区工作者 21 人。社区矫正工作的主要任务是：依法加强对矫正对象的监督、管理，确保刑罚的有效实施；矫正其不良心理和行为，使其顺利回归社会；帮助矫正对象解决生活、法律、心理等方面遇到的问题和困难。截止到 2014 年底，已累计接纳矫正对象 166 人，解除矫正 111 人，转出 1 人，在册 54 人，无一例重新犯罪和托管漏管。

（二）社区矫正人数呈上升趋势

展览路地区西北部为旧城外沿区，由于历史沿革，居住户混杂、人口素质参差不齐，20 世纪八九十年代此地区发案率较高，使得现今社区服刑人员基数相对较多，居西城区各街道前列。随着刑罚制度的人性化趋向，为了让矫正对象有更好的心理矫正和行为改造并及早融入社会，加大了以社区矫正模式来执行刑罚的适用对象范围，使地区社区矫正对象人数呈逐年上升趋势。

（三）“人户分离”现象严重

随着城市改造和社会建设快速发展，地区大量老旧房屋被拆迁或买卖，加上个别家属有意躲避责任，造成许多服刑人员成为空挂户或无家可归。地区现有 22 名在册矫正对象处于人户分离状态，占在册总人数的 40.74%，超出西城区平均人户分离水平。

二　整合社会资源，细化管理措施，探索“七包一”模式

近年来，展览路街道坚持将社区矫正工作作为和谐社区建设的重要组成

部分，针对社区矫正工作法律性和政策性特点，严格执行社区矫正工作各项规章制度、健全工作机制、整合社会资源，积极探索妥善有效的工作方法，确保社区矫正刑罚的有效实施。

（一）动员各方力量，多管齐下完善矫正工作网络

展览路街道始终把社区矫正工作列入重要议事日程，在组织领导和工作经费上予以坚决保障，街道矫正帮教领导小组和综治委矫正帮教工作协调委员会发挥了积极的协调和促进作用，整合地区资源，完善工作网络。街道每年有针对性地对社区矫正工作进行深入调研，制定规划并及时解决工作中的困难和问题；不断加强社区矫正工作者队伍建设，拓宽培训渠道，掌握相关政策和法律法规，提高工作水平；街道建立并规范了社区矫正工作各项规章制度和工作流程，强化了对社区矫正工作的督促检查和考核考评机制建设，确保了各项任务和政策措施落到实处。

展览路街道按照“条块结合、属地管理、全面排查、重点防控”的工作思路和方法，强化社会参与的工作氛围，动员各方力量，专群结合、多管齐下、全力以赴，保障社区矫正工作“三防三降一提高”（“三防”，即预防重特大刑事案件、预防极端暴力行为事件、预防影响社会稳定的事件；“三降”，即年重新犯罪率下降、脱漏管率下降、违法违纪率下降；“一提高”，即年重点人转化率提高）目标的完成。

（二）专群结合、专兼统一的“七包一”工作模式

实践中，展览路街道不断优化工作模式，实现资源统一、优势互补，为做细做实社区矫正工作提供了人力保障。街道建立了专群结合、专兼统一的“七包一”工作模式，即由司法所的司法助理员、驻司法所的监狱干警、派出所的社区民警三支专业专职力量和协管员、社区工作者、社区志愿者以及社区服务人员家属等组成的兼职力量，对一名矫正对象进行矫正管控。

（三）科学评估分类，细化对矫正对象的管控措施

根据《北京市社区服刑人民综合状态评估指标体系》量表对矫正对象进行危险度评估，在评估基础上进行科学分类：展览路街道现在册的54人中，人身危险小、再犯罪可能性小、再社会化程度高、回归社会趋向好的低强度管理者为A类的有5人；人身危险中、再犯罪可能性中、再社会化程度中、回归社会趋向一般的中强度管理者为B类的有37人；人身危险大、再犯罪可能性大、再社会化程度低、回归社会趋向差的高强度管理者为C类的有12人。按照分类结果，针对矫正对象个人情况，街道制定了个性化矫正方案共54份，细化了管控措施。

在具体管控上，街道实行日常管理与重点时期排查相结合的方法，平常月排查，法定节假日前必排查，重大政治活动期间加强排查。对重点管控人员做到方案、措施、人员三落实，并及时对重点人员的心理和行为状况进行动态分析。街道实行无缝衔接机制，即被监狱确定为重点人的矫正对象在出监所时，由街道司法所工作人员、户籍所在地民警或矫正对象家属到监所将其接回，并进行妥善安置，确保了重点时期的安全稳定。

（四）整合现有资源，助力矫正对象早日融入社会

矫正对象进入社区后，面临来自家庭、社会、个人心理上的一系列问题，其个人生存基础比较薄弱，户口问题也得不到解决。展览路街道从实际出发，积极整合现有资源，加强部门协作，进行免费的技能培训，帮助矫正对象推荐工作，帮助他们独立创业，做他们家属、朋友的思想工作去接纳矫正对象；有特殊需要的，及时进行临时救助；符合低保和廉租房政策的，帮助其尽快办理低保和廉租房手续。目前，街道分别给23名矫正对象办理了低保，占矫正对象总数的42.59%；给8名矫正对象办理了廉租房，占矫正对象总数的14.81%，在很大程度上缓解了矫正对象的生活压力，便于他们及早融入社会。

三 监管难度大，协调机制不完善，矫正人员融入社会难

由于社区矫正工作法律法规制度和工作机制还不够完善，社区矫正的组织机构、工作队伍不够健全，街道开展社区矫正工作面临诸多困难和问题，需要进一步探索和实践。

（一）法律法规不健全，监管难度比较大

当前，我国在社区矫正方面的相关法律法规不健全，这就导致了执法主体不明确，奖惩机制难落实，增加了社区矫正的监管难度。我国现行《刑法》《刑事诉讼法》明确规定：除了缓刑罪犯由公安机关交所在单位或基层组织予以考察外，公安机关是非监禁刑的执行机关。而北京市矫正工作的主要法律依据是两个相当于部门规章的《通知》。从法律效力等级上看，《刑法》和《刑事诉讼法》的效力明显高于《通知》。公安机关任务重、警力不足，难以安排专门的警力来负责对非监禁刑服刑人员的跟踪管理。社区矫正工作人员处在一种尴尬境地，有监管的责任，却没有相应的执法权，使得刑罚很难得到有效执行，部门之间协调总存在一定的局限性，形成了对非监禁刑服刑人员“两不管”的尴尬局面。

社区服刑人员奖惩机制缺乏可操作性。北京市社区服刑人员的奖惩依据是《关于对社区服刑人员考核奖罚工作的暂行规定》，实行给矫正对象打分制度，根据其每一项矫正内容的完成情况给矫正对象加分或减分，分数到了一定程度可以得到奖励或惩罚。但在实际工作中很少实行奖励和惩罚，主要原因在于程序比较复杂，涉及的部门比较多，影响了奖惩制度的可操作性以及奖优罚劣功能的实现。

（二）监管手段较单一，协调机制不完善

展览路街道主要是通过人力走访、电话走访等传统监管手段来确定矫正

对象是否遵守矫正规定在社区服刑。但是大部分时间矫正对象所处何地、所行何事，街道受人力、物力所限都难以掌握，尤其是在重要时期（比如两会期间、重大节假日期间等），由于无法确定矫正对象的具体情况，所以给社会安全带来一定的隐患。

人户分离现象也加大了监管的难度。北京市矫正管理制度规定矫正对象由户籍所在地司法所负责管理，但是由于北京市这些年的高速发展，大量房屋拆迁，市区生活成本较高，有些矫正对象亲属碍于面子等原因也不愿意与矫正对象一起生活，以至于大量的矫正对象在其他社区甚至是郊区生活，人户分离情况严重。展览路街道现有22名在册矫正对象处于人户分离状态，占在册总人数的40.74%。矫正工作人员由于人力物力所限，基本难以到其他社区进行有效监管，加之两地矫正组织的协作机制还不够完善，造成了人户分离情况下的监管难题。

（三）工作人员专业化与面临形势不匹配

工作人员的职业化、专业化程度不能适应形势的需要。社区矫正工作队伍包括专职工作人员1名，兼职协管员、社区工作者22名，面对刑罚执行这样一项职业化、专业化的工作，其职业化程度远远不足。同时，社区服刑人员接收、监管、考核、奖惩、心理矫正、解除矫正等各个环节都有很强的专业性要求，迫切需要提高现有工作队伍的专业化水准。以矫正对象的心理矫正为例，每个矫正对象的犯罪历史、犯罪原因、心理类型、心理特点、现实表现等方面各不相同，心理的承受能力、对犯罪的诱惑力、对外界的抗干扰力、服务社会的信心也都因人而异，导致工作人员对矫正对象的心理很难掌握，这就要求矫正工作人员应具备一定的心理矫正专业能力和丰富的心理矫正经验。但是整个西城区只有少数工作人员接受过正式心理矫正培训，展览路街道社区矫正工作人员没有经过此方面专项培训，只能靠个人能力和工作经验在做心理矫正，很大程度上不能适应心理矫正的专业需要。

（四）社会偏见大，矫正人员融入社会难

矫正对象难以重新融入社会增加了再犯罪的风险。矫正对象出监后，面临一个与自己隔绝多年的生活环境，尤其是这个生活环境难以接纳自己，而自己潜意识中也不愿接纳它。调查数据显示：54 名矫正对象中，38.89% 的矫正对象认为出监后，政府会负责他们的工作和衣食住行；68.52% 的矫正对象担心社会难以接受自己的犯罪经历；22.23% 的矫正对象担心自己难以适应社会。事实正是如此，仅就关系矫正对象的基本生活的工作来说，通过对 60 家企业、个体户的调查发现：54 家在同等条件下不考虑雇用矫正对象，占总数 90%；11 家在安全得到保障的情况下可以考虑雇用矫正对象，占总数 18.33%；4 家在得到政府奖励的情况下可以考虑雇用矫正对象，占总数 6.67%。近年来，展览路地区的社区矫正对象共计 79 人没有工作，占接收社区矫正对象总人数的 47.59%。很多矫正对象找不到工作也不能创业，自己无法谋生；许多矫正对象都被亲属和朋友拒之门外，无人依靠；有些矫正对象不符合政府救助的条件和范围，低保和廉租房不能申请。这些矫正对象面临的基本生活保障压力，有可能使他们再一次铤而走险。

四　提高社区矫正水平，推动矫正建设规范化

在社会上依法实行社区矫正，有利于从源头上遏制、减少违法犯罪。通过十几年的探索，展览路街道的社区矫正工作已经有了自己的一套理论和方法，但随着社会发展形势的不断演进，各种新问题与老问题相互交织，展览路社区矫正工作也需要与时俱进，不断更新理论和方法，提高社区矫正水平，推动矫正建设规范化。

（一）健全机制，社区矫正工作深化运行

一是加强部门协作机制，满足执法需要。在目前情况下，由于司法所没有执法权，法律的制定修改需要一个过程，社区矫正工作在很多情况下又需

要执法权，部门协作作为执法权缺失的变通手段之一就显得至关重要。但是现有社区矫正工作文件中规定的相关部门职责比较原则化，不够具体，并不能完全适应部门协作需要，因此迫切需要建立一种明确的、具体的部门协作机制，体现在成文的规定之中。建议制定矫正工作协调制度，明确规定各级司法机关、公安机关、检察院和法院、地方政府等相关部门之间对于社区矫正工作的具体职责分工，只有明确规定了各部门的具体职责和协作制度，才不会产生多个部门“乱当家”，同时减少产生相互推诿的“三不管”现象。

二是完善落实奖惩机制，促进矫正效果。要以科学发展观为指导，以人为本，提升奖惩制度的人性化与可操作性，减少不必要环节和程序，加大对矫正对象奖惩机制的检查督导力度，加强街道与公安机关、检察院、法院、监狱系统协调合作，切实实施奖惩制度，提高矫正对象的积极性，打击矫正对象的违法行为，切实保障社区矫正效果。

（二）强化协作，努力完善联动管理系统

一是利用社会资源，精心构筑群防群治网络。广泛发动群众，巩固区、街、居工作网，将日常机制与应急机制相结合，全面推行定点哨、流动哨、义务哨的“三哨联动”机制，建成交叉、立体、全方位的治安防控网络，形成相互配合、相互督导的协防态势，提高社区矫正的监督管控能力和水平。

二是完善监控能力，提高工作效率。应在不断完善传统监管方式的基础上，增加科技手段，促进监管到位。建立特殊时期的手机定位监管制度，街道要严格按照程序，对有危险难以用常规监管手段监管的矫正对象使用手机定位，确定矫正对象的所在位置，甚至进行一定的行踪记录。市、区、街道三级矫正组织及相关的社区、业务部门、社会组织等应完善应急联动系统，提高应急响应速度，在一定程度上可以有效防止矫正对象重新犯罪，对社会安保工作具有重要意义。

三是推行属地管理以人为主的方法，有效对人户分离矫正对象实施管理。首先是应由上级有关机关统筹协调推行属地管理以人为主的方法，即在

矫正对象人户分离的情况下，应以矫正对象本人所在地的矫正组织优先负责此人的矫正工作，特殊情况下由矫正对象户籍所在地负责此人的矫正工作。工作人员只有见到矫正对象才能更好地对其进行行为和心理矫正，只有在自己的工作范围内才能更好实现对矫正对象的监督管控。从非监禁刑的要求来说，如果矫正对象的居住地频繁更换，甚至是居无定所，那就说明此人的社区矫正条件并不太成熟，不适合社区矫正，或者在适度限制矫正对象的居住地变更后实施社区矫正。在展览路街道以往的社区矫正工作经验交流中，以人为主的属地管理得到矫正工作人员的广泛认可。其次是完善人户分离情况下矫正工作的两地协作制度。在现行以户籍所在地为主的属地管理情况下，人户两地的矫正组织必须加强协作，实现无缝衔接。两地协作制度需要明确规定在跨省、跨市、跨区、跨街道、跨社区情况下人户分离时的社区矫正工作的具体职责分工。只有明确规定两地矫正组织的具体职责，才能实现两地矫正工作的紧密协作和无缝衔接。

（三）优化队伍，提高社区矫正工作质量

一是加强现有工作人员的专业能力培训力度。矫正工作人员的业务素质决定着社区矫正工作能否顺利开展，因此提高社区矫正工作队伍的综合素质至关重要。要加大专业培训投入力度、增加培训人次、拓展培训范围、深化培训内容，同时提供经验交流的机会，取长补短，创造学习气氛，注重理论与实践结合推进。

二是提高工作人员的准入标准。矫正工作的特殊性对矫正人员能力要求很高，既需要矫正人员拥有较高的专业能力，又需要矫正工作人员具有丰富的工作经验。因此对要加入矫正工作人员队伍的应聘者，既要注重业务能力又要注重对突发事务的处理应变能力，既要注重个人能力又要注重责任意识。

三是稳定矫正工作人员队伍。社区矫正工作是严格的刑罚执行工作，需要一支高度职业化的队伍。社区矫正工作队伍流动性过大会导致培训成本提高和浪费，工作交接和熟悉工作的时间成本也很高，对矫正工作的开展造成

不利影响，所以一定要慎重对待工作人员的更换与流动。

四是建立引进心理矫正社会资源长效合作机制。由于心理矫正对专业水平要求很高，而现有矫正工作人员受到专业心理矫正培训的极少，除了加大现有工作人员的心理矫正培训外，街道可以和有关医院、学校、法院、检察院、公安局等单位联系协作，也可以直接联系专家、学者、学生或退休人员等定期定点为矫正对象进行心理矫正，在一定程度上既实现了矫正对象的心理矫正，又减少了司法资源投入的压力。比如，昌平区矫正服务中心聘用了两名中国政法大学心理研究中心教师作为中心的心理咨询师；通州区矫正服务中心则依靠政法职业学院的专业力量做心理矫正工作，都收到了较好效果。

（四）资源整合，提高矫正对象的融入度

对于许多矫正对象，尤其是在监狱生活多年的矫正对象出监后不适应社会生活，和社会严重脱节这一问题，建议展览路街道从以下四方面入手帮助矫正对象提早融入社会。

一是做好出监教育。社区矫正组织应当和监狱系统加强协作，认真做好出监教育，重视矫正对象的职业技能培训和自信、自食其力心理的培养，使矫正对象出监后能以一个良好的心态去适应社会、融入社会。

二是做好就业指导和职业培训。对有就业需求的矫正对象全部纳入就业指导服务范围，逐人建立就业台账。同时利用街道社会保障事务所（以下简称社保所）的劳动技能、培训资源和为地区单位推荐用工的优势，由司法所与社保所共同组织，为有劳动能力、愿意就业的矫正对象提供技能培训。社保所根据用人单位的需要进行推荐，形成一条从技能、培训到就业的链条。

三是整合资源解决矫正对象就业。由于矫正对象的犯罪经历和自身问题，企业、单位一般不愿意雇用他们，他们的就业情况不容乐观。政府部门要积极整合资源，帮助矫正对象解决就业问题，比如监狱农场应尽量创造条件，在矫正对象出监后留用矫正对象，也可以推荐一些自行车管理、传达

室、工地看护等要求较低的工作；对雇用矫正对象的单位给予一定程度的税收减免，或者计入公益活动等；对有能力又确实想要自谋职业，但缺乏资金的矫正对象，街道提供扶助性帮助，协助其办理贷款、寻找场地等。

四是保障矫正对象的基本生活。矫正对象由于其犯罪经历很难找到工作而造成生活困难，又因生活困难其再次危害社会的可能性要比一般人大很多，如此恶性循环对社会的和谐稳定极其不利。街道要做好长效机制与临时救助的紧密结合：首先是适当放宽矫正对象的低保和廉租房准入条件，在最低生活保障和廉租房政策中出台专门针对矫正对象这类人群的标准，形成矫正对象基本生活长效保障机制；其次是建立“过渡性安置基地”，由政府投入资金，筛选合适的企业、单位签订相关的协议，明确双方的权利义务，建立一套有效管理机制，形成一定的安置能力，保障矫正对象的过渡性安置；最后是充分发挥临时救助的灵活性，在矫正对象刚出监时，办理低保和廉租房过程中，面临重大疾病、突发事件造成生活困难时，通过临时救助，确保矫正对象的基本生活。

（五）完善法律，保障社区矫正执法依据

我国现行《刑法》和《刑事诉讼法》立法较早，而把矫正工作转移到司法机关执行属于近年来试行之事。多年的实践已经证明矫正工作由司法机关执行有较好效果，说明《刑法》和《刑事诉讼法》立法的现实基础发生了部分改变，修改《刑法》和《刑事诉讼法》中关于社区服刑执行主体的内容迫切需要提到立法日程上来。应当抓住《刑事诉讼法》修改的机会，争取在《刑事诉讼法》中明确规定社区矫正的具体内容和细则，从而为制定行政法规、部门规章以及地方性法规等提供法律依据。

参考文献

马业珠：《关于展览路街道社区矫正工作的调查与思考》，北京市西城区展览路街道

工委，2014。

刘仁慧：《人民法院参与社区矫正的思考》，2015 年 1 月，http：//www. chinacourt. org。

王鹏翔、汪霞：《社区矫正现状及存在问题与对策——兼议社区矫正之法院功能》，2013 年 9 月，http：//jiaojiang. tzcourt. cn。

叶平、王贞元：《社区矫正工作存在的问题与对策》，《咸宁日报》2014 年 9 月 12 日。

案 例 报 告

Case Reports

B.11

展览路：以楼门（院）长为核心推进楼院自治

摘　要：小区、楼院是城市生活的最基本单元，也是社会组织的最基本单元。加强小区、楼院自治是依法推进社会治理的重要内容。本文以案例研究为主，系统展现展览路街道以楼门（院）长为核心推进楼院自治的好做法，并通过经验分析得出楼院自治对基层治理的几点启示，以期能为其他地区基层治理提供参考和借鉴。

关键词：社区自治　楼院自治　规范化　制度化　展览路街道

一　以楼院为基本单元构建社区自治体系

根据2000年《民政部关于在全国推进城市社区建设的意见》，我国的社区首先是一个空间概念，“一般是指经过社区体制改革后作了规模调整的居民委员会辖区”。居委会是基层群众实行“自我管理、自我服务、自我教育、自我监督”的自治组织，是城市基层政权的重要基础。但是，到底多大规模的社区更适合群众自治，目前仍在探索过程中，既无法律或行政法规规定，也没有可操作的理论模式。

在实践中，作为空间概念的社区有越来越大的发展趋势。1994 年展览路地区最初设立街道时，辖区面积 3.98 平方公里，常住人口 70988 人，设居委会 63 个，每个社区平均 1126 人；2000 年根据居民居住情况将居委会调整为 25 个，每个社区的人口增加到将近 3000 人；2004 年西城区区划调整，将原阜外街道与原展览路街道合并为现在的展览路街道，辖区面积增加到 5.87 平方公里，常住人口达到 13 万人，社区却减少到 21 个；2014 年新设滨河社区，社区总数为 22 个，每个社区平均 6000 多人。

在社区管理半径扩大的同时，随着单位制社会的破产，原来由单位承担的大量社会管理事务下沉到社区，社区承担的政府工作越来越多，行政职能越来越强化，社区行政化倾向越来越严重，作为居民社会生活共同体的自治空间被行政事务挤占，社区自治功能在某种程度上有被削弱的趋势。正是在这种情况下，展览路街道工委、办事处将社区自治的基本单元由社区逐步聚焦到楼门院落，积极探索楼门院落的自治，发挥楼门（院）长的核心作用，以楼门院落的自治把社区自治做实做好。

例如，德宝社区实行楼门（院）长包片管理，通过召开“居民代表—楼门（院）长”议事会、加强楼门（院）长学习培训、开展先进楼门评比活动等，不断加强居民代表和社区楼门（院）长队伍建设。在居民代表、楼门（院）长的带领下，社区成立了多支志愿者团队，在深入挖掘各类共建资源的同时，加大对治安巡逻、为老服务、特困帮扶等队伍的扶持，开展一系列便民、利民、为民服务，逐步形成“社区居委会—楼门（院）长—居民代表—志愿者团队—社区居民”上下贯通、左右联动、全员参与社区建设的新格局。

文兴街社区以“打造楼门文化，增强社区学习功能、服务功能、自治功能”理念为指导，以建设和谐社区为目标，以开展各类文化活动为载体，开展社区楼门文化建设；同时，注重鼓励居民借助楼门院等平台参与社区建设，不断深化“一楼一主题、层层有特色”的楼门文化建设工作，创建出一大批特色楼门，如学习型楼门、京剧艺术楼门、志愿者奉献楼门、绿色环保楼门、为民服务楼门、治安防范示范楼门等。经过多年的努力，社区各楼门已经成为宣传文明礼仪、促进邻里和睦、建设和谐社区的重要阵地。

新华里社区在科技、环保、双拥、互助、平安、再就业、计生、助残、文明、助老等方面，以社区主导、社会参与、居民出力的方式，加强特色楼门建设，通过安全健康知识展、楼门（院）长亮身份、主题楼门建设等活动，实现了从单一的“警示性楼门文化”向“知识型、服务型、参与型楼门文化”的转变，营造了安定有序、环境舒适、和谐互助的良好氛围。

洪茂沟社区结合自身实际，以“打造平安社区，构建和谐家园”为目标，采取“党委领导、居委会管理、服务站配合、居民参与”四位一体的管理模式，建立“社区—居民代表—楼门（院）长—治安志愿者—社区居民”五级安全管理网络，形成自上而下、层层落实，由下而上、及时反馈的良好局面。

展览路街道楼院自治的积极探索和丰富实践为构建多层次、全方位、链条式社区自治体系开辟了有效途径，为社区自治进一步走上规范化、制度化打下了坚实的基础。

二　“三抓一规范”推动楼院自治规范化、制度化

2009 年初，为了进一步加强楼门院建设，夯实社区建设各项基础工作，西城区民政局出台了《西城区民政局关于落实楼门（院）长报告制度的意见》（西民发〔2009〕7 号），要求“充分发挥楼门（院）长在了解民需、反映民意、传递诉求上的作用，围绕民生最直接、最现实、最迫切的问题，在社区内建立规范有效的信息采集体系和社情民意表达、反馈机制”。以落

实楼门（院）长报告制度为契机，展览路街道以强化楼门院落自治的规范化、制度化建设为出发点，实施“三抓一规范工程”，即：抓楼门（院）长队伍优化、抓数据清理、抓楼门（院）长报告制度落实，形成了较为规范化、科学化、日常化的街、居、居民小组、楼门（院）长的社区管理体系和运行机制。

（一）强队伍，夯实楼院自治基层基础

一是建章建制。街道结合社区实际情况，及时制定了《展览路街道楼门（院）长队伍建设工作方案》，依据《中华人民共和国城市居民委员会组织法》，进一步明确了楼门（院）长的产生条件：凡长期居住在本楼门，遵守国家法律、法规，政治素质好，责任心强，办事公道，身体健康，自愿、义务从事社区公益事业，在本楼门（院）有一定的群众基础和威信，年龄原则上不超过 70 周岁的居民。确定了“一推一选”楼门（院）长产生方式：楼门（院）长由本楼门（院）的居民按照简单多数的原则推选产生。比如，在老旧小区、平房院落，通过各个楼门（院）居民个人自荐、居委会推荐、居民推选等方式产生楼门（院）长；在物业管理自成体系的机关、部队家属院，发挥物业和小区管委会的作用，让其参与各楼门（院）长的推选工作，采取联合推荐与居民推选相结合的形式产生楼门（院）长；在居住密度大的塔楼，以每 3 ~4 层推选出一名层长作为楼门（院）长，负责 20 ~30 户居民。所有正式确定的楼门（院）长都要在本楼门（院）进行公示。建立健全楼门（院）长例会制度，初步形成了包片责任人和楼门（院）长周见面、社区每月召开楼门（院）长工作例会、街道每年召开楼门（院）长总结表彰大会等一系列楼门（院）长队伍建设常态运行机制。

二是优化队伍。对于楼门（院）长队伍中因迁址、身体原因、年龄较大等退下来的、发挥作用不好和缺位的，街道结合社区实际，采取多种方式，不断调整、充实、完善楼门（院）长队伍。在补充调整楼门（院）长时，采取楼门（院）长推荐、居民推选和个人自荐相结合的方式产生楼门（院）长。对于退下来的楼门（院）长，社区利用走访、座谈等方式给予工

作肯定和感谢，动员他们推选新的楼门（院）长。如文兴街社区曾对退下来的楼门（院）长进行慰问并召开茶话会，鼓励他们在力所能及的情况下继续为社区居民服务。社区还注重在流动人口占大多数的楼门（院）中培育楼门（院）长。目前，街道这种对楼门（院）长随缺随补的方法，已经成为完善队伍工作的动态管理机制。

三是加强培训。街道坚持边实践、边总结、边完善的原则，制订了详尽的楼门（院）长队伍建设培训计划，设计下发了《民情、民意、民需录——展览路街道社区楼门（院）长服务手册》。服务手册包含了社区辖区图、简介、楼门（院）长的职责、本楼门（院）居民基本情况表、便民电话、服务指南等几项内容。对于如何使用、填写服务手册进行专项培训，将西城区社会救助政策汇编折页与服务手册一同下发，送政策、送服务于民，为楼门（院）长工作提供了便利，又使其工作有了针对性。同时，组织楼门（院）长学习交流。街道积极组织楼门（院）长开展学习交流活动，或社区与社区之间相互学习，或到外地学习，借鉴先进社区的经验做法，取长补短，不断完善，提高自身素质。以老带新，使新任楼门（院）长尽快进入角色。街道21个社区定期召开楼门（院）长座谈会，让楼门（院）长相互交流，请楼门（院）长介绍经验，请退居二线的老楼门（院）长当顾问，为新当选的楼门（院）长谈做法、讲体会，通过以老带新的方式，使新任楼门（院）长尽快进入角色。

四是支持保障。街道办事处和社区两委全力支持楼门（院）长的工作，街道持续不断地加大对楼门（院）长队伍建设经费投入，指导各社区将年度社区公益金总额的20%专项用于楼门（院）长队伍建设项目，为楼门（院）长队伍建设提供经费保障。对于居民的合理化建议或一般性的问题，只要是楼门（院）长能够处理的，社区就让楼门（院）长与居民沟通、解决；对于较为棘手的问题，则由社区来解决；社区对楼门（院）长报告反映的问题及时梳理、核实、答复、反馈，社区的各种重大事项都要征求楼门（院）长的意见，并在楼门（院）长会议上进行通报，以此彰显楼门（院）长的作用，增强楼门（院）长的责任感；社区对楼门（院）长的工作给予充分肯定，注重树立楼门（院）长在居民中的威信，在居民中广泛宣传优秀楼门（院）长的事迹，增强楼门（院）长的荣誉感；街道将关爱楼门（院）长作为一项制度加以落实，充分调动楼门（院）长工作的积极性，增强楼门（院）长自我价值实现的认同感。社区对楼门（院）长的关爱具体表现在以下几个方面。其一，社区对楼门（院）长的生活给予关心，实行“三个必到”，即婚丧嫁娶必到、有病住院必到、遇有难事必到。其二，采用一张生日贺卡、一次体检、一次节日走访慰问、一次郊游活动等方式来关爱。一位叫王桂兰的楼门（院）长动情地说：“我们所做的工作是为了社区居民好，也是为了我们自己好，街道、社区这样关心、爱护我们，真是让我们感动。今后，我将更加努力地为社区服务、为居民服务。”其三，每年春节、元宵节、中秋节、重阳节等重大节日，街道都会给楼门（院）长送去米、面、油、冰糖、绿豆等慰问品。一系列关爱激励机制，进一步激发了楼门（院）长的工作积极性。比如北营房东里社区以前每次召开楼门（院）长会议时最多只有 80 人参加，而现在每次开会参加人数可达 120 人左右，占楼门（院）长总数的 80% 以上。

通过加强楼门（院）长队伍建设的一系列举措，21 个社区（不含滨河社区）楼门（院）长队伍从过去的 2658 人发展到现在的 2872 人，共增补了 214 名，增补率为 8.1%，覆盖率达到 98% 以上，“空位”“空挂”现象基本消除。同时，楼门（院）长的年龄和文化结构也都得到了优化。楼门（院）长的平均年龄下降了 3.9 岁，为 62.1 岁。其中，70 岁以上的有 905 人，占楼门（院）长队伍总数的 31.5%；60～69 岁的有 770 人，占楼门（院）长队伍总数的 26.8%；50～59 岁的有 840 人，占楼门（院）长队伍总数的 29.2%；49 岁以下的有 357 人，占楼门（院）长队伍总数的 12.4%。大专以上学历共 585 人，占楼门（院）长队伍总数的 20.36%。对楼门（院）长队伍的更新优化，使社区建设的中坚力量得到进一步巩固。

（二）建台账，科学开展数据清理工作

为了使社区拥有一套完整、真实的基础数据台账，要充分发挥社区管理

信息系统的作用，街道把数据清理作为推进楼门（院）长报告制度的基础，确定了数据清理三项基本原则：一是全面、全体、全方位开展数据清理工作；二是定时、定点、定范围规范科学开展数据清理工作；三是全力以赴、资金保障开展数据清理工作。

一是确定数据清理范围。经过反复研究，结合“10 + X”报告内容，确定数据清理的范围即：户籍状况、居住状态、老年人、残疾人、精神病人和低保人员等社区居民基本情况。数据清理的重点和难点主要体现在人在户不在、户在人不在、流动人口和出租房屋等方面。为此，街道确定数据清理办法，即：以个人基本信息为基础，确保其准确性。通过“个人信息”生成的办法，汇总各类特殊群体信息，从社区管理信息系统多项数据中筛选了 9 大类 65 项最基本的、可生成其他项的数据清理内容，以此解决数据清理中的难点问题。

二是加强工作衔接。为高效完成数据清理工作，街道制定了详细的工作方案，召开数据清理专项会议，成立了负责数据清理工作的专项工作组，对 21 个社区（不含滨河社区）的信息录入员展开系统辅导，使其全面掌握动态数据收集的对象、原则、流程和录入方法，确保数据的一次性成功录入；对各社区在数据清理过程中反映的问题及时寻求最佳解决方案。在社区数据清理阶段，街道及时掌握进度、总结经验，重点把握三个环节：一是楼门（院）长入户采集信息环节；二是包片责任人核实梳理环节；三是社区信息录入、更新环节。同时，注重四个方面，即动员培训、数据采集、数据分析和信息保密。

三是建立信息台账。在社区数据集中清理工作中，街道实行每周更新报表方式，密切关注社区信息的增减变化；在日常管理阶段，采取的是更新月报表的管理方法。为保证数据信息的准确可靠，社区建立了信息台账，在信息传递过程中，各环节的责任人签字对接，遇到信息不准、有误的情况，实行责任倒查。目前，各社区从最初创建台账的被动变为自觉，避免了“建立台账就是为了接受检查”的认识误区。

（三）抓落实，构建楼门（院）长报告长效机制

展览路街道坚持把落实《西城区民政局关于落实楼门（院）长报告制

度的意见》作为楼门院落自治规范化建设的重要手段，按照意见中的工作要求，全面推进楼门（院）长报告制度。

一是试点先行，摸索经验。街道将文兴街社区和南营房社区确定为推进楼门（院）长报告制度的先行试点社区。两个社区分别在工作流程、运行机制等方面进行了积极探索：文兴街社区结合自身实际明确分工，建立了网络工作责任制，楼门（院）长负责随时上报社区人员变动情况，社区包片责任人负责信息核实，信息员负责社区管理系统信息的登记、录入和更新；南营房社区为了方便楼门（院）长的日常统计和服务居民，编印了《楼门（院）长民情日记手册》，通过试点，摸索出了楼门（院）长报告制度的工作流程，建立了五层四级工作网络，确定了民情、民意、民需报告内容。其中，“五层四级”中的“五层”是指居民—楼门（院）长—居民小组长—包片责任人—社区负责人五个层面的人员。“四级”中一级是楼门（院）长获取居民信息，主要涉及本楼门住户的“10 + X”内容及问题建议；二级是楼门（院）长记录签字后将信息或问题及时反映给居民小组长；三级是居民小组长将情况向包片责任人反映；四级是包片责任人核实信息无误后，由社区信息录入员录入、更新信息。

二是结合实际，注重长效。在试点基础上，街道制定下发了《推进楼门（院）长报告制度工作实施方案》，明确了“五无、三变、两清”的“10 + X”楼门（院）长报告内容和工作流程，在其他 19 个社区全面推进。街道及时提出了“八个结合”，有力推进了报告制度的落实，即落实楼门（院）长报告制度与推进民主自治相结合、与楼门（院）长队伍建设相结合、与解决民生问题相结合、与畅通居民诉求渠道相结合、与和谐社区建设相结合、与楼门文化建设相结合、与社区信息化建设相结合、与社区公益金管理使用相结合。比如在结合楼门文化建设上，从改善社区居民的生活居住环境、提高文化氛围等关系居民切身利益的事做起，街道指导各社区以楼门文化建设为切入点，调动居民参与社区建设的积极性，逐步形成“一楼一主题、层层有特色”的楼门文化格局。阜外东社区已创建了和谐楼门、益寿楼门、平安楼门等各具特色的楼门，邻里文化、楼宇文化得到了进一步提升。街道每年按楼门（院）数的10%比例推进楼门文化建设。截止到2014年底，21个社区（不含滨河社区）共有500多个楼门（院）形成了特色楼门文化。

三是创新方法，规范流程。街道在落实楼门（院）长报告制度过程中，不断创新，认真总结，初步摸索出了“四步”工作流程法。

第一步是收集和上报。楼门（院）长负责将本楼（院）内的民生、民情、民需、民意等居民基本情况变化上报社区包片责任人，社区包片责任人定期或不定期与楼门（院）长进行情况交流、双向互动，及时上传社情民意。据不完全统计，在全面推进楼门（院）长报告制度的过程中，每个社区平均每周收到十几条居民在环境、治安、文化等方面反映的情况。

第二步是整理和核实。社区包片责任人对收到的各楼门（院）长上报的内容进行梳理核实，对能够解决的问题及时反馈给楼门（院）长，对需要上报的内容及时填写《展览路街道社区楼门（院）长报告情况登记表》，并上报社区主要负责人。

第三步是处理和反馈。社区居委会将包片责任人填报的内容进行梳理汇总，共同研究解决办法，对社区层面能够处理的问题及时反馈解释，将社区自身不能解决的问题向街道相关职能科室报告，并及时将街道的答复意见进行反馈。

第四步是更新和上传。社区填写《社区楼门（院）长报告制度数据清理“10+X”表》上报街道，并与派出所户籍信息进行比对，及时对社区管理信息系统进行更新维护，上传北京市社区服务中心。

通过对楼门（院）长工作方法的进一步规范，使报告制度的全面推进更加快捷、高效，为居民参与社区建设开辟了绿色通道，使社区居委会和服务站能更好地履行自治和服务职能，在社区和居民之间搭建起了一个良好的沟通平台。

四是强化管理，突破难题。街道加大推进楼门（院）长报告制度落实力度，成立专项工作组，巡回检查指导楼门（院）长报告制度的推进情况。实施“三会”制度，即每周召开工作调度会、每天听取工作进展情况会和随时召开问题研讨会。在楼门（院）长报告制度推进过程中，仅街道层面就梳理收集了各种难题20余个。比如“10 + X”报告内容中的“X”内容扩展难、居民身份证号以及患病情况等涉及个人隐私的信息获取难、“户在人不在”和“人在户不在”的居民信息获取难、流动人口由于其“流动”性使其相关信息获取难等问题。街道针对梳理上来的各种难题采取了集体会诊、认真研究、逐一破解的方法加以解决。比如在解决出租房屋获得信息难的问题上，楼门（院）长将印有服务电话、出行指南、社区关心话语等内容的连心卡送给租房户，通过这一张小小的卡片，拉近了与租房户的距离。同时，在解决此问题时还充分发挥社区流动人口协管员和社区民警的作用。这一难题的化解，给予了社区工作及时有效的具体指导。

三　健全基层治理体系与治理能力现代化的重要一环

通过扎实有效地推进楼门（院）长报告制度，社区民主自治基础进一步巩固，居民参与意识进一步增强，居民参与社区建设的人数比例不断提高，社情民意、帮扶、救助渠道畅通，情况明、底数清、数字准，为各项工作的开展奠定了基础。实践证明，从楼门（院）长队伍建设抓起，强化楼院自治根基，是构建社区自治体系、提升社区自治能力、做好社区各项工作的重要保障。展览路街道的实践对于探索特大城市基层治理体系与能力现代化具有多方面的启示。

（一）楼院自治是居民参与社区建设的重要途径

通过推进楼门（院）长报告制度，在更大范围内为楼门（院）长参与社区建设搭建了实践平台，使他们从原来的被动接受服务工作转变为自觉自愿地为社区居民提供服务，当好居民利益代言人。在展览路街道各社区中，楼门（院）长们都表现了参与社区事务的积极性。在他们的带动下，居民参与社区建设呈现意识增强、形式多元、领域拓宽、水平提升的变化。比如在2014年的国庆安保期间，各社区楼门（院）长带头参加社区志愿服务，在治安巡逻、志愿服务、环境治理等方面发挥着积极作用，影响带动社区居民广泛积极地参与到社区建设中，为平安国庆做出了贡献。2009 年 6 月，北营房东里社区在梳理楼门（院）长报告内容时，了解到居民反映北营房北街道路狭窄、经常堵车的情况后，及时召开了由楼门（院）长、居民代表、物业及辖区相关单位参加的协商会，在征求各方意见后，一致通过了该条道路实行单行线的建议。多名楼门（院）长还主动联系区人大代表到实地勘察。经过两个月的调研、听证、现场勘察，8 月交管局正式对北营房北街道路实行了单行线管理，周边交通状况得到了明显改善，居民对楼门（院）长在此事中发挥的联络、协调作用赞不绝口，楼门（院）长由此也更深刻体会到带头参与社区建设的自我价值。

（二）楼院自治是发挥社区主体作用的重要载体

社区自治的主体是广大居民，核心是社区民主自治。街道通过深入推进楼门（院）长报告制度，充分发挥楼门（院）长宣传、组织、动员居民参与社区建设的优势，挖掘楼门（院）长的个人潜力，逐步建立健全了与居民联系、互动、互信、沟通、监督等机制，努力形成“社区是我家，建设靠大家”的良好自治氛围。比如南礼士路甲 1 号院，居民之间因院内乱停车、门岗不尽责和想在社区活动用房中增加一间图书室等问题反复争论，多次到街、区反映情况，希望政府部门出面为他们解决。在推行楼门（院）长报告制度以后，社区居委会对楼门（院）长的正确引导，让楼门（院）长意识到此事不应该由政府来干预，而是由社区自己研究解决。为此，社区居委会组织楼门（院）长和居民代表对此事项进行讨论，最后按照大多数居民的意见彻底解决了难题。

（三）楼院自治是政府治理与社区自治的重要结合点

楼门（院）长报告制度的有效推进，拉近了居民与社区和街道之间的距离，使政府、社区对“民需”的了解更加方便及时；社区居民的知情权、决策权、管理权、监督权进一步得到保障；使社区居委会的职能进一步归位；街道指导社区工作更加清晰，在社区事务处理上，不过多干涉、包办、越位，努力培育社区居民自治的土壤，用好政策支持社区自治。比如在解决社区居民养犬、安装防盗门、安装地锁等问题时给予及时有效指导。通过对社区基础数据的清理、科学分析和准确掌握，街道指导社区开展服务更具有针对性和实效性，提升了政府为民服务的效率和水平，使政府的惠民政策服务落地、及时到位、保障有力，消除政策盲点。

（四）楼院自治是建设国际一流和谐宜居之都的重要着力点

社区和谐是依靠楼院、楼宇和谐来支撑。楼院治则社区治，社区治则街道治，街道治则城市治。楼院、楼宇的和谐是通过一个个居民的参与，一个个家庭的和睦，左右邻里的互帮、互助、互动、互爱来实现的。通过加强楼门（院）长报告制度把关系民生、民需、民情、民意等居民的共同利益与和谐社区结合起来，从解决居民最关心、最直接、最现实的问题着手，通过了解居民所思、所想、所盼，有针对性地研究解决广大居民提出的问题，冲破“一墙之隔不通气、一年四季不往来、楼上楼下不相识、迎面相对不交谈”的现状，增进居民之间的相互交流，强化邻里意识，增进居民对社区的认同感和归属感，增强社区的凝聚力和向心力，进一步拓宽和谐社区建设的领域，让群众在和谐社区中受益。

展览路街道在推进楼门（院）长报告制度工作中通过深化楼门（院）长报告制度的内容，探索推进楼门（院）长报告制度的新机制、新方法，彰显和挖掘楼门（院）长报告制度在社区建设中发挥的作用，使楼门（院）长报告制度在夯实社区基础、固强社区根基、提升社区自治水平、加快和谐社区建设的步伐的进程中向前迈进了一大步，从而使社区成为居民解生活之需、寻精神之乐、交邻里之友，其乐融融的温暖幸福家园。

参考文献

中共中央办公厅、国务院办公厅：《关于加强和改进城市社区居民委员会建设工作的意见》（中办发〔2010〕27 号），2010 年 11 月，http：//www. mca. gov. cn/article/zwgk/fvfg/jczqhsqjs/201011/20101100113635. shtml。

北京市西城区民政局：《西城区民政局关于落实楼门（院）长报告制度的意见》（西民发〔2009〕7 号）。

杨贵庆：《社区人口合理规模的理论假说》，载《规划 50 年——2006 中国城市规划年会论文集（下册）》，2006。

B.12

“三三”工作法探索群租房整治的展览路模式

摘　要：近年来，随着城市化进程的不断加快，群租房日益成为一个值得关注的社会现象。西城区西直门铁路危改小区是展览路地区群租房的重灾区，被列为市级挂账重点社区。展览路街道工委、办事处在治理西直门铁路危改小区群租房乱象的过程中，按照准备、前期、中期和后期四个阶段采取不同措施，有效打击和整治群租房违法行为，在规范出租房工作中做出了积极探索和尝试。本报告以案例研究为主，通过对展览路街道铁路危改小区群租房整治的经验研究，构建展览路街道群租房“三三”工作法治理模型，并针对存在的重点和难点问题，借鉴其他国家和地区相关经验提出解决思路，以期能为类似现象提供可以参考复制的经验。

关键词：群租房　双线监督　长效机制　展览路街道

一　群租房治理是城市社会治理的一块“硬骨头”

群租房现象，就是业主或中介通过改变房屋结构和平面布局，将房间分割改建成若干小间按间出租或按床位出租的现象。按照现行法规，群租房的改造和出租均属违规。近年来，随着城市化进程的不断加快，群租房日益成为一个值得关注的社会现象。北京市委社会工作委员会等部门发布的《北京社会建设分析报告（2013）》显示，北京市流动人口住房人均使用面积为5.6平方米。这就意味着，在北京近千万的流动人口中，有相当一部分人的居住面积达不到“5平方米标准”。截至2014年4月，北京市共有各类违法出租房屋55.4万户、214.6万间，其中群租房有3.7万户、11.9万间。群租房占北京市出租房屋总量的4%，群租房发案却占出租房发案的18%，近17%的盗窃案件发生在这里，其也是刑事案件高发区。此外，群租房集中地区，扰民现象严重，经常引发居民投诉。因群租房扰民而报警占此类警情的40%。同时，还有一系列相关问题，如群租房人员混杂，带来治安问题；改造房间带来的隐患及群居本身的安全等问题；使用公共设施的人增多，带来设施损耗报废加快、配套资源可能不够用等问题。

（一）市场逐利行为，难禁

群租房现象的出现，一方面是因为有租赁需求，北京有庞大的中低收入的进京非常住人口的存在，租住正规房所带来的资金压力过大，郊区租房市区上班不仅要耗费更多的时间成本，还要支出一笔不小的交通费；另一方面是房东和中介等市场主体逐利的本质。马克思在《资本论》中有关追逐利润时认为，“为了100%的利润，它就敢践踏一切人间法律”。出租群租房正是能为房东或中介带来超过100%利润的行为。

（二）涉及多个部门，难管

群租房治理是一个系统工程，涉及公安、房管、消防、物业和社区等多个部门和组织，整治监管主体难以明确。2014年上海杨浦区一场由房管、工商、公安、规划、消防等5个部门参加的群租房现场协调会就演变成了一场“推诿会”。除了监管主体难以明确外，缺乏相关法律依据，也为管理和整治增加了难度。

（三）基础设施欠账，难补

群租房不是单纯的房屋租赁问题，而是经济社会快速发展和城镇化高速推进中的一种特殊社会现象。一方面，政府的公共租赁住房建设相对滞后，公共租赁住房建设速度远不能满足城镇化高度推进带来的聚集人口；另一方面，公共租赁住房的申请往往有纳税、社保等年限的限制，刚刚毕业大学生或新入城工作人员缺少申请资格，而且申请过程相对烦琐，政府在这方面的宣传力度不足。

二　西直门铁路危改小区是群租房重灾区

西直门铁路危改小区位于海淀和西城交界，在北京北站东侧，地理位置特殊，其区域特点导致其成为群租房群租的重灾区。

（一）临近交通枢纽出行便利

全市 8 个交通枢纽，铁路危改小区就临近 2 个。其中一个是西直门综合交通枢纽，是集国铁（北京北站、S2 号线）、地铁（2 号线、4 号线）、城铁（13 号线）、公交四位一体的综合性交通换乘枢纽，日换乘量在 30 万 ~40 万人，双休日达到 50 万 ~60 万人，黄金周可达 80 万人以上；另一个是动物园公交枢纽，是 12 条公交线路的起始站或终点站（共配有公共汽车 321 辆，全天发车 3058 车次，每天在此枢纽上下车的人员在 4.2 万人次左右），加上地铁 4 号线动物园站，日客流量 6 万余人，双休日约 10 万人，节假日约 15 万人。

（二）临近大型服装批发市场

“动物园商圈”是北京三大服装集散地之一，主要包括金开利德、世纪天乐、众合、东鼎、聚龙、天皓成六大成熟市场以及天和白马和万容天地两大新市场，共有摊位 10583 个，市场总面积 238400 平方米，从业人员 2 万余人。加之周边商贸企业多。西直门地区属于中关村科技园德胜科技园西区，商务服务发展迅猛，商贸企业多。据不完全统计，仅“西环广场”就有商业、餐饮、门店等近 1100 家，公司 120 余家。

（三）房屋面积大整体出租难

西直门铁路危改小区为回迁小区，共有 786 套住房，平均房屋面积90 ~ 120 平方米，多数房主拥有一套以上住房。大部分房主将房屋全权委托给中介公司，房产中介掌握多套出租房，由于房屋面积普遍偏大，整体出租难度高，大部分中介采取打隔断出租来尽快收回租金，因此造成了小区出现 272 户群租房，其比例高达 35%。

该小区原是“三不管”地区，2013 年底才划归到展览路街道管理，2014 年 7 月 1 日根据西城区人民政府第 79 次区政府常务会议精神，以及《北京市西城区人民政府关于展览路街道新设立滨河社区居委会的批复》（西政函〔2014〕75 号）文件，铁路危改小区成立滨河社区居委会。2014 年 3 月 28 日，首都社会管理综合治理委员会印发《关于在全市集中开展违法群租房治理工作的实施方案》（首都综治委〔2014〕3 号）将该小区列为市级挂账重点小区，整治初期小区处于无社区委员会、无警务工作站、无流管员的空白状态，管理基础十分薄弱。

三 “三三”工作法有效整治群租房

西城区西直门铁路危改小区是展览路地区群租房的重点地区，被列为市级挂账重点社区。由于该小区无序的管理，中介公司为追求利益最大化无限制地违法建设房中房，不仅严重影响了广大居民群众的正常生产生活和环境秩序，而且存在严重的安全、卫生隐患。2014 年，按照首都社会管理综合治理委员会《关于在全市集中开展违法群租房治理工作的实施方案》的要求，西城区展览路街道工委、办事处结合当时开展的党的群众路线教育实践活动，下大力展开对西直门铁路危改小区群租房乱象的全面治理。街道对该小区进行认真深入的调研，制定了切实有效的措施，经过近 8 个月的集中打击和整治，取得了显著成效，在规范出租房工作中做了积极探索和尝试。

（一）前期准备：确保“三个到位”

在开展“群租房”专项整治工作之前，展览路街道充分考虑治理可能遇到的问题，在组织、保障和机制三个方面积极做好前期设计，做好准备工作。

一是组织到位。领导重视，严密组织。成立了由街道主要领导任组长的铁路危改小区群租房整治工作领导小组，制定了工作方案，明确职责和分工，由街道综治办牵头，区房管局、工商所、派出所等部门联合行动。

二是保障到位。保障有力，人员到位。街道从办公场地、人员、资金、后勤服务等多方面全力为整治工作保驾护航。积极与物业沟通，专门腾出一间办公室作为“群租房整治现场指挥部”；抽调机关干部、流管员 15 人，集中参与整治工作。

三是机制到位。健全机制，广泛宣传。建立领导负责、工作例会、难点问题会商等制度，建立群租房工作台账和群租房清理周进度表，定期编发《工作简报》，促进工作的稳步展开与推进。通过张贴通知通告、发放《致出租房主一封信》、悬挂标语横幅，利用宣传栏、手机短信等载体等方式，宣传政策法规，形成强大声势，营造舆论氛围。

（二）初期造势：坚持“三个不怕”

整治初期是群租房整治的重要阶段，不仅需要入户摸底获得准确信息，为后期整体工作的深入推进提供数据，而且要做好宣传教育工作，让街道整治群租房的决心家喻户晓、深入人心，形成强大声势，有效震慑不法中介和租赁当事人，切实消除观望态度，确保后期工作有序推进。对此，工作组做到“三个不怕”，圆满完成初期摸底造势工作，为整治群租房打下坚实基础。

一是不怕租户不在家，多次入户跑断腿。针对“叫不开门，见不到人”的出租房屋，打破常规工作时间，在休息日、节假日和工作日晚 7 点后，反复登门，争取实现“百分百入户”的目标，以获取房屋详细信息；向租客讲明居住群租房存在的严重安全隐患，做通思想工作，建议其尽快与中介联系退租。

二是不怕中介不作为，持之以恒做工作。积极协调中介公司参加区房管部门的约谈会，讲清政策和形势，明确其在房屋违法出租上的法律责任、处罚依据、处罚标准，做好教育劝导工作，鼓励自查自纠，督促其限期整改。

三是不怕个例不配合，依法行政挺直腰。对拒不配合整治的中介或个人，表明街道坚决拆除的决心，严格按照相关法规依据执法，采取强硬手段坚决拆除隔断，并实施违法违规上限处罚；对妨碍执法的人员，坚决予以严肃处理。

（三）中期部署：紧盯“三点”不放松

一是抓重点，从房主入手突破瓶颈。整治工作前期，展览路街道将房屋中介机构确定为推进群租房治理的切入点，先后约谈多家中介公司，大部分中介公司表示愿意配合工作，按时整改，有近五成的群租房通过中介自行整改。但是仍有部分中介公司在经济利益的驱使下拒不整改，治理工作面临瓶颈。整治工作中期，工作小组将工作重心转到房主上，通过打电话、发短信和约谈等方式积极与房主取得联系，讲清政策规定、利弊关系和应承担的法律责任及处罚措施。特别是使房主明白，作为出租房的第一责任人，若不配合整治则会面临房产被拉入黑名单、限制买卖的处罚，从而取得了绝大部分房主的配合，解决了瓶颈问题。同时为房主提供《租客告知书》，并协调物业断水、帮拆隔断等方式，清退群租房人员。

二是卡节点，督促中介限期整改。按照约谈的整改时限对中介进行监督，促使中介加大自我整改、自我拆除的力度。对限期未整改的群租房，街道采取协调房主强拆方式坚决拆除。7 号楼 3 单元 602 室是中天嘉业承租的群租房，工作人员多次要求其在规定时间内自行整改，但该中介拒不配合，执法人员决定将该房屋作为联合执法、强制拆除的第一户。在做好房主工作的同时，张贴告知书，明确租客搬离期限，期满后协调物业断水，更换房主门锁，强制拆除了隔断，对暂未搬离的租客，将其物品暂存在物业。小区的

"第一拆"对有观望态度的群租房主、违规中介以及二房东起到了震慑作用，有力地促进了治理工作的推进。

三是疏堵点，化解纠纷推进度。租金纠纷是整治过程中的常见问题，也是难点问题，一般需要"房主、中介、租户"三方共同商讨解决，任何一方的缺位都会导致群租房的拆除停滞不前，但铁路危改小区多户群租房涉及黑中介，整治工作全面铺开后，部分黑中介携款潜逃，租客无法要回租金，与房主产生经济纠纷，因而不愿搬离。针对这种情况，经过协商，展览路街道果断拿出对策，一方面采取"房主出一点、租客让一点、政府补一点"的办法，做通租户和房主的思想工作；另一方面协调房主为租客提供搬离证明，并为租客准备《起诉文书》范本，填好后可直接到西城法院起诉中介，对搬离确实有经济困难的，提供一定金额的经济补助，避免了拆除速度的延缓。

（四）后期探索："三个落实"防反弹

一是责任落实。强化工商、民警监管责任，发挥公安民警、工商执法人员的监管作用，强化常规检查和突击检查、重点检查相结合，防止中介机构成为群租房推手；强化物业管理责任，凡是房屋装修必须到物业登记，对进出小区货车进行重点检查，凡是运载装修材料必询问用途，杜绝群租房原材料进入。

二是制度落实。建立定期回访制度，对于已经清除的群租房，街道定期组织干部、流管员深入社区，入户了解房屋使用情况，及时掌握第一手情况；完善监督检查机制，加快筹建社区居委会，组建楼门（院）长队伍，发展一批热心的退休居民组成"居民自管小组"，拓宽监督渠道，与街道形成"双线监督检查机制"，对小区群租房现象，发现一起，清退一起，最终确保整治效果不反弹。

三是服务落实。一方面强化宣传教育，做好出租知识普及和安全教育工作，帮助租客分辨群租房、黑中介，劝导其自觉拒租群租房；另一方面搭建正规租赁平台，引导正规的、大型的中介进入小区，将已拆除隔断的房屋中有出租意向的介绍给正规中介公司，方便政府监管，以规范出租防回流。

经过八个月的不懈努力，截止到2014年9月底，铁路危改小区的272户群租房全部清理完毕。北京市、西城区有关领导和职能部门对展览路街道取得的成果给予了充分的肯定，《北京日报》、《北京晨报》、《北京晚报》、北京电视台等多家媒体先后宣传报道了展览路街道群租房整治工作，人民网、新华网等多家网络媒体纷纷转载。群租房整治工作，更是得到了居民的肯定和支持。从一开始的怨声载道，到对群租房整治拍手称快，直至有居民送来“心系百姓安危、依法铲除群租房”的锦旗，在整个过程中饱含了街道、各职能部门干部的辛劳付出。

四　群租房治理需要系统考虑、综合施策

通过八个月的整治，西直门地区违法群租房现象得到有效遏制。解决群租房问题是个系统工程，仅仅依靠行政强制手段整治群租房，最终只会按下葫芦浮起瓢，问题无法得到根治。为使违法群租房现象得到有效控制，达到长效管控的目的，要在需求、供给和管理三方面综合施策、系统治理。

（一）需求上，疏解非首都城市功能

从需求侧看，群租房既是社会现象，更是经济现象。清理群租房，劝退只是第一步，其之所以产生并发展到如今这样，是因为有租赁需求。西直门地区1万多家服装批发摊位、数千家餐饮等小门店是群租房现象屡禁不止的源头活水。破解群租房困境，最根本的是贯彻落实习近平总书记考察北京的讲话精神，按照首都新定位的要求，坚决疏解不符合首都核心功能和地区发展方向的服装批发市场、小商品批发市场、七小门店等低端产业；疏解公交枢纽站、动物园等人流过分集中的功能性设施；疏解低端人口，压缩群租房的市场空间，调整房屋租赁市场的供求关系。

（二）供给上，斩断群租房的利益链条

从供给侧看，一方面，在中介市场上活跃着的大批二房东和黑中介是群

租房现象存在的主要市场主体，只有斩断这其中的经济、利益链条，才有可能遏制群租房现象；另一方面，对房屋出租人开展宣传教育，要求出租人对房屋租赁进行备案。定期了解该房在执法后是否出现恢复违法群租房的情形，并视情节轻重决定是否对出租人做出新的行政处罚。当务之急应大力树立行政执法部门应有的权威，同时探索违法群租房整治后的长效治理工作模式，依法规范房屋租赁，保护租赁当事人的合法权益，促进租赁市场健康发展。

（三）管理上，整合多方力量共治理

从管理侧看，一是要设立举报机制，发挥社区群防群治力量人熟、门清的优势，拓宽职能部门获取信息的渠道，掌握整治工作主动性；二是要赋予更强的执法组织保障，发挥政府牵头、职能部门联合执法的机制作用，设立违法出租房整治工作领导小组，小组成员单位互设联络员，强化工作合力，提高打击效率，确保发现一户治理一户；三是建立后续管理长效机制，以房管、公安部门为责任主体，建立违法群租房整治后续监督机制，以被行政处罚的群租房为对象，强化后续跟踪监督，完善相关法制保障；四是充分依靠群众，加强社区自治，通过邻里举报、小区物业劝阻、业主委员会干预、社区居委会管理等途径，拓展群租房治理的群众基础。

参考文献

王雪琴：《对"群租房"问题的民法思考》，《政治与法律》2007 年第 3 期。

王淑荣：《出租房屋"群租房"现象治理的思考》，《中国人民公安大学学报》（社会科学版）2013 年第 6 期。

任金静：《群租房愈演愈烈之原因及治理对策探析》，《地方政府发展研究（第七辑 2011）》，2012。

顾鹤鸣：《群租房如何治理》，上海交通大学硕士学位论文，2011。

吴冰：《快速城市化过程中的群租房现象及其治理困境》，复旦大学硕士学位论文，2009。

B.13 展览路：以能力建设为中心建设全科服务社区

摘　要：随着社会转型和政府职能转变，大量政府社会管理和公共服务职能向社区转移，社区的“兜底”功能日趋明显。与此同时，人们的生存理念、生活方式也发生了重大变化，各类新问题、新情况不断涌现，居民需求进一步多元化，加强社区服务建设势在必行。在这种形势下，展览路街道从提高社区服务能力入手，针对社区存在的问题，积极探索全科服务社区建设，努力实现对居民需求的全面、及时响应，取得了良好的效果。本文以展览路街道探索建立全科服务社区模式为例，系统梳理其探索建立全科服务社区的方式方法，发现问题、总结经验，并对此提出思考，以期能为其他社区提高社区服务能力提供思路。

关键词：社区服务　综合受理　全科服务　展览路街道

一　社区服务功能拓展延伸呼唤全科服务

社区服务，是指以社区为基本单元，以各类服务设施为依托，以社区全体居民、驻社区单位为对象，以公共服务、公益服务、便民利民服务为主要内容，以满足居民生活需求、提高居民生活质量为目标而形成的党委统一领导、政府主导支持、社会多元参与的服务网络及运行机制。社区服务在我国发展的时间比较短，1986 年民政部为了探索社会主义社会保障制度，第一次提出了社区服务和建立、完善社区服务系统的设想。自此，我国社区服务已从最初探索社会福利向社会生活更广泛的领域拓展和延伸，形成了以街道和社区居委会为依托，以兴办各类服务设施为主要形式，既面向老、孤、残和优抚对象，又面向社区全体成员的多层次的社区服务网络。

随着社区服务功能不断拓展和延伸，如何打破过去社工按条分割、坐等群众上门的工作状况，实现零距离为居民提供政策解答，及时向上反映居民对各项服务的要求成为社区服务提升的难点。

在破解这个难题上，展览路街道走在了前列，其以能力建设为中心建立的全科服务社区在基本公共服务目录指导下，梳理出常办事项，整合为专人综合受理，通过弹性工作与预约服务相结合的方式，实现“一口式”受理、“全科式”服务，从根本上解决了这一难题。

二　五措并举，建“三位一体”全科服务社区

针对社区服务存在的问题，街道结合实际，借鉴“全科医生”的理念，力求为居民建设集公共服务、公益服务、便民利民服务为一体的全科服务社区，重点通过以下五项举措开展工作。

（一）创新服务理念，明确全科服务内涵

展览路街道坚持从自身实际出发，针对社区服务面临的新形势，把居民需求放在首要位置，紧紧围绕“服务”做文章，坚持以服务的理念管理社区，以创新的理念发展社区。在全科服务社区建设中，街道侧重于专业化、职业化的要求，从“服务”入手，以“居民需求”为突破口创建全科服务社区。一是在服务主体上，明确社区服务的定位。社区服务站是政府公共服务延伸到社区的工作平台，服务站的主要职责是为居民提供公共性服务和便民服务。二是在服务内容上，在梳理社区全部服务项目的基础上，将服务职能统一整合为公共服务、公益服务、便民利民服务，形成区、街服务和社区服务的对接，政府工作和社区工作的对接，社区服务和居民自助、互助服务

的对接。三是在服务设施上，加大社区服务站硬件投入。街道加大投入力度，从人力、物力、财力上对全科服务社区给予重点支持。自 2010 年起，对 14 个社区进行装修、改造。同时，根据各社区实际条件，量身订制“低柜式，零距离”社区服务平台，配备电脑、打印机、电话、传真机、复印机等现代化办公设备，确保为居民提供便捷优质的社区服务。

（二）梳理服务项目，不断完善服务体系

街道在社区规范化建设中积极探索社区服务新模式，力求从“服务”入手，以“居民需求”为突破口，完善社区服务体系。通过对社区目前承载服务项目的梳理发现，社区提供的服务主要涉及五部分：一是《北京市社区基本公共服务指导目录》提供的 10 大类 60 项 180 个基本服务条目；二是社区服务站落实北京市社区服务站标准化建设试点服务项目 100 项；三是承接西城区 8 个委办局为民办实事服务项目 71 项；四是承接区、街、居三级综合服务信息系统 19 个试点项目（19 项是从 71 项服务中筛选出的在区、街、居三级综合服务信息平台试运行的服务项目）；五是面向居民承担的其他社区服务，如：反映社情民意、法律综合援助、司法调解、老年餐桌、日间照料、办理经济适用房和限价房资格初审等。结合实际，他们将这些服务项目进行归类、合并，共梳理出涉及公共服务、公益服务、便民利民服务 100 余项。同时，将这些服务项目制作成电子链接，由综合受理岗社工进行“点菜式”服务，即只要会电脑操作的人，无论是否参加过社区工作，在登录链接后，均可根据项目名称进行点击，程序自动弹出办事依据和流程，综合受理岗社工可按屏幕提示的内容逐条告知居民，符合条件的当场办理；不符合即办的，在居民的允许下，由其他社工按岗位类别提供代办业务。这样既避免了居民三番五次奔波于街道、社区，又实现了“一人多岗，一岗多责”，为全科服务的推进奠定了基础。

（三）理顺服务机制，调整社区岗位设置

按照“定岗、定责、定人”的原则，在以社区党委为核心的“两会一站、选聘结合”的社区管理体制基础上，进一步优化社区服务站工作机制。

岗位设置方面，因地制宜进行人员分工、岗位配置。如百万庄西社区单独设立一名综合受理社工，负责一口受理居民需求，所有办事居民来到社区服务大厅，均先由综合受理岗社工接待，其他岗位社工负责分办落实；阜外西社区设立了综合受理岗、民政和社会福利保障岗、人口计生岗、社区服务岗四个前台岗位，四个岗位社工均实行 AB 角互补，日常工作中，综合服务岗为 A 角，负责一口受理，其他三个岗位为 B 角，作为补充；文兴街社区首先将社区服务站副站长设为综合受理岗社工，以便统筹协调其他社工，其余社工以结对子的形式两两互补轮流负责解决居民专业性较强的问题，这样既满足了居民的需求，又保证了社工日常深入居民了解民情。

（四）强化社工素质，落实首问责任制

人员素质是做好全科服务的前提。为此，街道主要从四个方面进行强化。一是规范服务行为和服务用语。日常工作中，要求全体社工使用文明用语，面带微笑迎接居民，自然真诚，做到了“有声服务”和“五个一样”（即服务对象来时有迎声，询问有答声，离开有送声；受理、咨询一样热情，生人、熟人一样和气，干部、群众一样尊重，忙时、闲时一样耐心，来早、来晚一样接待）。二是规范服务流程。社区制作统一的工作流程图，工作人员严格按照统一的程序、方法和时限办理事项，各司其职，相互配合，并通过《社区工作日志》对日常受理事项、办理过程、办理时间、办复结果进行动态跟踪、全程监控，保证了受理事项的及时办理，切实保障居民诉求的反馈与解决。三是规范着装及岗位标识。街道专门为每名社工定制统一的服装，并为每位社工设计了统一的胸牌，展示了社工良好的精神风貌，提升了社区的整体形象。社区还为社工统一配备了桌牌，上面显示自己的姓名、岗位名称、岗位职责、联系方式、服务理念、服务承诺等，实现了“亮身份、明职责、展承诺”，方便居民咨询与监督。四是规范定期培训和考核制度。按照全年培训计划，在全科服务社区开展全员培训、新入职社工、社区带头人和社区后备人才培训，同时根据社区实际，开展社工季度考核和年终考核，不断强化社工素质提升和能力培养。

（五）拓展服务体系，延伸社区服务触角

在完善区、街、居三级服务网络支撑的同时，依托社区公益金的扶持，整合市场资源，进一步丰富社区服务的内涵，拓宽社区服务的内容。一是发展公益服务组织，丰富社区服务内涵。以“社区所需、志愿者所能”的原则，设立服务项目，公示文体团队、志愿者服务相关信息，在社区服务站功能设置上考虑各种活动所需，设立多功能活动室、谈心室、图书室等活动场所；公益金使用上不断创新，如优化流程、审核项目等，更大程度上扶持社会组织、志愿者开展活动。二是积极整合便民服务资源，拓宽社区服务内容。在北京市96156社区服务呼叫热线的基础上，作为西城区82203331社区服务热线试点社区，展览路街道为居民提供双重选择，确保服务全覆盖；整合社区资源，为居民提供老年餐桌、星光园日间照料、数字家园等服务。

三　三大转变：更主动、更多元、更贴心

展览路街道通过创建全科服务社区，实现了由“坐等服务”向“主动服务”、由“常规工作”向“预约受理”、由“单一服务”向“综合服务”三大转变，提升了社区为民服务的整体水平和能力（见图1）。

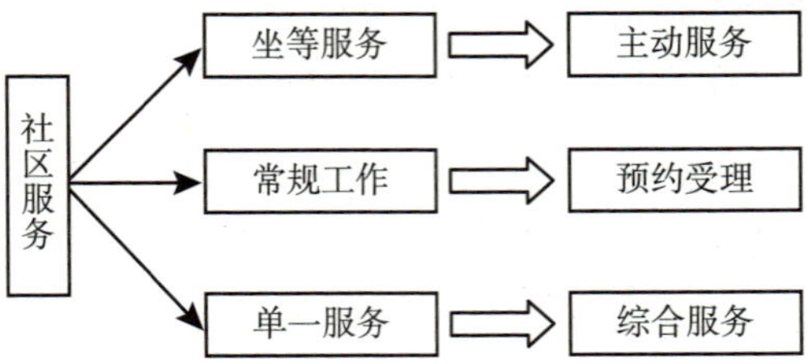

图1　社区服务三大转变

（一）更主动：由坐等服务向主动服务转变

通过对社工岗位的整合，社区工作者能够将更多的时间和精力走出服务

站、走进网格、入户居民、服务群众，居民对社工的服务认可度有了明显的提高。

（二）更多元：由单一服务向综合服务转变

社工普遍感觉全科社工服务实施以来，他们需要掌握更多的业务知识和群众工作方法以适应社区工作要求。同时随着建立综合服务岗、完善社区工作流程，群众到社区办事程序更加简化，更加便捷、高效。

（三）更贴心：由常规工作向预约受理转变

社区根据群众需求将延时工作与预约服务很好地结合，互为补充，极大延展了社区服务宽度，让办事群众享受到更多、更好的个性化的定制服务。

四　三大问题：不专业、不完善、不协同

虽然展览路街道全科服务社区建设取得了很大的成绩，但进一步提高服务水平和质量仍面临一些问题。

（一）不专业：社工专业培训机制需要进一步健全

社区各类服务事项种类多且庞杂，现有人员受素质及能力所限很难实现全员“全科化”，特别是年龄偏大的社工对电脑不太熟悉。因此，前台综合受理的全科社工难以系统并规范地掌握社区事务的相关业务知识、处理方式及技巧，在受理很多业务时往往还是需要后台人员来进行解答，尤其是部分居民综合性事件和较为复杂情况的业务，导致前台受理和后台处理的界限较为模糊。

（二）不完善：相关配套政策支持需要进一步完善

社区服务站是政府公共服务的延伸，办理低保、计生等业务的行政权力仍在街道和区级层面，只有形成社区、街、区三级联动，才能真正解决

居民需求，才能真正提高社区办事效率，才能提高社区工作水平。从办事流程看，全科服务缺乏社区事务上下联动。此外，缺乏社区后台的有效支持。如何探索优化综合受理社工与其他社工的衔接配合机制和绩效考核机制，不断提升社工工作的积极性和创造性，也是有效推进全科服务发展的关键。

（三）不协同：与职能部门的衔接需要进一步加强

部分社区公共服务事项和行政服务事项专业性和政策性较强，因此职能部门要求在社区必须有专职社工，在政策发生调整时往往只是告知专干社工，全科社工很难及时并准确地掌握更新的信息。此外，社工除了社区服务外还要处理垂直的上级专业职能部门安排的事务性工作，全职社工很难全身心投入到综合受理的前台工作中去。

五　提高服务能力，深化全科服务社区建设

（一）增强社区服务功能需要进一步推动政府工作职能下沉

社区是组织开展各种服务管理的关键“最后一公里”，社区工作的好坏直接关系着政府的各项工作在社区的落实。因此，要进一步强化社区的执行力，明晰和细化区、街、社区社会服务管理职责，建立健全行政事务社区准入机制，增强社区服务管理的社会性和自治性。要切实发挥好社区服务站的服务窗口和平台作用，健全和完善区行政服务大厅、街道办事大厅与社区服务站的联动运转机制，推动专业服务管理的前端进一步下移到社区。可采取增设多个综合服务窗口，减少专门服务窗口或者专业服务管理部门直接在社区服务站设立服务窗口的方式，方便群众在家门口就能够“问清事、办成事”。职能部门和街道要进一步加强社区服务站的规范化建设和工作人员的业务指导，提升社区服务人员的职业素养和办事能力，切实提高社区办理群众公共事务的效率。

（二）社区公共服务的提供方式应与居民的实际需求相适应

社区上下班时间与居民上下班时间同步的方式不利于居民办事。要结合社区居民的需求和社区工作的实际，在保障社区工作者权益的基础上，一是采取轮班制的方式进行安排，既保证更好地服务群众，又能保障社区工作者的权益；二是推广社区“预约式服务”，公布社区工作人员的联系方式，根据居民需求安排工作人员延长工作时间，方便居民办事；三是推进社区服务网络平台建设，优化社区网上办事流程，设置社区网上服务座席。居民有需要咨询或预约办理的事项，通过社区网络平台进行咨询和解答。进一步增强社区服务群众的能力，强化社区是政府在市民身边的值班室意识，加强对群众需求的了解和社情民意的收集，通过公布联系方式、设立接待窗口等形式，让居民随时可以反映诉求，保障群众有事时能够“找到人、找对人、能办事”。

（三）提升社区整体服务能力需要进一步完善社区治理结构

针对社区行政化倾向严重的问题，应积极探索创新社区治理结构，重点是推动社区服务站向专业化转型，将社区服务站定位为政府工作在社区延伸的工作平台，实行街道垂直管理，主要承接政府延伸到社区的公共服务职能。社区服务站工作人员可按照政府雇员，依据劳动法进行管理，接受街道的领导和业务指导。社区服务站的设置由所在街道确定，可实行一居一站或多居一站。社区党委对社区服务站实行政治上的领导；社区居委会对服务站工作进行监督，并组织群众对工作站业绩进行评价，既有利于把社区服务站打造成延伸到社区的专业服务提供平台，又能够把社区居委会从繁重的事务性工作中解脱出来，更好地开展居民自治。社区居委会主要职责是依法根据社区居民需求开展自治活动。社区居委会可以使用社区公益金大力发展社区社会组织和社区志愿者队伍，充分调动楼门（院）长、社区骨干和社区志愿者的积极性，延展社区服务的触角，可借鉴江苏等地社区建设经验，利用社区公益金将社区文体活动、居家养老服务等外包给有实力的社区社会组织和社区志愿者服务队伍承接，动员引导“群众的事、群众来办”，以此培育社区自治精神。

（四）加强社区工作者队伍建设是提高社区服务能力的关键

一是科学配置社区工作力量，针对社区服务管理人口激增的现实，按照社区内实有人口数和特殊群体情况，社区居委会成员应配置 5 ~9 人专职工作者，适当增加居民委员职数，将社区居委会的工作重心向做好群众工作转移，要进一步改革社区工作者考聘制度，尽量在本社区、本街道区域内选聘优秀人才，发挥“人熟、地熟、事熟”的本土优势，以便社区能够更好地联系群众、服务群众、做好群众工作。二是加强社区工作者的培训，将社区工作者培训纳入全区人才培训体系，采取互学交流、案例分析、继续教育等多样化的方式，提高职业素质。加强心理疏导、加大工作能力和实用技能培训，提高服务群众能力。三是建立适度的社区工作者待遇增长机制。社区工作者的工资收入水平应与上一年度社会平均工资挂钩。拓宽社区工作者职业发展路径，探索建立每年定向从优秀社区工作者中招录公务员和事业单位干部的机制。

（五）形成社区服务管理合力需要进一步深入挖掘社区资源

充分整合社区办公、活动用房资源，科学配比办公和活动场地，按照每个社区不低于 150 平方米的标准，设置社区活动场所。增强社区活动场地的实用功能，以满足群众日常活动需求和服务需求，灵活设计活动空间，使有限的空间发挥出更大的作用。大力开展社区资源共享，引入“社区资本”的理念，深入发掘社区资源，形成社区服务管理合力。社区资本相对于人力资本，其资源覆盖面更广、数量更多，在目前社区资本匮乏的情况下，整合社区资源是促进社区发展，满足居民需求的可行之路。因此在后续的社会服务管理实践中，要充分发掘社区可用资源，多途径置换便民服务，将社区自身一些闲置资源进行整合，“筑巢引凤”吸引一些便民服务商家或社会组织进驻，为居民群众提供多元化的便利服务。着重强化社区工作者的社区资本意识，增强社区工作者与社区内部单位、外部行政单位、企业、学校、社区、非政府组织的联系，通过建立资源共享平台为社区服务的发展和开发提供支持。

参考文献

向玉琼：《任务型组织的合法性分析》，《南京农业大学学报》（社会科学版）2007年第3期。

徐道稳：《社区服务需要制度创新》，《江西社会科学》2001年第4期。

高灵芝：《当前中国城市社区服务的基本定位与发展走向》，《甘肃社会科学》2004年第3期。

B.14
慧馨园："三位一体"的职业康复服务新模式

摘　要：慧馨园日间照料服务中心是展览路街道为保障辖区中重度智力残疾人日间照料、康复劳动、生活适应性训练而设立的专业服务机构。自成立以来，慧馨园逐步发展为九大功能区域，不断丰富职业康复体系，形成了人性化照料、正规化托养、专业化康复"三位一体"的职业康复服务新模式，为辖区重度精神残疾患者撑起一片蓝天。慧馨园"三位一体"的职业康复服务新模式是对我国残疾人康复照料方面的一种探索和创新，对于提高残疾人康复服务具有重要的参考和借鉴意义。本文系统分析慧馨园"三位一体"职业康复服务模式，并就如何加快推进残疾人托养康复全覆盖提出了相关建议。

关键词：人性化照料　正规化托养　专业化康复　展览路街道

一　慧馨园托举街道"人人享有康复服务"希望

截至2014年底，展览路街道有持证残疾人2965人。展览路街道工委和办事处将残疾人工作作为民生保障的重要内容，紧紧围绕残疾人"两个体系"建设，陆续创建了5家残疾人温馨家园、4所手拉手职业康复站，为辖区残疾人提供了康复训练和个性化服务平台，使残疾人基本生活得到了保障，生活品质得到了提升，地区残疾人事业迈上了新的台阶。

展览路街道慧馨园日间照料服务中心（以下简称"中心"）位于西城区

百万庄子区甲 1 号南侧平房，面积 600 平方米，为护理型职业康复站，帮助残疾程度较重、从未接受康复训练的残疾人培养基本能力、挖掘潜力、提升社会适应力。中心于 2010 年 12 月正式挂牌成立，它是北京市首家残疾人日间照料服务中心，它标志着展览路地区中重度智障残疾人有了进行康复劳动和生活能力训练的本土化阵地。中心根据智力残疾人特点，深化发展"心理关爱"康复项目，创造性地将"箱庭沙盘疗法"这种专业心理设备转化成团体比赛和绘画游戏两种形式，既激发了残疾人的参与性、团队协作力和创新力等潜能，使学员在游戏中得到康复，在康复中体验快乐，在快乐中收获自信，又帮助老师和家属直观了解学员的内心世界。2012 年，慧馨园被评为市级优秀职业康复站，成为全国职业康复机构示范单位、中残联首家挂牌"阳光家园"，多次代表北京市迎接国外及各省市、地区兄弟残联和相关部门参观学习。

截至 2013 年底，展览路街道拥有 5 个温馨家园和 4 个手拉手职业康复站（以下简称"职康站"）。作为北京市首家残疾人日间照料中心，慧馨园已成为街道实现"人人享有康复服务"目标的重要阵地。

二　探索"三位一体"职业康复照料模式提高服务水平

作为北京市首家残疾人日间照料中心，慧馨园高起点建设、高标准管理、高质量运作，为中重度精神残疾服务对象提供了高水平的服务，形成了正规化托养、人性化照料、专业化康复"三位一体"的职业康复照料模式，取得了很好的成效。

（一）正规化托养

先进的康复训练设施。慧馨园残疾人日间照料服务中心设有日间照料室、手拉手康复培训室、电脑室、图书阅览室、综合培训室、心理咨询室、辅助器具室等九个功能区域。配备各种康复器械，为地区中重度智力残疾人进行日间照料、康复劳动、生活适应训练、文教、娱乐等活动提供场所，并有专职工作人员进行全程服务指导。康复训练设施方面，配有独立的康复劳动训练室、生活技能训练室、辅助器具室、心理咨询室；康复训练器材方面，配有跑步机、万象组合、多功能按摩椅、桌式台球、乒乓球案、“箱庭沙盘疗法”设备、呼啦圈等康复器材；文化娱乐设施方面，配有音响、电脑、电视、录像机、录音机、照相机等设备；图书阅览设施方面，配有各种适合服务对象阅读的书籍、报刊（有益智类、文化类、盲文读物、娱乐类、音像制品）等图书共计500余册。

完善的内部管理制度。慧馨园职康站现有服务对象24名，工作人员6名（包括站长一名，专业技术人员2名，日常服务人员3名），工作人员岗位职责明确。为了加强残疾群体的康复和管理，慧馨园职康站相继制定了一系列管理规章制度和协议。切实保障残疾群体的合法权利，让慧馨园成为他们心目中的“爱的家园”“快乐家园”“实现自身价值的家园”。为了更有力提升服务对象的素质，进一步加强纪律管理、卫生管理以及加快提高康复服务对象的技能水平，在制订原有18项规章制度和活动计划、方案、活动记录、课件、教案以及填写评估档案工作之外，增加了教师责任负责制和特有的“慧馨园十准十不准”服务制度。

规范的安全预防措施。慧馨园职康站现有3名传达室值班人员，24小时轮流值班，每2个小时安全巡视一次，重点检查水、电、门窗的安全，并做好安全巡视记录，严把入门关，对来访人员做好登记。严格实行安全责任制，并制定严格的传达室值班工作制度。在消防安全方面，库房、厨房、手拉手康复室、日间照料室都放有消防设施，由专人负责疏散和指挥，并对灭火设施等进行逐一排查。在饮食卫生方面，保证服务对象的午餐符合卫生标准和有关要求，要求供餐单位提供卫生许可证、工作人员健康证的复印件。在交通安全方面，要求自行到职康站的服务对象要自觉遵守交通规则，老师对服务对象上下班途中的安全情况进行检查。同时有针对性地对服务对象开展安全教育，特别是加强服务对象应对火灾等突发事件的训练，预防交通事故的发生。在卫生安全方面，做好传染病及卫生防疫宣传工作，注意康复室通风，定期被褥清洗、消毒。

详细的档案记录制度。中心为每位残疾人建立康复训练服务档案，认真填写康复训练记录，并做好服务对象评估工作。对于中心组织开展的各种活动，要求每项活动有计划、有课件、有方案、有记录、有小结。每项户外活动、康复活动、康复劳动、康复学习训练首先制订学习训练活动预案，针对学习训练活动内容预案为服务对象做出针对性的康复训练学习活动课件，老师按照康复训练课件进行每周的课程安排及备课，根据课件内容为服务对象进行康复训练培训，并在康复训练前期对服务对象进行基础性授课，待康复训练学习活动结束后，还会让服务对象写活动后的感想和收获，用所学到的词语把所看到的动物、景色、心情都描绘出来。老师再把服务对象写好的感想粘贴在展板上，让服务对象们互相学习、相互鼓励。

（二）人性化照料

通过言传身教，培养良好的思想品德、文明礼仪行为。思想品德、文明礼仪教育，始终是慧馨园每一位学员在接受康复培训之前上的第一课，也是提升他们思想道德素质，使其德、智、体、美全面发展不可缺少的重要课程。中心老师给学员讲思想品德的意义和文明礼仪知识，教他们要讲道德、讲文明、讲礼貌、讲卫生，要语言美、行为美。要使学员有好的文明礼貌行为，老师就是学员的榜样。老师的一言一行对学员有着潜移默化的影响，因此，中心老师在培养他们各种行为习惯的同时，坚持以身作则，亲自示范，例如：和学员见面打招呼、得到帮助时，老师主动先用“你好、谢谢、对不起”等文明词语来带动学员，并利用这一主题开展了互帮互助、助人为乐行为活动，要求学员遇到其他学员需要帮助时，一定伸出援手，奉献出自己的一份爱，这份爱要持之以恒。宋洁、鲁文峰、杜海莹就是这样的好学员，学员王静眼睛不好，行动起来有一定困难，这三位学员无论谁都主动伸出援手，引领她去午休，帮助她做事。特别是宋洁自身身体不是很好，但无论谁有困难总是伸出援手去帮助他人，并且主动协助老师做一些事情。她这种乐于助人的行为得到了老师和学员的一致好评。

通过开展丰富多彩的文体活动强化人际沟通，让服务对象融入集体。集体活动是个体之间交流沟通的重要平台。集体组织更多的文体活动，不仅能活跃文化生活，提高身体素质，更重要的是加强人与人的交流与沟通。集体环境对于抑郁症、自闭症、脑损伤及其他中重度精神残疾服务对象的康复具有特殊意义。慧馨园根据服务对象自身条件，组建了各种文体队伍，如手语操队、快乐球操队、快板书队、三句半队、独唱队等，并坚持开展形式多样的文体活动。2014 年中心增加了“感恩的心”手语课程，通过学习手语动作增加他们的记忆力，锻炼身体的协调力、平衡力；通过掌握音乐节拍，达到音乐和手语的统一，很好地开发了他们的智力。“感恩的心”手语和快板表演节目在多场演出中受到了领导和外省市残联领导的一致好评，其中服务对象张烁唱的英文歌曲《此情可待》和《时间都去哪了》很有专业水准，感动了在场的所有观众。另外，慧馨园在体育康复训练上，除了课间做回春操以外，开展了踢球绕杆训练比赛。在比赛前期服务对象们先商议赛程、相互切磋，在比赛中你追我赶、相互鼓励，真正体现了集体拧成一股绳的精神。

通过户外主题活动强化社会适应能力的训练，让服务对象融入社会。由于身体条件的限制，中心的服务对象外出机会很少，甚至有些从来没有出过家门。他们不仅环境封闭，内心也处在一个封闭状态。中心定期组织服务对象开展户外主题活动，如到户外郊游、到社区去等。在活动中，不仅可以直观地培养他们的技能、增长他们的见识，还能够培养他们良好的美德。在户外主题活动中，老师向他们讲解各种社会知识，实地讲解如何遵守交通规则和识别各种标识，如交通安全标识、男女厕所标识、医院标识等；在出现紧急情况时如何拨打报警电话、如何进行求助、如何获得别人的帮助等很多应用常识。老师还给服务对象讲解文明礼仪知识，在公共场所、电影院等要讲礼貌、讲卫生，要语言美、行为美，养成良好的文明行为。例如：服务对象张帆刚来慧馨园的时候，不善于与人交谈，比较自闭内向。老师们先从心理关爱、谈心聊天来引导他如何与人交往，再让他与其他服务对象互动，参加集体活动。通过中心的职业康复培训、生活技能训练等，张帆的生活自理能力、社会交往能力有了较大的提高。2012 年 10 月，在街道残联的努力下，张帆走出了职康站，找到了适合的工作岗位，单位对张帆的工作表现也非常满意。

（三）专业化康复

慧馨园采用的康复模式是利用手工制作、美术等方法对残疾人学员们的行为进行干预。调动学员的主观能动性，使残疾人在身体、感官、智能、精神和社会生活等方面的功能得到有效康复，帮助和促进学员人格的完善与发展，使其增强自理能力、早日融入社会、提高生活质量。比如，通过学习中国水墨画实施绘画康复训练，让服务对象在绘画学习中强化自我认知。

引入“箱庭沙盘疗法”强化心理关爱康复训练，让服务对象在快乐中康复。中心首次引入“箱庭沙盘疗法”将心理关爱融入职业康复。作为非语言性的表达性心理治疗，“箱庭沙盘疗法”通过创造的意想和场景来表达自己，以沙盘游戏的形式寓教于乐，直观显示内心世界，使服务对象能够在“箱庭沙盘疗法”中激发潜能、快乐康复，从而达到心理抚慰、满足情感需求和提升社会认知的目的。慧馨园组织“箱庭式康复法沙盘比赛”，通过比赛服务对象获得了深层次的心理治愈和转化，启发了他们的心智，激发了他们的潜能，同时提高了服务对象的动手动脑能力、增强了自信心，也培养服务对象的集体合作精神。

通过评比激励强化自我意识挖掘，让服务对象以更强的角色感在社会中找到自己的位置。为了提高服务对象的积极主动性，中心还建立了“超级服务对象榜”评比栏，每周二、周四进行生活技能、劳动技能大赛，每季度从出勤、纪律、卫生、劳动技能、助人为乐、学习等各方面进行评比，到一年结束时再评出年度优秀服务对象以资鼓励。通过“服务对象榜”评比活动，服务对象增强了劳动意识、卫生意识。为了更好更有效地从德、智、品全方面提高服务对象素质，中心还对服务对象进行爱党爱国、“践行北京精神”——“爱国、创新、包容、厚德”和“新时代雷锋精神”——“干一行爱一行、助人为乐”、“全心全意为人民服务”精神的教育，组织服务对象走进社区，为社区扫雪、打扫卫生、擦健身器材等，先后办起“北京精神”“雷锋精神代代传”“文化学习园地”“户外主题活动感想”等宣传栏，教育每位服务对象学习北京精神和雷锋精神，努力学习，自强自立，做一名文明的北京人。

通过文化课学习强化学习能力训练，让服务对象在学习中康复。慧馨园的学员之间文化差异非常大，在学习上他们缺乏自信心与学习动机。鉴于这种情况，在教育方法上，中心采取鼓励管理法，根据不同学员的学习情况，制定了不同的课件和教案，采取大手拉小手、小手带大家的办法，对学习能力强的学员严格要求，并以他们为榜样带动其他学员；对能力较差的学员，尽量采取表扬鼓励的方式来提升学习兴趣。英语课老师为了提高学习兴趣和技巧，给每一个学员起了一个英文名字，要求他们记住，老师在每节课提问时只叫英文名字，并且采用了新的教学方法，将学习的主动权交给学员，让学员以小组为单位，学习数字、颜色、语言单词，还设计了许多小游戏来帮助学员巩固单词量，让每一个学员轮流走上讲台带领其他学员朗读所学课程。通过这样的教学使学员在轻松愉快的气氛中掌握了英语，实现了教学目标。

通过学习编织技能、强化就业训练，让服务对象掌握一技之长。学习手工编织技能，不仅可以训练康复服务对象的动手动脑能力，提高手指灵巧度和手眼协调度，而且也让服务对象学到更多现实的就业技能。为了让服务对象在编织时得心应手，及早掌握编织能力，中心的编织老师开发样品，反复、仔细研究样品的编制方法，边探索、边织、边写口诀。然后，根据服务对象的技能水平分成两组，一组为初级服务对象，编织简单的手链、交通卡包、简单的水晶项链串珠；另一组为中级服务对象，编织大黄鸭、寿桃、马、羊和水晶熊、水晶马等。大部分服务对象掌握了编织技能，而且通过出售编织工艺品还创造了不少收入，进一步增强了服务对象的信心和学习积极性。同时，中心的老师还经常给服务对象讲解一些职业探索以及职业规划方面的知识，让服务对象掌握基本的求职面试的能力和技巧以及职业人际关系方面的一些知识，积极推动服务对象走向社会。

三　补短板、扬优势，加快推进残疾人托养康复服务全覆盖

对待弱势群体的行为态度是检验一个地区社会文明程度的标杆。对于构建残疾人服务体系、推动残疾人事业发展，慧馨园的成功实践的意义可谓是重大的。但对于展览路街道2965名持证残疾人来说，一个只能容纳24名服务对象的职业康复机构所能覆盖的群体、解决的问题可以说是非常有限的。由此可见，实现托养服务全覆盖还有很远的路要走。

（一）明确政府责任，推动残疾人托养康复服务全覆盖

残疾人托养服务体系建设是一个综合性的系统工程，展览路街道充分发挥政府主导作用，加强部门协作，努力形成齐抓共管的工作局面。一是要领导重视，思路明确，严格依据中国残疾人联合会"阳光家园"计划的有关要求和标准推进慧馨园的建设和管理运行。二是要健全机制，统一思想。制定相应的展览路街道创建"阳光家园"示范区实施方案，各职能部门将残疾人托养工作列为部门保民生、保稳定、促发展的重要工作内容。三是要部门联动、资源共享，充分发挥各部门、各层级优势，齐抓共管、通力合作，形成区、街、社区三级残疾人公共托养服务网络，努力实现全地区生活不能自理的重度残疾人照料、养护服务全覆盖。

（二）坚持制度先行，立体推进残疾人托养工作新格局

西城区区委、区政府对残疾人托养工作高度重视，通过一系列的配套制度，逐步建立起托养服务长效机制。西城区区委、区政府研究制定了《西城区人民政府关于促进残疾人事业发展的若干意见》，区残联、区财政联合下发了具体实施办法，对残疾人入住托养机构提出了明确的补助办法，对社会组织建设残疾人托养机构，按照创新项目给予不定额奖励。另外，还出台了《西城区关于进一步加强残疾人温馨家园建设的意见》《西城区示范残疾

人温馨家园创建工作实施方案》《西城区居家养老（助残）服务单位管理规定》《西城区居家养老（助残）服务质量监督办法》等文件，使残疾人托养服务工作形成了长效机制。展览路街道在执行和落实各项政策时，一是坚持深入调研、严格审批手续、规范档案管理。制作填写配套表格，规范补贴补助工作，使各项政策快速高效地得到落实，使有需求的残疾人得到及时的托养帮扶。二是加大经费投入。街道执行《关于印发〈北京市残疾人职业康复劳动项目资金补助暂行办法〉的通知》《北京市西城区残疾人职业康复劳动项目资金补助管理审批意见（试行）》《西城区2010年托老（残）所以奖代补实施方案》等政策，使残疾人事业的经费预算、残疾人保障金的使用更加规范合理。三是加强队伍建设，提高托养服务水平。结合残疾人基层组织建设规划和托养服务发展计划，街道将残疾人专职工作者和专职助残员纳入社工管理，规范招聘、录用等工作流程，承担起管理残疾人托养需求与服务档案，定期随访服务对象、了解服务效果，及时向残疾人提供托养服务和居家服务信息的任务。同时加大培训与考核力度，组织社区残疾人工作者参加全国心理咨询师考试和社会工作师资格考试，提升基层残疾人工作者的职业化水平，为社区托养服务机构培养专业人才。四是加大宣传力度，营造良好氛围。充分发挥宣传平台作用，开展丰富多彩的宣传活动，利用多种形式、通过多种途径大力宣传残疾人托养服务需求和服务政策，营造氛围、普及知识、树立服务形象，动员社会各界更加关注、关心、支持残疾人托养服务工作，提高服务能力。

（三）坚持普特结合，全面完善残疾人三级服务新体系

残疾人托养具有类别化、多样化、个性化特点，要以区、街、社区三级网络为架构和普惠加特惠的个性化和差异化服务，全面完善残疾人全日制托养、日间照料、居家托养的三级服务体系。一是统筹公共资源，全力推进残疾人全日制托养服务。根据“阳光家园”创建标准，按照北京市有关文件精神和辖区内残疾人托养服务的实际需求，以“九养”政策为依托，加快全日制托养服务的进程。同时，要不断完善福利院设施设备建设，对社会力

量兴办的福利院提供相应扶持。二是立足现有资源，打造残疾人社区托养、日间照料的服务特色。大力推进残疾人温馨家园建设，积极推进残疾人职业康复站建设。三是深入挖掘资源，进行多种形式的居家安养服务。街道充分利用社会资源，采取有偿服务与义务服务相结合及家政"喘息"服务、支援服务、志愿服务相结合的模式，开展灵活多样的居家上门服务，满足不同程度残疾人的需要。家政"喘息"服务，主要针对的是困难程度较大，需要专业护理的重残、老残一类的家庭，通过发放养老助残券、"花钱买服务"等形式，为重残家庭提供居家服务；支援服务即"花钱买岗位"，主要是指在街道安排一部分能够从事打扫或其他力所能及的事情的轻度残疾人为重残人家庭提供上门服务，既完成了帮困工作，也解决了一部分残疾人的就业问题，能够减轻就业压力，在改善自己生活水平的同时也帮助了更多需要帮助的残疾人；义务服务，主要是指以院校和社会志愿者为骨干，开展一些日常帮扶活动，如大学生志愿者上门为残疾人子女辅导功课，用以缓解残疾人家长的压力。通过多种服务手段的综合运用，提高辖区残疾人日间照料、康复服务的受惠面，切实提高服务水平。

参考文献

崔正、王勇、魏中龙：《政府购买服务与社会组织发展的互动关系研究》，《中国行政管理》2012 年第 8 期。

杜姝：《我国残障公共服务提供中政府角色转换》，湖南师范大学硕士学位论文，2011。

范健：《福利多元主义视角下的社区福利》，《华东理工大学学报》（社会科学版）2005 年第 2 期。

钱宁：《社区照顾与中国社会福利制度的改革》，《中国青年政治学院学报》2002 年第 4 期。

B.15

展览路街道创建充分就业社区的探索与实践

摘　要：　就业是民生之本，是构建和谐社会的基础，是经济社会发展的保障，是提高人民生活水平的前提。党的十八大将就业作为全面建成小康社会的重要指标，并提出要推动实现更高质量的就业。社区作为社会的最基本单位，是就业再就业政策的最终落点，同时也是就业服务的终极目标群体所在。本文以展览路街道创建充分就业社区为例，分析发展形势，梳理举措经验，查遗补缺，思考新方向，希望能给其他地区解决就业难题提供思路。

关键词：　基层就业　充分就业　社会保障　展览路街道

当前，我国正处于经济社会转型发展的关键时期，推动基层就业、打造充分就业社区，对维持社会稳定、提高人民生活水平和经济社会发展都有着重要意义。

一　基层就业成为下岗失业人员再就业的主渠道

近年来，北京市西城区街道、社区劳动保障平台逐步建立。基层平台建设推动了市场导向就业机制的全面建立，促进了就业规模的持续扩大和就业局势的基本稳定。基层就业成为解决下岗失业人员再就业的主渠道。

（一）促进就业是国家的长期战略要求

为应对我国复杂的就业形势，2005 年国务院发布《关于进一步加强就业再就业工作的通知》明确指出，要多渠道开发就业岗位，千方百计扩大就业，促进下岗失业人员再就业。2009 年，国务院发布《关于做好当前经济形势下就业工作的通知》表明，要强化政府促进就业责任，广泛动员全社会共同做好就业工作。2012 年，国务院同意人力资源和社会保障部等 7 部委制定的《促进就业规划（2011～2015 年）》，要求提高经济发展对就业的拉动能力。自 2009 年以来，我国城镇登记失业人数总体呈增长趋势，但在 2010 年和 2012 年登记失业人数都有所下降（见图 1）。从 2009 年至 2014 年，我国城镇新增就业人数增长较快，涨幅较大（见图 2）。这得益于近年来我国对社会就业的重视，并出台了一系列的优惠政策。

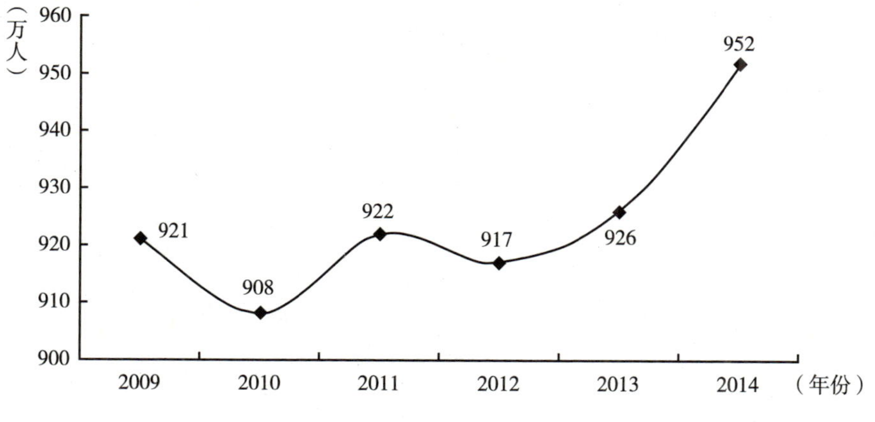

图 1　我国 2009～2014 年城镇登记失业人数

资料来源：国家统计局。

充分就业通常是指失业率等于自然失业率时的就业水平，充分就业并不等于全部就业，而是仍然存在一定的失业。但所有的失业均属于摩擦性的和结构性的，而且失业的间隔期很短。开展充分就业工作比较早的省区主要开始于 2000 年全国社区就业工作经验交流会以后，不过大多数省区这项工作

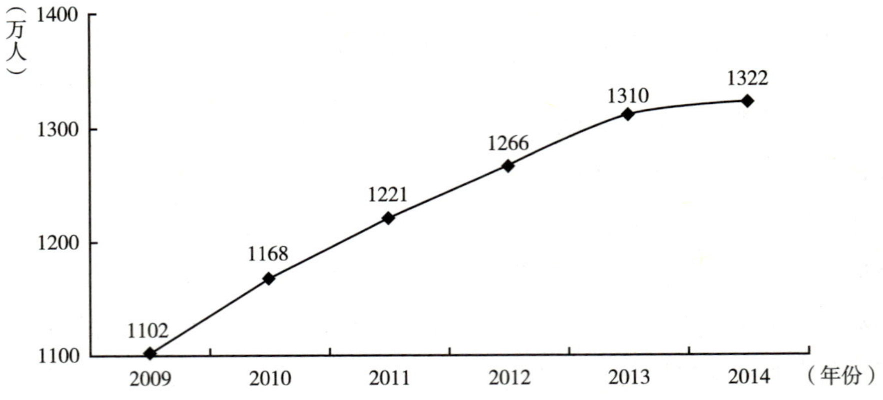

图 2　我国 2009～2014 年城镇新增就业人数

资料来源：国家统计局。

开展于 2002 年全国建立街道社区劳动保障平台的过程中。2006 年，劳动和社会保障部下发《关于开展创建充分就业社区试点工作的通知》，在总结街道社区劳动保障工作平台建设经验的基础上，决定在全国开展创建充分就业社区试点工作。

充分就业社区是社区内各类失业人员就业率达到 85% 以上，困难就业人员就业率达到 90% 以上，“零就业家庭”成员中至少有 1 人实现稳定就业，辖区内有就业能力和就业愿望的失业人员就业率达到 90% 以上。

（二）充分就业是展览路街道经济发展的必然条件

展览路街道作为西城区面积最大、法人单位最多、市场最密集并且集交通、旅游、商务、文化于一体的综合型街区，国铁、城铁、公交、地铁和水运等交通枢纽路网汇聚于此，服装和小商品市场集中，同时还拥有丰富的文化旅游资源。这一系列的资源优势是展览路街道经济发展的引擎，但与此同时资源优势导致展览路街道人口密度大，失业人群增多必然对展览路街道的稳定造成威胁。因此，做好就业工作，是展览路街道经济发展中不可小觑的一部分，也是经济发展持续向好的必然条件。

（三）充分就业是展览路街道百姓的迫切需求

充分就业关系到老百姓的生存问题、生活水平以及幸福指数，是老百姓安居乐业的前提和基础。将街道的剩余劳动力投入到生活生产中，不仅有利于经济发展、构建和谐社会，也是老百姓奔小康的有效途径。老百姓通过付出劳动力，可以创造财富、消除贫困、缩小贫富差距。因此，做好就业工作是解决展览路街道百姓就业后顾之忧的必要手段。

二　充分就业要着眼用人单位和求职者两端发力

展览路街道结合区域发展情况，积极谋划区域经济发展、创新就业政策，适应就业工作新形态，服务辖区用人单位和求职者两个主体，促进失业人员实现高质量的就业，探索出促进充分就业的创新模式。

（一）搭建供需桥梁，成立就业促进协会

社会保障和就业工作是一项复杂的系统工程，需要工作人员的真情投入、社会各界的大力支持和政府各项政策的扶持。展览路街道社保所担负着社保和就业工作的项目有 100 多项，现已呈现超负荷运转的趋势。繁杂的工作导致社保所工作开展不顺，因而出现有求职愿望的失业人员得不到及时安置、用工单位不能及时得到合适人员上岗的现象。为解决这一问题，展览路街道于 2010 年为街道社保所各类就业服务活动搭建起就业促进协会的平台，借以整合地区力量，促进就业工作的进一步开展。展览路街道就业促进协会的成立，不仅为街道社保所分担了就业工作的压力，更为展览路街道失业者提供了一个更好的就业服务平台，使其有所依靠。同时，就业促进协会的成立为失业者提供了指导和培训服务，进而提高失业者的业务素质、技术水平，帮助他们走向工作岗位。就业促进协会整合街道资源，凝聚社会力量，向就业困难家庭组织开展“一进三送”（进家门、送政策、送岗位、送补贴）活动，对城镇“零就业家庭”开展进户到人的就业帮扶，同时新增更

多的公益性岗位安置就业困难人员。协会进一步发挥协管员在本社区与失业人员一对一零距离服务的优势，做好与工作站的协调对接，使就业困难人员实现再就业。就业促进协会成立以来，着力了解失业人员情况，走进用工单位送信息、送政策、开发岗位，将就业愿望和用人需求合二为一，有针对性地解决双方需求。

就业促进协会规范了制度建设，完善了工作流程，实现了将劳动保障事务性工作向社区延伸、落实到社区、服务到社区的目标，为劳动者搭建了就业平台、树立了就业信心、提供了就业岗位。这一系列举措使得展览路街道的就业促进工作得以顺利开展。截至2014年底，与协会签订送岗协议书的辖区用工单位已达400余家，共开发岗位2100多个，对730多名失业人员进行了一对一零距离服务，促使514人实现再就业。

（二）规范服务考核，拓宽就业服务思路

展览路街道不断拓宽基层就业渠道，提升社区就业水平，按照就业工作关口前移、就业服务手段下沉的要求，积极发挥社区服务站贴近百姓、了解民需、服务于民的作用，解决了社区工作只依靠劳动保障协管员单打独斗的状况。为有效缓解就业困难的局面，展览路街道出台了《展览路街道关于加强社区服务站就业工作考核的实施方案》。这一方案的实施充分调动了社区的积极性，为展览路街道社区就业服务工作的开展拓宽了思路，也为促进社区就业工作提供了保障。方案中将考核指标分为基础工作和重点工作两部分，同时设立加分项目，涉及三级共计31个具体指标。指标考核内容侧重社区从事就业的机构人员情况，工作组织、学习情况，政策把握及服务质量情况和基础台账等工作，也对就业工作折子工程指标的重点方面予以考评。

（三）扩大就业宣传，营造良好舆论氛围

展览路街道从宣传《中华人民共和国就业促进法》，市区政府关于劳动用工、就业的优惠政策和展览路街道用工奖励办法入手，将相关内容进行摘录汇编印制成宣传手册，免费发放到辖区的用工单位和失业人员手

中，使《就业促进法》家喻户晓，使政府的优惠政策做到人人皆知。为激励基层工作的劳动保障协管员的积极性，培养与提高劳动保障协管员的工作能力，就业促进协会配合社保所举办了征文活动。活动以“我是怎样做好劳动保障协管员的工作”为主题，由协管员将亲身经历和感受写出来、讲出来，就业促进协会进行评选、表彰和持续宣讲。展览路街道通过对就业工作的宣传，鼓励老百姓主动就业、自主创业，营造了积极就业的良好舆论氛围。

（四）丰富服务形式，千方百计促进就业

开发就业岗位，增加失业人员就业机遇。针对登记失业人员文化水平偏低的情况，展览路街道根据地区特点和用工单位岗位要求，主动与用工单位进行合作，对失业人员进行“量身定制”的就业培训。同时，举办地区单位现场招聘会，为求职人员与用工单位搭建“现实岗位供需平台”，提高就业自主性和匹配率。街道开展“春风行动”和城乡手拉手招聘活动，带领10家辖区单位来到手拉手对口单位门头沟区军庄镇，与镇社保所一同为当地失业人员和大学毕业生举办专场招聘会。街道根据需求反馈情况深入辖区单位采集挖掘相应空岗信息，并制成简章和展板，送岗下乡。城乡手拉手专场招聘会共吸引当地失业人员595人，前来咨询登记大学毕业生和农民310人，最终达成用人求职意向67人。

普及优惠政策，拉近与失业人员的距离。展览路街道采取与社区失业人员一对一零距离服务的方式，把政府的就业优惠政策送到失业人员手中，鼓励失业人员根据自身的特点，利用自主择业、市场调节就业、政府促进就业相结合的办法，采取灵活就业等多种方式实现再就业。展览路街道联合西城区人力社保局举办“大学生专场”招聘会。招聘会以送政策、送岗位，真正落实惠民新政策、稳定就业促和谐为宗旨，为大学生跨区域就业提供新的渠道，加大企业安置本地大学生力度，精选西城区3家优秀的单位提供大学生就业岗位53个，涉及工种12个，为失业却有就业愿望的大学生及时送到岗位并实现就业。

三　提高服务质量，推动实现更高质量的就业

推动实现更高质量就业，政府、社会、企业、家庭和劳动者个人要形成合力。在政府层面上，应当在以下几个方面推动实现更高质量就业。

（一）完善政府就业服务保障，积极主动做好服务

展览路街道加强政府职能转变，积极主动为街道剩余劳动力人群服务。街道作为统筹区域就业的主体，也是国家政策的实施者，应贯彻落实《就业促进法》，加强政府对就业的引导，进一步推进更加积极的就业政策。

充分发挥21个社区（不含滨河社区）就业工作站优势，落实失业保险基金监管制度，强化责任，保证基金的安全运营。深入开展失业登记工作，全面开展就业补贴申报审核信息化管理工作；加强就业援助工作动态管理的信息化建设；以社区就业志愿者服务队为保障，通过多种形式加大就业政策宣传力度，起到“以点带面”的效果；并通过就业促进协会，完善有效的就业促进机制，健全就业协调发展保障体系。

（二）建立两个主体信息台账，畅通信息发布渠道

我国就业难的原因之一是用人单位和剩余劳动力人群之间信息不对称，尤其是知识结构较低、缺乏专业性的劳动者获知企业招聘信息的途径较少。互联网时代，企业招聘信息基本都是发布在网络上，这从某种程度上排除了很多对互联网不精通的剩余劳动力人群。展览路街道认识到信息不对称是导致失业者难觅工作的原因之一，因此加强与用人单位的合作交流，了解用人单位的用工需求，为剩余劳动力人群和用人单位提供一个供给和需求信息互通的平台。街道通过建立健全用人单位和求职者两个主体的相关台账，不断加强平台建设和完善服务功能，提高失业人员对就业信息的知晓度，让百姓及时了解劳动就业、社会保障以及岗位资源等方面的各项扶持政策，为劳动者提供更充分有效的职业决策，切实提高为百姓服务办事的本领，形成常态化就业服务的工作态势。

（三）设置好个性化就业指导，促进创业带动就业

要针对重点失业人群加强心理咨询和疏导，提供就业指导与培训，提高他们的专业技能，让他们树立再就业的信心。抓住国家鼓励全面双创的契机，以奖励促创业，以创业促就业，创造更好的创业氛围。重点加大对自主创业相关激励政策的宣传力度，采取针对性更强、更有效的措施，鼓励和支持创业者发展，吸纳更多就业，保证对创业者提供一对一有针对性的就业服务，通过创业带动就业。

参考文献

展览路街道就业促进协会：《展览路街道就业工作问题探讨》，2011。

刘小红：《苏州统筹城乡就业的历程、经验和启示》，《中国科技产业》2010 年第 5 期。

国家统计局：城镇登记失业人数，2014。

邵汉生：《促进充分就业助力跨越发展》，《政策》2011 年第 5 期。

陈钧：《让百姓充分就业》，《重庆日报》，2007。

沈熙：《中国公共就业服务多元提供体制研究》，南京大学博士学位论文，2011。

B.16

展览路：以“安全社区”为引擎推动和谐社区建设

摘　要：　创建“安全社区”符合全面建设和谐社区的目标要求，是落实以人为本、全面、协调、可持续发展的科学发展观的具体体现。“安全社区”的创建有利于增强社区居民的安全感和归属感、提升政府管理社会水平、凝聚社会力量，从而促进和谐社区建设。展览路街道以“安全社区”为引擎，科学分析背景、更新工作理念、完善创建机制、选准促进项目、坚持持续改进，推动了和谐社区建设的创新与发展。本文通过对展览路街道“安全社区”建设现实需要和实践探索的系统分析，思考“安全社区”建设对和谐社区建设的启示意义，希冀能对建设和谐社区带来新思考。

关键词：　“安全社区”　和谐社区　社区建设　展览路街道

安全是人类永恒的主题，是和谐的表征和集中体现，解决好社会的安全问题，也就使和谐拥有了坚实的基础。社区在城市管理中的基础地位和作用日益突出，要营造良好的社会安全环境，必然要以社区安全为基础和落脚点。可以说，和谐社区的建设需要以创建“安全社区”为依托来全面推进。

一　构建“安全社区”是建设平安社会、全面建成小康社会的重要组成部分

（一）“安全社区”是建设和谐社区的重要基础

“安全社区”的概念是1989年在瑞典首都斯德哥尔摩举行的第一届世

界事故和伤害预防会议上提出的。简单地说，“安全社区”是指建立了一套组织机构和程序，政府及其有关部门、企业、志愿者和居民共同参与伤害预防和安全促进工作，持续改进实现安全目标。

虽然中国社区建设起步较晚，但是发展很快。环保、交通、消防、综合治理、司法等部门都将工作向社区延伸，开展了多种多样的社区建设项目，如平安社区、文明社区、绿色社区、交通安全社区、无毒社区等，但这些项目相互交叉，各自为政，工作有许多的重复，不利于长期、大范围推广和交流。按照“安全社区”所倡导的“大安全”理念，由原来的各部门各自为战转变为协调发展，由原来的部门单元管理转变为政府多元管理，赋予了社区建设新的内涵。“安全社区”把与广大人民群众安全相关的许多内容纳入到一个平台上统一规划和运作，便于整合各类资源，强化社区安全文化建设，促进生产安全、交通安全、消防安全和社会治安等工作全面展开。同时，根据各社区的实际情况，开展学校、儿童、老年人、公共场所等群众关心的安全促进活动，可以有效地提高各类人群的安全意识，使以往的社区单一功能建设向系统管理机制和体系创建转变。“安全社区”建设，不仅推动了展览路社区管理体制改革和社区建设进度，更重要的是为优化政府执政能力提供了大舞台。

（二）展览路街道建设“安全社区”的必要性

当前，我国正处于全面建成小康社会的关键时期，基础在基层、工作重点在基层，基层社会环境安不安全、稳定不稳定直接考量着全面建成小康社会的效果。社区作为社会治理在空间上的最小单元，建设“安全社区”、全面改进社区的安全水平，是全社会的共同期盼。

展览路作为一个集交通、旅游、商务、商品流通和科技会展为一体的综合型街区，其在创建“安全社区”上具有三个特点：一是集国铁、城铁、地铁、公交、水运“五位一体”交通网络密集，生产经营企业众多，地区基础生活设施比较完善，为创建“安全社区”奠定了良好基础。二是地区老龄化现象逐渐显现，60 岁以上老人比例接近 23%。地区教育资源配备比较完善，学前教育机构有5所共1000余名儿童，使得安全促进项目开展能够有的放矢并形成普遍社会效应。三是地区集中了12个大中型商品批发市场，瞬间人流量巨大，这既是机遇又是挑战。市场的繁荣活跃促使地区经济水平得到提高，但是出租房数量大、消防隐患多等问题对街道基层治理能力提出了考验。

展览路街道按照建设国际化大都市的标准和西城区“三区”战略的要求，完善市、区、街两级政府三级管理体制，加强社区建设，根据新时期社区基层安全工作的新形势、新情况，以及所处的重要政治核心区域的地理区位，满足广大人民群众最基本的安全需求，通过“安全社区”创建为居民营造一个安全、稳定、健康的生产、生活环境。

二　展览路创建国际“安全社区”的实践探索

展览路街道办事处作为西城区创建“安全社区”首批试点街道之一，自2005年7月起便深入开展“安全社区”创建工作。“安全社区”的“大安全”理念不但符合街道办事处“统筹辖区发展”的职能，更是把建设和谐社区做实、做深的有效手段。在“安全社区”的创建过程中，展览路街道按照以人为本的原则，确立了“人人参与、共享安全”的工作思路，从社区安全工作所面临的新形势、新情况出发，紧紧围绕《“安全社区”建设基本要求》所提出的“五有一参与”准则，采取“PDCA”即“策划、实施、检查、纠正”的闭环工作模式，结合地区实际，在交通、消防、公共场所、学校、居家、老人、儿童、残疾人等方面对社区安全进行全面诊断，推广和实施了一系列“安全社区”促进项目，为老百姓营造了一个安全、稳定、健康的工作、生活环境。

（一）以本土化为主导，构建多方参与大安全网络格局

“安全社区”概念是一个舶来品，展览路街道以科学发展观为统领，在确保“安全社区”建设的基本原则和方法不变的情况下，力争使创建工作

体系化、规范化和标准化，并以本土化为主导，推动国际“安全社区”创建工作的开展。展览路街道每年派专人参加中国职业安全健康协会的标准化培训，并加强与“安全社区”成员单位间的交流，深切认识到“安全社区”创建是一项由政府牵线，社会组织、企业、居民多方参与，各单位、部门资源整合的跨部门、跨行业且共同参与、谋划、发力的重要课题。

按照“安全社区”的思路和“五有一参与”的标准，街道成立了由机关单位、教育医疗机构以及社会团体等广泛参与的展览路“安全社区”推进委员会。委员会下设5大工作组14个工作小组，成立创建办公室，配备专人负责开展工作，指导21个社区居委会（不含滨河社区）建立了由社区民警、社区工作站、居民代表、楼门组（院）长组成的社区安全情况网络机制，最大限度地减少社区居民及驻区工作人员遭受伤害和事故的可能性，基本上形成了“横向到边、纵向到底”的安全监管网络，确保监控面覆盖到辖区内每个角落。

随着整合多种成分、多个主体的展览路地区“安全社区”推进委员会的成立，展览路地区的整体安全工作形成了三个转变：一是由政府一家推动向多方参与的转变，包括社会各种组织的参与、企业的参与和老百姓的参与转变；二是由各自为战向资源集约形成合力转变；三是由分散安全控制向集中安全控制转变。

据不完全统计，展览路街道共组织大型调查3项，发放问卷约10万份；进行预防干预项目及各类应急演习32项，惠及地区群众15万余人次；发放各种宣传品5万余份，组织开展各种安全培训活动1000余次。街道办事处特别把2008年和2009年作为检验“安全社区创建”工作成效之年，结合奥运保障、国庆庆典等中心工作，重点从提高居民安全意识入手，下大力抓“安全社区”创建工作，有效地提高了地区各项安全指标系数，进一步夯实了展览路地区的大安全环境。

（二）以项目干预为抓手，维护和实现社区的居民需求

展览路地区以商贸、旅游资源集中闻名，地区共有12家小商品批发市

场及动物园、天文馆、展览馆等旅游景点，人流量较大。根据“和谐社区、百姓评说”及社区诊断收集的数据可以看出，居民“关心大型公共场所产生的环境、安全问题”占 79.7%。对此，展览路街道认真分析地区特色，将项目融入为民办实事，着力扩大项目覆盖人群。展览路街道将“安全社区”纳入“和谐社区”建设的总体目标，分解为八大类 327 项的《展览路街道建设和谐社区指标》体系，将“安全社区”创建工作所提倡的“五有一参与”“12 个工作重点”全部纳入整个地区发展体系中，形成统一整体，将各项工作满足居民需求最大化，坚持“人人都平等享有安全和健康的权利”，把工作重心放在维护和实现社区居民需求上，拓展基层工作服务对象，从重点地域安全、重点人群安全、重点隐患安全这三个方面出发，形成了两大类 18 个项目（见表 1），有效地增强了地区的安全防范能力，提高了居民的安全意识。

表 1 “安全社区”创建工作项目

“安全社区”促进重点项目	“安全社区”创建工作项目
幼儿园儿童安全、老年人安全展室、社区危险源调查、商市场安全、“安全社区”教育基地、楼门安全文化、残疾人康复中心	居家老人安全无障碍、地区总体群防群治、防火减灾知识和技能传播系列、春节限放火灾控制、公共场所安全管理系列、健康大讲堂、平安家庭、流动人口管理、精神残疾互助康复、残疾人居家无障碍、展览路地区应急事件

以展览路地区应急事件项目为例，由地区“安全社区”推进委员会中的消防、工商、公安、安监等成员开展联合执法，注重通过各种应急演习来提高各单位对灾害的应变能力。组织市场进行防汛、消防、反恐、灾害应急演习 12 次，尤其是在展览路地区进行万人消防演习。展览路地区共有 10 个市场 6104 个商户同时进行应急演练，进一步提高了地区各单位应对突发事件的能力。

以流动人口管理项目为例，展览路街道发挥社区这一社会基本单元的作用，加强对流动人口这一“安全防范”弱势群体的安全保护，由居委会组织对租住在社区的商户进行摸底造册，加强流动人口的规范管理，采取集中培训、上门服务、座谈等方式，增强了商户的安全意识。5 年来累计投入 400 多万元为地区居民安装楼宇对讲系统，安装率达到 90%。

2005 ~ 2007 年，展览路街道通过在居民中进行问卷调查和走访驻区安全职能机构，以伤害监测数据分析结果为依据，对老年人、儿童、残疾人、工作场所、消防、治安、交通、公共场所等 13 个方面开展了干预项目 32 项。地区居民年伤害概率从 3.53% 下降至 2.24%，平均每年下降 0.6 个百分点。地区安全程度不断上升，社会治安满意度增长了 9.1%，交通安全满意度、消防安全满意度、卫生环境满意度分别增长了 11.3%、18.8% 和 7.6%（见表 2）。一系列持续有效的安全项目干预，使整个地区各项安全指标均得到了全面提升，对地区和谐社区建设起到了明显的促进作用。

表 2　2007 年 8 月“和谐社区、百姓评说”入户调查数据对比

单位：%

项目	2005 年	2007 年	增长
社会治安满意度	87.4	96.5	9.1
交通安全满意度	78	89.3	11.3
消防安全满意度	75.8	94.6	18.8
卫生环境满意度	84.3	91.9	7.6
安全知识知晓率	94.9	98.4	3.5

（三）以“安全需求”为导向，充分发挥社区自治功能

社区自治组织体系建设是社区建设的核心，它最主要的特征是“四自”，即自我管理、自我教育、自我服务、自我监督。可以说“安全社区”意味着社区居民对社区安全的自觉追求和对社区事务的有效治理，而这种自觉追求和有效治理就是在社区居委会对居民意愿的充分表达下，并在“安全社区”所倡导成立的地区跨部门合作组织的支持下，以“安全社区”促进项目的形式实现的。因此，没有社区居委会前期对社区居民意愿的表达，就不会有后面跨部门合作组织及促进项目的产生。

展览路地区是西城区人口最多的老城区之一，人口老龄化的问题较为严

重。在进行的全区民需调查中，对助老服务的需求列全区之首，占到总需求的19%。在21个社区居委会（不含滨河社区）开展的社区诊断中，有70%以上的居民对养老、助老问题表示了极大的关心。面对地区居民的迫切需求，街道把占地区总人口23%的老年人纳入了重点干预项目。首先，针对地区困难老年人的情况开展了全方位的调查，依托街道“爱心超市”“居家养老”等服务载体，重点面向困难老人开展社会救助和福利服务，共为442户空巢老人安装“家庭急救呼叫器”；为179户老年人及残疾人家庭进行了无障碍改造，发放康复用品600多套；为地区所有老年人建立了“一人一档、一人一卡”的个性化服务需求档案。其次，在社区服务中心新址投资200万建设了拥有40多个床位的“无障碍”养老院，整栋建筑均参照“安全社区”对老年人安全的要求进行设计、施工，并专门开辟5个老年人安全主题展室（出行安全展室、心理健康展室、厨房及食品安全展室、疾病预防展室、浴室与卧室安全展室），让生活在这里的老人足不出户就能学习到安全知识。同时还将居家养老服务、老年人餐桌等服务作为养老院的配套项目向地区居民提供，为周边近百位“空巢”老人提供送餐、养老服务，提高了地区养老服务整体水平。最后，依托社区卫生服务中心等专业医疗单位，街道每年专门为老年人开展心脏病复发的急救、防坠床防摔伤等多项活动，并与美国世界健康基金会展开合作，将社区糖尿病管理项目引入展览路地区，降低老年人糖尿病并发症所带来的意外伤害。通过项目的实施，街道办事处的惠民政策得到了极大延伸，居民感觉到自身反映的问题已经变成了地区单位、社区居委会都重视的事情，从而形成了“居民表达需求—社区积极组织—街道牵头实施”的良性循环，充分体现了社区自治功能。

（四）以“安全文化”为引领，全面提高居民安全意识

安全文化建设是“安全社区”创建的重要组成部分。通过宣传安全文化来达到居民之间的交流互动，从而带动和谐社区建设是摆在街道面前的一道难题。传统意义上的宣传，如宣传折页、宣传栏、咨询活动等，街道办事处每年都会大量地开展，效果却事倍功半。展览路街道以走“群众路线”、

听百姓声音、零距离同百姓接触这些反映居民迫切需求的方式来实现安全文化的宣传。展览路街道除了通过宣传栏、宣传折页等形式进行安全知识普及外，还充分发挥社区 2773 名楼门（院）长队伍的纽带作用，以楼门文化建设为切入点，以政府、社会、居民共同出资、出物、出力的方式，从单一的“警示性宣传”向“知识性、服务性宣传”转变，通过楼道“客厅化”、安全健康知识展、楼门（院）长亮身份、主题楼道建设等活动，在楼道内搭建居民自我学习、自我保护的平台，方便了社区治安信息、卫生健康知识的广泛传播，使以往灰暗、无生气的楼门，变成了邻里间交流信息、互助互爱的文化阵地，起到了促进家庭和美、邻里和睦、社区和谐的重要作用。

（五）以“安全设施”为基础，打造“安全社区”教育基地

展览路街道于 2008 年 11 月 6 日，被国家安全生产监督管理总局授予“全国安全社区”称号；2009 年 10 月 13 日，通过世界卫生组织专家组认证，在 2010 年 6 月 8 日大连举行的“国际安全社区”命名大会上，正式成为全球第 194 个，中国大陆第 29 个“国际安全社区”，成为亚洲“安全社区”网络成员；2010 年 11 月，街道被国家安全生产监督管理总局授予“全国安全社区建设先进单位”荣誉称号。

创建“安全社区”的一个重要因素就在于通过硬件建设减少和消除各种安全隐患，提高居民的安全技能，为建设和谐社区提供了坚实的物质保障。展览路地区是一个集交通、旅游、商务、商品流通和科技会展为一体的综合型街区，消防隐患时有发生，消防观念的淡薄及消防常识的匮乏是导致这一后果的重要因素。街道于 2005 年就成立了北京市第一家市民消防学校，陆续为 21 个社区（不含滨河社区）配备了“社区消防站”，为地区覆盖了一张“消防保护网”。同时，针对 70% 以上的居民关于消防专业知识培训的需求，街道发挥地区“安全社区”推进委员会的作用，整合“安全社区”跨部门合作力量，在区消防支队的参与设计下，与区民防局投入 180 万元资金共同修建了 1300 平方米的“安全社区”教育基地。基地以普及消防知识、提高消防安全意识、培训消防技能为指导，以互动为教育形式，融知识

性、趣味性、参与性为一体，借由现代声、光、电等高科技手段，面向社会免费开放。“安全社区”教育基地的建成，改变了以往展览路地区缺少大型公益性安全宣教场所的历史。地区居民到基地参观学习，并体验喷淋灭火、急救逃生、高空自救等数十种消防技能。基地成为宣传安全知识、增长安全技能、提高居民安全防范意识的阵地。“安全社区”教育基地年接待能力为5万人次，截至2014年底，已接待来自地区各单位、北京各区县，上海、新疆、青岛等全国各地16个省市自治区，462个社会团体及地区居民共计30818人次的参观学习。通过该项目的实施，地区火灾数量呈逐年下降趋势，同时也带动了一批其他安全促进项目，惠及了一大批人群、辐射了一个区域，取得了良好的效果。

三 展览路“安全社区”创建对和谐社区建设的启示意义

“安全社区”创建以来，展览路街道着力构建“政府组织、市场运作、社会参与”的工作模式，以一种全新的工作机制引领地区“安全社区”创建工作，成效初步显现。“安全社区”是转变政府职能的全新方式，是构建和谐社区的重要平台。展览路街道科学分析“安全社区”创建背景，不断更新工作理念、探索完善创建机制、选准实施促进项目、坚持持续改进模式，给地区的安全稳定提供可借鉴的经验。

（一）居民利益是“安全社区”创建工作的根本

民生建设是社会建设的基础，而“安全社区”所倡导的“人人都平等享有安全和健康的权利”，是民生工程最基础、最核心的工作内容，对人的生命权和健康权的追求，同样也是以人为本、构建和谐社会的第一要务和首要解决的问题。创建“安全社区”是一项观念创新、拓展领域、服务安全发展的新尝试。在具体创建过程中，也许会因为一些领导或者工作人员认识不到位、理解不够深导致创新工作的力度不够足、创建成果差的问题出现。

因此，体现居民利益是“安全社区”建设的根本出发点，直接反映“安全社区”建设的最终目的。

展览路街道“安全社区”的建设，以民生为本，从维护和实现居民利益需求出发，确定高危人群、高风险环境和脆弱群体，有针对性地开展事故和伤害预防、安全干预工作，通过“政府牵头组织—市场提供服务—居民获得实惠”，推动了社区有序自治、优化了地区人文环境、完善了城市综合服务功能，使居民得到更多的实惠，切实提高了居民的幸福感。

（二）资源整合是“安全社区”创建工作的关键

“安全社区”建设作为一项系统的、民生的、安全的工程，建设项目内容涉及安全生产、市政建设、交通秩序、医疗卫生以及公共服务等多个领域。受体制机制的限制，社区难以单独担当“安全社区”建设推进的重任。在上述模式和背景下，展览路街道通过协调地区单位、学校、社会组织等机构成立“安全社区”促进委员会，着力构建展览路街道“政府组织、市场运作、社会参与”的工作模式，并以此引领地区“安全社区”创建工作，最大限度地提高资源利用率，争取“安全社区”建设效益最大化。

（三）安全文化是“安全社区”创建工作的“精神”

安全文化的核心是提高人的安全素质，安全文化建设是“安全社区”建设的基础和灵魂。社区安全文化建设主要是要解决居民的意识和观念问题，通过文化手段，提高居民的安全文化素质。安全文化建设的目的是实现“预防文化”，防患于未然，实现工作和生活的本质安全化。

展览路街道从单一的“警示性宣传”向“知识性、服务性宣传”转变，通过安全文化宣传反映社区鲜明的文化特征和导向，并表现了一种特有的“社区精神”，使整个社区的人文氛围得到大幅度提升，社区凝聚力大大增强，有效地减少了社区内部发生矛盾、激化或滋生犯罪的可能性，增强了对外部骚扰和犯罪的防御能力，为建设和谐社区孕育了“精神沃土”。

要根据社区居民获取信息的渠道来源，通过多种渠道大力开展“安全社区”宣传和培训工作，提高社区居民防患意识，将社区安全文化上升为社区精神，让安全文化成为居民的一种行动自觉。

参考文献

辛希孟：《信息技术和信息服务国际研讨会论文集：A 集》，中国社会科学出版社，1994。

金显贺、王昌长、王忠东、朱德恒：《一种用于在线检测局部放电的数字滤波技术》，《清华大学学报》（自然科学版）1993 年第 4 期。

马业珠：《北京市西城区展览路街道工委：建设和谐美好“展览路”》，《中国监察》2011 年第 15 期。

杨炳珑：《北京 26 个街道参与创建安全社区》，《中国社会报》，2007。

孔晓娟、曾怡欣、辛斯、邓妍：《浅析我国安全社区建设模式》，《中小企业管理与科技》2011 年第 8 期。

欧阳梅：《我国创建安全社区之路》，《劳动保护》2007 年第 4 期。

张宝明：《加强安全社区建设推动社会管理创新》，载《中国职业安全健康协会 2011 年学术年会论文集》，煤炭工业出版社，2011。

B.17

展览路：城市精细化管理的“三五三”模式

摘　要：　当前，人民群众对于城市环境的标准和要求越来越高，城市精细化管理工作任重而道远。面对城市管理工作面临的新形势、新机遇和新挑战，展览路街道认清形势、摆正位置、凝神聚力、紧抓机遇、大胆作为，探索形成了“指挥有力、运转协调、网络健全、管理到位、责任量化、指标精准、处置有措、反应迅速”的城市管理精细化格局，为人民群众创造了更加舒适、和谐、优美、宜居的生活环境。本报告以案例研究为主要手段，系统分析展览路街道城市精细化管理面临的形势、管理的方式、“三五三”模型，得出城市精细化管理的启示，以供参考。

关键词：　城市管理　城市病　精细化管理　展览路街道

一　精细化管理是建设国际一流和谐宜居之都的必然要求

（一）城市精细化管理是落实首都城市新定位的根本要求

2014年2月，习近平总书记在视察北京重要讲话中明确了首都“四个中心”的城市战略定位，要求北京努力建设国际一流和谐宜居之都，特别对首都的环境建设提出了更高的要求。北京市委对首都功能核心区提出了“环境要优美、服务要优质、人口要控制、发展要持续”的要求，环境摆在了各项工作的首位。从世界国际化城市发展经验来看，城市精细化管理水平是衡量城市国际化程度的重要标志。建设国际一流的和谐宜居之都，必须瞄准国际先进的城市管理水平、管理经验、管理方式，树立新的发展标杆，切实转变粗放的城市管理方式。西城区作为首都功能核心区，更是要牢牢聚焦首都城市战略新定位，以国际一流的标准做好城市精细化管理工作，在落实首都城市战略新定位上做示范、当标杆。

（二）城市精细化管理是西城区城市发展新阶段的必然选择

近些年，西城区在促进经济增长的同时，开发强度和人口承载力已经顶破了“天花板”，给区域发展带来了诸多矛盾和问题。在新的发展阶段，西城区要在建设国际一流和谐宜居之都进程中走在前列，要有坚实的物质基础，也要有高质量的软环境。软环境既体现在城市文化、市民素质等方面，也体现在城市服务管理上。天下大事，必作于细。西城区未来能否克服发展瓶颈，很大程度上取决于能否在城市精细化管理水平上有重大提升。从细节入手实施城市管理，应当成为推动西城区“十三五”时期科学发展、提升“四个服务”能力和水平的重要内容。

（三）城市精细化管理是破解“城市病”新问题的有效途径

人口增长过快、交通拥堵、环境污染等“城市病”问题已经严重制约了北京市的可持续发展。针对城市环境乱象，西城区积极采取多种形式治理“城市病”问题，并取得了阶段性成果，但城市管理中依然存在痼疾顽症及新出现的问题。究其深层次原因，主要还是政府在城市管理体制机制和管理手段等方面存在欠缺。根治“城市病”难题，迫切需要市、区、街道不断提升城市精细化管理水平，积极探索创新，消除管理的漏洞和空白点，实现城市面貌的改善与提升。

（四）城市精细化管理是满足人民群众新期待的客观需要

城市管理的宗旨就是全心全意为群众服务，不断满足人民群众对城市环境及城市管理的需求。城市管理的一些细节问题，往往与群众利益密切相关。因此在管理过程中必须要注重细节。近些年随着全区居民生活条件的不断改善，群众对公共服务的关注从生存型向发展型转变，特别是从党的群众路线教育实践活动的开展过程中发现，群众对生活环境的要求越来越高。这就要求政府必须牢固树立城市精细化管理的理念，细处挖、精处做，精心打理好城市，从而有效解决群众需求的细节问题。

二　展览路街道城市管理面临“三多”形势

展览路街道是西城区地域面积较大、人口较多，集交通、旅游、商务、商品流通、科技会展和居住于一体的综合型功能街区。5.87 平方公里的辖区面积承载了 4.6 万户 13.9 万人的常住人口。其有 11 条一、二类大街，17 条胡同、街巷，13 家大型商场、服装商品批发交易市场等，8 处名胜古迹，1 处公园。从城市管理的角度看，其地域主要呈现“三多”的特点。

（一）老旧小区多

展览路地区属于建成区，除西外地区以外的其他区域，群体楼房以 20 世纪六七十年代建造为主，老旧小区居多、历史遗留违法建设分布广、城市规划配套设施不完善、市政基础设施薄弱，小区多为开放式小区，无物业管理，城市管理相对困难。

（二）批发市场多

动物园服装批发市场，天意、官园批发市场等低端的市场业态刺激了地区私搭乱建的大量涌现，出现周边地区房屋出租紧俏、无照商贩云集、环境卫生脏乱等诸多问题，由于市场存在客观需求，上述问题屡禁不止，无法从根本上杜绝。

（三）交通枢纽多

展览路动物园、西直门地区是集国铁、地铁、公交、地铁及水运“五位一体”的大型重要交通枢纽，在方便居民的同时也带来了人流量巨大、交通秩序拥堵、黑车势力泛滥等一系列问题，给城市管理工作带来重重压力。

三　展览路街道全力推进城市精细化管理的探索

着眼于地区城市管理工作的现状、面临的困境和未来发展趋势，展览路街道准确把握西城区首都功能核心区的定位，紧紧围绕优化地区环境品质，开展了广泛深入的调查研究，摸清了辖区城市环境部件、构件、附属设施以及单位、社区、居民等管理要素的基本情况，掌握了辖区居民小区、街巷楼门、平房院落、地下空间、机关及企事业单位等基础数据和再生资源网点、景观照明设施、绿化保洁面积、施工工地等动态数据，先后建立了近 20 个数据台账，并在运行过程中不断更新完善，随时“拿得出、数得清、用得上”，为城市精细化管理提供了有力的支撑，推动城市精细化管理向更加明确规范的方向转变。

（一）创新三种工作方式，提高城市精细化管理工作效能

一是有序引入专业管理。为落实城市精细化管理，街道顺应形势，引入竞争机制，经专业部门测算和认定，将辖区 19 条大街、21 个社区（不含滨河社区）的部分小区总计 129.2 万平方米的保洁工作承包给晟月洁物业管理中心；将 26 条道路、21 个社区的 7.5 万平方米绿地的日常管理养护承包给西城区园林绿化局德外绿化队，有效落实了市容环境卫生作业的市场化、企业化、专业化运作。

二是扎实落实网格管理。依托西城区城管监督指挥中心平台，将地区 21 个社区划分为 168 个管理网格，街道 18 名城管科干部、21 名社区卫生专干、170 名保洁人员、50 名绿化队员、2281 名楼门（院）长、190 名驻街科站队所执法干部和工作人员，分布在这 168 个网格单元内，按照岗位职责、管理内容和责任时限，对各自网格范围内的部件损坏、环境脏乱、突发

事件等问题实施有效监督、快速反馈，使城市环境问题能在第一时间得到有效处理和解决。

三是全力推进网络化技术运用。依托无线通信网络，将街道协同办公管理平台与区政务门户网和社区居委会有效对接，建立区、街、居三级管理平台，利用互联网、数码产品、通信电台、视频会议、短信平台等现代信息技术，加强地区职能部门和单位的统筹和管理，不断完善城市管理基础信息库，实现信息资源联通共享、工作部署实时对接、问题处置快速高效、管理效果立竿见影。

（二）建立健全五个机制，理顺城市精细化管理工作脉络

一是强力推进动态管理机制。在环境整治、爱国卫生、垃圾分类、施工管理、环境保护、绿化美化等日常动态工作中，与全区 17 个职能部门的 45 个对口科室、驻地区 26 个科队站所和相关业务单位加强协调联络，在环境卫生日常维护、环境秩序联合保障、环境问题快速解决上密切配合、大力协同，共同推动街道综合管理与职能部门专业管理的有机衔接；利用爱国卫生基础网络平台，与沿街单位、门店单位签订《门前三包责任书》，充分调动产权单位、小区物业、社区居民参与城市环境建设管理的积极性和能动性。

二是建立健全联席会议机制。加强部门沟通协调与信息反馈，定期或不定期召开地区单位联席会和重大工作协商会，对跨地区、跨部门的重大疑难、综合性、复杂性、社会影响面大的问题共同协商、共商计策、优化整合各方资源，及时了解反馈信息，有效促进各部门配合、跟踪，督促解决问题，及时化解矛盾，防止事态恶化。

三是巩固优化集中整治机制。按照“属地管理、行业主责、综合协调、联合执法”原则，加强街道与部门间、部门与部门间的协调配合，建立健全共同巡查、联合执法、资源共享的综合执法机制，坚持联勤联动、捆绑作战，形成城市精细化管理的整体合力。2014 年，针对老旧小区管理混乱、地区重点突出环境秩序建设以及百姓反映强烈的环境问题，在市、区政府的大力支持下，街道先后统筹各部门各单位配合完成铁路巷小区、西外南路、

大钱市胡同、露园社区、北营房西里小区等5大环境综合整治，拆除了大面积违法建设，解决了居民强烈反映多年未解决的环境秩序问题，积极回应了居民群众对美好生活的期待。

四是努力完善应急管理机制。完善科室应急管理体系，将解决环境突发事件、防汛、扫雪铲冰、治理空气重污染等工作纳入应急工作体系，结合地区实际情况和特点，制定内容全面、等级分明、流程清晰、操作性强的应急管理工作预案，定人、定岗、定职、定责。做好与区对口部门和应急指挥部成员单位的对接，随时接收上级部门指示，启动应急预案；整合全区15个对口部门的27部应急值守和联络电话，加强路面塌陷、道路积水、排水管网不畅、树木断裂等各类险情排查和处置，实时联通，防患于未然。

五是基本形成社会动员机制。充分挖掘社会资源和专业优势，集中广大民众的智慧和力量，共同破解城市管理难题。在老旧小区普遍存在停车难的问题上，积极发挥社区居民自治的优势，先后引导露园小区引入物业管理，引导德宝小区、三塔小区、南营房水电宿舍小区创新停车秩序管理。坚持落实每月“城市清洁日”活动，发动社区积极分子、环境志愿者、小区楼门（院）长、居民群众广泛开展清理卫生死角、捡拾白色垃圾、清理非法小广告、擦拭城市设施部件等活动，居民自觉维护环境、参与城市管理的意识不断增强。向居民发放《致居民一封信》，动员居民自觉遵守公共秩序，共同抵制违法违规行为。

（三）明确细化三个标准，促进城市精细化管理更趋规范

1. 明确责任标准，扫除管理盲区

展览路街道进一步强化自身在地区城市管理运行体系中“综合管理、统筹兼顾”的地位和作用，进一步理顺与地区职能部门、单位和居民的关系，明确城市管理有关部门的管理职责和义务，细化城市管理各项指标任务，确保每项任务有人抓、每项任务有人负责、每项工作有时限要求；对职责交叉区域管理责任重新划分，解决和避免推诿扯皮的问题，形成管理、作业、执法、监督职能有机统一的城市精细化管理格局，真正实现城市管理城

市精细化、全覆盖，无盲区。

2. 完善绩效考评机制，激发城市精细化管理内在动力

展览路街道坚持日巡查、月检查、季通报、年奖惩制度，将日常监督检查考核结果纳入年终考评成绩，建立树立典型、抓先带后、奖惩分明的城市精细化管理目标考评体系。严格执行考核工作标准，坚持每月对展览路地区城管、公安、工商、卫生、交通、防火、食药等9个职能部门及科、站、队、所的环境秩序执法考核评分，增加职能部门工作凝聚力；坚持每月定期定量对地区党政机关、餐饮服务行业、学校等30个单位的爱国卫生工作进行量化检查，提升地区单位自觉维护环境卫生的主动性；坚持落实管片社区日巡查制度，督促社区卫生专干积极履行环境卫生管理工作职责；认真准备各业务口上级部门年终创建检查考评，调动科室干部积极开展工作的干劲和热情。

3. 建章立制规范流程，制定城市精细化管理工作标准

制定《城管科工作职责及运行方案》《城管科工作制度》，对科室的学习制度、廉政制度、行为规范、考勤制度、休假制度、科务会制度、信息制度以及人员分工进行了明确规定，要求科室干部在工作中认真遵守、严格执行，打造一支纪律严明、形象良好、业务熟练、服务热情的城市管理工作队伍。细化、分解17项业务工作指标，建立每项业务工作专项制度和业务流程，确保各项工作目标明确、流程清晰、有法可依、有章可循。

四　展览路街道城市精细化管理的经验与启示

展览路街道城市精细化管理从体制探索、机制创新、民生服务、破解难题等方面进行了积极的尝试和转变。结合街道发展的实际，不断开发城市精细化管理的功能，拓展城市精细化管理的空间，使城市精细化管理在城市发展中的价值最大化。

（一）以城市精细化管理作为新常态下增强首都功能的重要抓手

进入新常态发展阶段，城市环境、城市品质、公共服务、市民素质、城

市文化成为城市软实力的重要内涵。展览路街道以城市精细化管理为抓手，实现了环境质量改善、生活秩序得到规范、城市生活宜居性提升、城市环境吸引力增强，城市基础设施和公共服务设施进一步完善，城市服务保障能力全面提升，城市综合服务体系进一步健全、服务标准进一步提高、综合服务功能进一步增强，城市价值和城市品牌进一步提升。

（二）以城市精细化管理作为提升地区管理水平的重要推动力

在市场化、社会化进程深入的背景下，具有明显政府管理特征的城市管理模式面临管理效果、管理效率和管理效能提升的巨大压力。城市精细化管理模式的创新推进了街道管理的转型升级。第一，以城市精细化管理促进管理模式的创新，实现城市管理由经验管理向制度管理转变、由部门管理向综合管理转变、由一般管理向分类管理转变、由简单管理向大数据管转变、由人为管理向法制管理转变、由管理主导向服务主导转变；第二，以城市精细化管理促进管理流程再造，由过程管理向目标管理深化，由任务管理向效率管理、效能管理和价值管理深化拓展。

（三）以城市精细化管理作为城市更新发展的持续推动力

国际大都市发展的一个主要趋势是：以新的城市标准为指导，向生态城市和智慧城市转型。展览路街道通过城市精细化管理响应了国际标准委员会提出的新的城市标准——以城市能源保障、供水保障、垃圾污水处理、道路通行和通信能力作为评价城市的主要标准，凸显了城市功能和城市宜居性在城市发展中的地位与作用，对克服当前城市发展的交通、环境问题有重要的现实针对性。

城市精细化管理，注重建立基础设施和公共服务设施建设机制，完善城市功能；注重构建城市生态、市容和秩序环境管理的制度体系，建立长效机制；注重建立城市产业发展和空间发展与交通、环境管理的协调机制，促进城市可持续发展。因此，城市精细化管理在提高街道管理水平、改善城市环境面貌的同时，搭建了促进城市更新、推动城市发展模式转型的制度架构，推动展览路街道夯实面向未来可持续发展的管理基础。

参考文献

李军：《城市管理需要城市精细化》，《现代城市》2011 年第 2 期。

仇保兴：《中国城镇化发展与数字城市建设》，《城市发展研究》2011 年第 8 期。

曹丽珺：《生态城市建设网格化管理研究》，上海交通大学硕士学位论文，2008。

法 律 声 明

S 子库介绍
Sub-Database Introduction

中国经济发展数据库

涵盖宏观经济、农业经济、工业经济、产业经济、财政金融、交通旅游、商业贸易、劳动经济、企业经济、房地产经济、城市经济、区域经济等领域，为用户实时了解经济运行态势、把握经济发展规律、洞察经济形势、做出经济决策提供参考和依据。

中国社会发展数据库

全面整合国内外有关中国社会发展的统计数据、深度分析报告、专家解读和热点资讯构建而成的专业学术数据库。涉及宗教、社会、人口、政治、外交、法律、文化、教育、体育、文学艺术、医药卫生、资源环境等多个领域。

中国行业发展数据库

以中国国民经济行业分类为依据，跟踪分析国民经济各行业市场运行状况和政策导向，提供行业发展最前沿的资讯，为用户投资、从业及各种经济决策提供理论基础和实践指导。内容涵盖农业，能源与矿产业，交通运输业，制造业，金融业，房地产业，租赁和商务服务业，科学研究，环境和公共设施管理，居民服务业，教育，卫生和社会保障，文化、体育和娱乐业等 100 余个行业。

中国区域发展数据库

以特定区域内的经济、社会、文化、法治、资源环境等领域的现状与发展情况进行分析和预测。涵盖中部、西部、东北、西北等地区，长三角、珠三角、黄三角、京津冀、环渤海、合肥经济圈、长株潭城市群、关中—天水经济区、海峡经济区等区域经济体和城市圈，北京、上海、浙江、河南、陕西等 34 个省份及中国台湾地区。

中国文化传媒数据库

包括文化事业、文化产业、宗教、群众文化、图书馆事业、博物馆事业、档案事业、语言文字、文学、历史地理、新闻传播、广播电视、出版事业、艺术、电影、娱乐等多个子库。

世界经济与国际政治数据库

以皮书系列中涉及世界经济与国际政治的研究成果为基础，全面整合国内外有关世界经济与国际政治的统计数据、深度分析报告、专家解读和热点资讯构建而成的专业学术数据库。包括世界经济、世界政治、世界文化、国际社会、国际关系、国际组织、区域发展、国别发展等多个子库。